LITTÉRATURE, HISTOIRE, POLITIQUE
sous la direction de Catherine Coquio,
Lucie Campos et Emmanuel Bouju
43

L'Image

Ce volume paraît sous la responsabilité éditoriale de Catherine Coquio.

Ouvrage publié avec le soutien de la fondation Calouste Gulbenkian

FONDATION CALOUSTE GULBENKIAN | 60 ANS

Krikor Beledian

L'Image

Traduit de l'arménien occidental par Sonia Bekmezian

PARIS
CLASSIQUES GARNIER
2021

Krikor Beledian est né en 1945 à Beyrouth et vit en France depuis 1967. Enseignant émérite à l'Institut national des langues et civilisations orientales, il est l'auteur d'ouvrages sur la littérature et la culture arméniennes, dont *Cinquante ans de littérature arménienne en France*. *L'Image* est le quatrième volume d'une fresque romanesque dont ont été traduits *Seuils*, *Le Coup* et *Signe*.

Sonia Bekmezian est née en 1949 à Paris. Elle a suivi des études de langue et de littérature arméniennes à l'Institut national des langues et civilisations orientales. Elle a traduit les quatre premiers volumes de l'œuvre romanesque de Krikor Beledian.

ISBN 978-2-406-10626-5 (livre broché)
ISBN 978-2-406-10627-2 (livre relié)
ISSN 2259-9479

1

> Les chemins verts de Choughl passent
> par monts et par vaux.
> SETO

Non !

de nouveau, comme s'il s'agissait d'un lieu si lointain et si peu connu que je pouvais me perdre,

bon, ben, vas-y, puisque tu dois aller au diable !

ça commence comme ça,

en toutes circonstances, il lui fallait toujours entrer dans les détails, intégrer dans son discours tout ce qu'elle et moi savions déjà, me guider de sa voix à l'ombre presque cajolante, dessiner le chemin dans l'air, comme elle faisait avec son morceau de craie, avant de couper, quand elle esquissait sur le tissu le patron du vêtement, traçait les limites avec de petites touches, des espaces, une sorte d'itinéraire imaginaire sur lequel les ciseaux devaient ouvrir la fente et suivre les contours en ralentissant çà et là, soi-disant en hésitant, en réfléchissant, mais naturellement en se dirigeant vers un point d'arrivée connu, que signalait le bruit métallique, lorsque leur pointe rencontrait la lisière et la mordait,

on aurait dit qu'elle s'était de nouveau mise en route,

elle qui disait, vas-y seul, vas-y seul,

me mettant presque à l'épreuve mais me signalant les habitations – je ne devais surtout pas lambiner, faire un détour – elle ne savait pas que dans ce périmètre, à travers ses interdictions, elle me soufflait involontairement toutes les occasions de fuite, tous les embranchements latéraux qui constituaient pour moi l'enchantement inattendu de ces quartiers, une sorte d'échappée que condensaient quelques noms, tu passeras par la pharmacie Radio, tu arriveras à la boutique de Simon, le père de Valentine, son rideau est fermé mais lui est à l'intérieur, c'est sûr et certain, on dirait qu'il discute avec l'odeur de ses tissus, son seul credo c'est de décupler ses gains, il s'assied dans la pénombre, seul, il n'allume pas la lumière afin que les taffetas, les crêpes de Chine, les lainages, les satins de soie, les organdis, les organzas, les soies et les cotons ne se fanent pas, il regarde au dehors par dessous un fin rideau, de l'autre côté des pins, il y a la briqueterie d'Abou-Liess, l'associé de ton père à l'époque,

ainsi,

elle omettait toutes les maisons isolées comme si elle marchait dans ces lieux sans regarder à droite ni à gauche, ignorant l'autre pharmacie, le fournil aux petits pains, comme dans ses récits où elle négligeait les domiciles intermédiaires, Deir-Zor avec ses cavernes d'où s'élevaient les fumées des chairs et des os, ou son dégoût devant le dispensaire de l'orphelinat où on lui avait soigné les yeux et, où, lorsqu'elle était comme revenue au monde, elle avait brusquement regardé à travers les portes les étroites ruelles d'Alep,

jusqu'au club Azadamart, puis, tu sais bien, devant l'église, à côté de la maison de cette commère d'Husnik, ne traîne pas,

et je continuais, en suivant son intonation, comme dans le temps lorsqu'elle me permettait ou me suggérait, le dimanche de Pâques ou à Noël, d'aller, par ce chemin, souhaiter la fête à Martha, ma tante paternelle ; mais si Husnik Doudou m'arrête et me demande – où tu vas ? est-ce que je peux ne pas lui répondre ? lui tirer la langue ? lui dire qu'est-ce que ça peut te faire ? –

aux coins des rues, derrière une fenêtre, sur le balcon, voire sur le trottoir, ayant tiré leur chaise, il y avait les gardiennes assises, vêtues de noir, protégées par leur deuil, chaussées de lunettes ou les mains croisées, tricotant ou grignotant des pépites, en regardant soi-disant les voisins, mais écoutant et épiant les passants étrangers au quartier, du matin au soir et même dans l'obscurité, photographiant et enregistrant en esprit les gens en un clin d'œil, le regard, la façon de se coiffer, la démarche, lançant parfois un mot aux commerçants du coin, des variantes d'Antika, de Nano, dont faisait partie, entre autres, Husnik Doudou, grattant le petit bout de terre devant sa maison, travaillant comme un homme, avec ses bras trop longs eu égard à son buste et qui, un jour, réussiraient à soulever le corps effondré de Seto[1], à le tirer, à le porter jusqu'à son lit, solitaire moulin à paroles, comme disait ma mère, n'ayant ni mari, ni enfants, devenue le témoin desséché d'une chose absente et, pour cette raison me semblait-il, livrée à l'univers des ragots mais, au fond, surveillant le temps, les événements, les hasards minuscules qui font vivre un quartier,

(et qui ne composent même pas la marge de l'Histoire mais le caniveau où vont tomber tous les exclus, tous les déchets que les grandes migrations laissent sur le bord du chemin),

prête à donner un verre d'eau, à recevoir, à venir en aide à quiconque se trouvant dans l'embarras, chaleureuse, semblant insensible, mais soudain spontanément si bonne qu'elle avançait sa chaise, reprends ton souffle, tu es venu jusqu'ici, elle voulait dire, assieds-toi, profite, regarde ;

de ce côté-là, sur la pente, il y avait de petits jardins, des pruniers, des abricotiers, des bananiers, des vignobles, des potagers et des poulaillers qui étaient séparés de la rue par de petits réseaux de fils barbelés et l'endroit était pratiquement transformé en un passage campagnard frais et aéré, surtout quand, vers la fin de la journée, la tiédeur de la terre arrosée se mêlait dans l'air au parfum blanc du jasmin, à l'odeur d'alcool qui se diffusait depuis la brasserie, persistant, s'amplifiant avant de s'évanouir brusquement ; cependant, le passage s'élargissait progressivement sur la hauteur, d'où apparaissait une paillette de mer ; au début, quand on allait nager à la plage de la Quarantaine[2], l'eau était très scintillante, très propre, c'était pas comme aujourd'hui, de la boue, c'est pas étonnant, tous les égouts de la ville s'y déversent ! là-bas à droite il y avait l'école des Évangélistes, quelques pins piteux, plus bas, – fais attention aux marches, ne tombe pas – sur les escaliers transformés en balcons, il y avait des femmes assises qui y avaient tiré leur chaise, des filles, inclinées sur de petits métiers à tisser, brodaient, elles réalisaient des travaux splendides pour les richards de la ville, les commerçants, les Bezdjian de Bab Idriss, elles observaient le va et vient d'en bas, le boulevard où les fils électriques avaient formé un réseau ondulant, audessous, le chiffre 1 peint en jaune-vert sur le nez, des tramways roulaient

1 Diminutif de Setrak. Les diminutifs sont nombreux dans le langage oral arménien : on trouvera ici, pour Setrak – Seto, Set –, pour Hripsimé – Horop, Horip, Hrip –, pour Hapet – Hapik –, pour Trvandah – Tourfand –, pour Hagop –Agop, Agopik –, etc.

2 Un des principaux camps (kemps) de réfugiés arméniens de Beyrouth.

sur leurs essieux grinçants, la voiture de tête habituellement vide, la seconde voiture bourrée, ils ralentissaient dans le virage, se balançaient, ils pouvaient s'arrêter brusquement ; le contrôleur, le sifflet aux lèvres, descendait rapidement de la plate-forme arrière, tirait sur le câble pour rétablir l'électricité disjonctée, puis, de nouveau, avec derrière eux une bande de gamins sautillants, les trams s'élançaient jusqu'au pont du train, jusqu'au pré Sahaguian, face à l'arrêt, puis derechef vers le grand pont de Nahr, jusqu'à Polycarpos ou Dora et, de là, jusqu'à Bastha, aux confins de mon univers.

C'était le long de cette ligne de tramway qu'avaient marché les deux sœurs et où il semblait qu'elles continuaient à marcher, au même rythme, les deux filles, leurs cheveux ramassés en chignon, l'une légèrement plus grande, la plus petite plus forte, aussi convenables, aussi prometteuses l'une que l'autre ; en ce temps-là, elles faisaient des tapis ensemble, au kemp[3], elles vivaient dans une baraque à côté de la compagnie de tramways, si on peut appeler ça vivre, disait la plus grande qui allait devenir ma mère, enfin elle avait commencé la couture auprès de madame Gulenia, dont la maison devait se trouver un peu plus loin, près de la clinique du Dr Gueucherian et cet épisode se répétait sans cesse dans mon esprit quand je traversais le sol défoncé de la rue, je devais vérifier une fois à droite, une fois à gauche que cette machine verte toujours surchargée ne se trouve pas dans les parages, à côté du marchand de glaces, il y avait la librairie Doniguian où, une fois l'an, nous achetions livres et cahiers, toujours plus chers qu'à la librairie d'Hadjen, mais nous appréhendions de descendre là-bas en franchissant la frontière imaginaire qui nous séparait du bas, du pays des Rouges, plus exactement des Hentchags[4] ; ici aussi, disait ma mère, la population était démembrée, en mille morceaux, morcelée, oui, morcelée, il y avait dans sa bouche, sur ses lèvres, un mépris acide lorsque son regard s'attardait sur la rangée de boutiques poussiéreuses à un étage, mais, à présent, je n'avais aucune raison de traîner par là-bas, je savais que la vitrine de Doniguian était remplie de livres vieillis dont la couleur des couvertures était passée, l'un d'entre eux, « La tsarine Catherine », trônait

3 Camp de réfugiés.
4 Parti social-démocrate, l'un des plus anciens partis politiques arméniens, souvent opposé au parti Tachnag et proche des communistes.

dans la bibliothèque d'Arevik à côté de « Quo vadis ? », à cette époque, je considérais les deux livres inaccessibles, jusqu'à ce que leur lecture, comme le porte-bonheur se cassant dans les mains d'un magicien, un sortilège qu'aimait aussi Arevik, rompe un jour le charme et me délivre de ces ouvrages ; plus loin, du même côté, il devait y avoir une salle, qu'on semblait avoir détruit ou dont on avait changé la destination et où mon père et ma mère s'étaient mariés : à cette époque de désordre, on était peu regardant, mon père avait suggéré au curé qu'on les marie là-bas, il n'y avait pas eu de photos, non, un événement fondamental de la vie était parti ainsi, s'était perdu, ma mère répétait ça sans cesse avec un accent de sacrifiée et d'endeuillée, comme si quoi que ce soit demeurait de la vie, bref, tu t'es pas mariée ? tu t'es mariée ! voilà, basta !

quant à moi, je coupais un peu de biais la ligne du tramway qui, sous le soleil, brillait comme un couteau, je devais m'arrêter devant le « Magasin de nouveautés » de monsieur Chahabian, il n'y avait rien d'intéressant dans la vitrine ; comme la boutique de Mirak, celle de Chahabian semblait plutôt un lieu de réunion qu'une entreprise commerciale ; qui sait de quel rôle il discutait, debout, au fond de la boutique, avec des jeunes femmes piquées de culture, entourées d'une cour d'hommes, c'était un homme de belle prestance, d'après ma mère, plein d'allant, mais tout dans la façade, la tête trop portée au théâtre, tenu en bride par une épouse minuscule, il ne ressemblait pas du tout à l'homme moustachu qui discutait avec Nelly Minassian, qui blaguait dans « Le coq d'or », dont on ne comprenait pas ce qu'il avait à faire par ici – nombre de ses semblables ne se trouvent-ils pas toujours en ville ? – il avait quelque chose d'attrayant, peut-être parce qu'il faisait rayonner la gloire du « Grand Théâtre » jusqu'ici, comme si la réalité était la continuation de la scène, juste un degré au-dessous, vue de plus près, plus grise, s'agrippant plus à la peau, presque invisible ;

puis il y avait, rivé au sol, le chemin de fer qui allait rejoindre la gare perdue dans les platanes, des ateliers de mécanique, des garages, et encore, à gauche, une maison isolée à un étage, entourée de pins et de tamaris ; il paraît que longtemps auparavant, ça avait été la maison d'un général français, où la sœur de mon père avait travaillé un temps et avait gagné son premier surnom, Martha la blanchisseuse ; ni le bruit, ni la poussière, ni non plus le parfum des touffes sporadiques de jasmin, qu'on aurait cru réchappées d'un désastre, n'étaient aussi pénétrants que l'odeur vague mais entêtante de chiffons de poussière, d'explosifs, d'essence et de chevaux, celle qui semblait coller aux immeubles, aux balcons, aux arbres, aux camionnettes abandonnées, qui entrait dans les moindres recoins, d'ailleurs, lorsque je descendais les marches, pas encore arrivé au bâtiment de gauche où on allait construire, par la suite, un cinéma pour des films de série Z, on la subodorait, surtout quand le vent du sud pénétrait par les trouées et cette odeur s'intensifiait, semblait enfler, se mêlait à celle du sel marin, aux choses pourrissantes, à la peau, au cuir, aux émanations de laine, se précisant à mesure que je m'approchais de Maslakh, l'abattoir du quartier autour duquel il devait y avoir des cafés, des restaurants, des échoppes ; mon père, Seto, le mari de ma tante paternelle et leurs amis mangeaient là-bas, paraît-il, des tripes, de la rate, des pieds de moutons aillés et citronnés, de la cervelle et du cœur, et d'autres préparations étranges à la viande, sans cuillère, sans fourchette, à même les mains dans l'assiette commune, rongeant le pain et les os comme des hommes préhistoriques ; il semble qu'autrefois il y avait eu une vie plus primitive ou héroïque, c'est-à-dire alors que tu n'étais pas encore né et que régnaient de telles mœurs sauvages et pour moi, ces hommes sans visage ou appartenant à la légende, semblables à des dieux sanguinaires pouvaient, pour un oui, pour un nom, dans le feu de l'action, sortir les couteaux, se ruer sur leur interlocuteur, se battre, se détruire, comme plus tard, une vingtaine d'années après, devaient se battre leurs héritiers pour défendre l'un ou l'autre côté d'un pont, pour une question de « Rouge » ou de « Jaune[5] » et changer seulement de prénom mais pas de nom ;

en tout cas, vas-y !

l'aversion pour ces lieux, que peut-être ma mère m'avait transmise, n'avait jamais disparu en moi, même lorsque Hapet, au fait des secrets de ces rivages rocailleux me proposait d'y aller afin de dominer mon appréhension – allez, de là-bas on ira à la mer ou alors on regardera les nageurs depuis les rochers –, il y avait toujours une fille arabe ou française, une femme, qui laissait sa serviette sur les rochers, plongeait,

5 Les quartiers arméniens de Beyrouth étaient dominés par l'un ou l'autre des partis importants, tachnags (Jaunes) ou hentchags (Rouges). Le parti Tachnag est le parti révolutionnaire et nationaliste arménien, parti qui a dirigé la première République arménienne (1918-1920) et qui était très puissant dans la communauté arménienne de Beyrouth. L'action se situe dans un quartier Tachnag.

plouf, s'enfonçait dans la profondeur verte, ondulait, tandis que nous nous amusions à faire des ricochets dans l'eau, un, deux, trois, nous devions suivre la nageuse s'éloignant vers le large, se retournant sur le dos, fixant le soleil ou bien nous sautions de rocher en rocher, essayant d'arracher des coquillages semblables aux moules, collés au roc mais déjà morts depuis longtemps, fossilisés ; effarouchés par les algues, l'odeur de décomposition des méduses, nous devions monter à nouveau, reprendre notre souffle avant de grimper sur ces rochers pelés, à demi effondrés, persécuter quelques rats qui s'étaient faufilés dans les recoins, contempler de bas en haut les maisons juchées sur les hauteurs, de même que les nôtres, à l'air libre durant quarante jours, avaient examiné, depuis le pont du bateau, le promontoire se couvrant chaque jour de tentes multicolores, un foutoir de planches, comme disait, paraît-il, Elmone[6], elles n'avaient pas compris ce qu'était, là-bas, cette construction plantée isolément, d'où sortait de temps en temps de la fumée, elles contemplaient le rivage, la route, les marchands installés autour, auxquels nous irions acheter du maïs bouilli ; mais l'odeur des viandes rôties, grillées, presque calcinées était plus forte que la perspective dessinée par la voix d'Hapet qui aboutissait au soleil du port, le gris brillant, les mâts et les cheminées des bateaux, tout cela disparaissait derrière une grisaille donnant des nausées et je me croyais dans une des histoires de Nano où il y avait toujours quelqu'un qui flambait et était réduit en cendres dans un espace clos, c'est pourquoi je hochais la tête pour dire non à Hapet ; le long du boulevard, sur les voitures, les charrettes ou les ânes, le sang qui gouttait des animaux transportés, pas encore séché, son ruissellement m'obligeait à hâter le pas.

Sans blague ! celle-là, c'est un vrai moteur, quand elle démarre, dès qu'elle a ouvert la bouche, elle s'arrête plus, c'est parti pour un tour, tu peux pas la stopper, tout ce qui lui vient sous la langue, faut que ça sorte, elle ne sait ni ce qui peut se dire, ni ce qui se dit pas, ni qui est en face d'elle, ni d'où il vient, si ça se fait, si ça se fait pas, elle s'en fout complètement, un torrent, il faut qu'elle, et elle seule, parle ; depuis la mort de Seto Emmi[7] elle est comme ça, soi-disant c'était lui qui lui liait la langue et toi tu dois l'écouter, moi par ci, moi par-là, et madame ne

---

6 Grand-tante du narrateur, personnage de *Seuils* (Beledian Krikor, Parenthèses 2011)

7 Oncle. Utilisé de façon familière pour des gens proches.

se prend pas pour n'importe qui, comme si elle était le blé du champ d'en haut, la fille du comte Martel, si au moins elle était quelque chose, si elle ressemblait à quelque chose ! que le diable m'emporte si je mens !

Depuis le début, ce discours n'était-il pas excessif, pour elle qui disait pour tout que trop, c'est trop ? mais, à présent, elle reprenait sa respiration, le fil de sa machine à coudre s'était cassé, elle devait enfiler l'aiguille et même avec les lunettes elle distinguait mal le chas fin et étroit où le fil noir devenait complètement invisible, au point que s'échappait de ses lèvres cette exclamation rituelle « il fallait que je sois réduite à ça ! » et, pour qu'elle ne serine pas sa rengaine, j'étais allé près d'elle, alors, où ils sont maintenant ceux de Seto ? avais-je demandé et elle avait sorti la carafe du réfrigérateur à côté et avait bu l'eau avec une soif inextinguible.

Elle voulait dire, vas-y seul, comme ça tu verras l'ampleur de la catastrophe ! aussi opposée qu'elle fût à quelque chose, elle ne l'interdisait finalement pas – qu'y avait-il donc à interdire particulièrement ? –, mais il fallait tenir compte de son attitude, de son antipathie envers cette madame Trvandah, une antipathie qui s'était creusée au fil des ans, peut-être parce qu'elles se voyaient moins qu'avant, qu'elles étaient moins intimes, qu'elles appartenaient à des lieux différents et, à présent, elle remarquait les imperfections de l'autre d'une façon plus évidente, son visage plus fripé, selon elle, sa façon de parler, sa démarche sautillante ; sans lever la tête de l'aiguille de sa machine à coudre, ses lunettes bas perchées en train de glisser vers le bout de son nez, elle percevait la pensée de la personne qui était en face ou à côté d'elle, elle pénétrait en elle, mais se taisait en sa présence, suivant la même règle de conduite – quoique tu saches, parle peu – qu'elle appliquait à toute chose, elle hochait la tête parfois, pendant une conversation à voix haute qui se poursuivait à côté d'elle,

mais si tu vois cette madame Husnik, dis-lui, si ma mère a le temps, elle viendra prendre tes mesures, la pauvre !

puis, en marmonnant,

elle aussi, chaque année, elle prend une couche, elle aime s'empiffrer,

je n'avais pas remarqué qu'Husnik Doudou avait si rapidement grossi et que ça devenait si difficile de l'habiller, je connaissais ses jambes variqueuses qu'elle cachait sous d'épais bas couleur chair et surtout ses pieds qui gonflaient et pour lesquels elle se plaignait de ne pas trouver de chaussures et avait adopté des savates défoncées ; à peine sur le seuil, comme les croyants entrant à l'église, elle les ôtait, les mettait de côté avec le dessus de ses orteils, mais pas avec ce coup de pied léger et frémissant de Zevart, elle franchissait l'espace d'un pas épais et lourd, totalement indifférente aux gros trous de ses bas, elle sortait d'une sacoche en tissu son sempiternel ouvrage, chaussait ses lunettes et, avec ses premières aiguillées de fil, commençait à faire fleurir la dentelle des ragots :

puis, soudain, anticipant un inconvénient qui m'échappait,

non, ne lui dis rien, dans son état, c'est elle qui viendrait, des effrontées comme elles n'attendent pas, en plus, elle est de la famille de Seto, du côté de Trvandah et aussi, je crois du côté de ta tante paternelle, tous leurs compatriotes sont plus ou moins parents, à tel ou tel degré, d'ailleurs ils ne prennent pas de fille de l'extérieur ;

cette phrase, je l'avais entendue de la bouche de ma tante, à l'intention de ma mère : au fond, c'était des phrases utilisées par tous à l'intention des autres, un lieu commun, comme si les habitants d'un même village descendaient tous d'un même ancêtre, du même modèle originel qu'ils devaient conserver, alors que les autres, dont le dialecte était d'ailleurs différent, les autres… représentaient une divergence floue d'odeurs, de goûts, de règles de mariage ou de manière de pleurer les morts qu'ils avaient transformée en une altérité négative avec laquelle ils étaient contraints de vivre, c'est-à-dire seulement coexister ; les règles de mariage avaient perdu de leur rigueur depuis longtemps, étaient devenues des espèces de mœurs légendaires, des coutumes qu'il était impossible, selon leurs propres dires, de respecter à la lettre ; il semblait que ces lois n'étaient pas tant des décisions humaines que les mots mêmes de ces hommes, aujourd'hui infirmes, affligés de douleurs osseuses, qui continuaient de durer, puisque pour ma tante comme pour ma mère, eux, leurs concitoyens, leurs compatriotes, – si instables et distendus que soient leurs liens dans la ville croissant peu à peu, où, à l'origine, ils habitaient dans les mêmes lieux – continuaient cependant à former une entité, un ensemble autosuffisant, comme si non seulement leur Gürine, Darendé, Govdoun et Sivas survivaient mais existaient pleinement, dans toute leur gloire et personne ne pouvait détruire cela ; mais enfin ! tu donnerais ta fille à ces gens-là ? quand ma mère disait cela à Herminé, c'était le signe d'une destruction dont il fallait arrêter le cours, et les lèvres se serraient, se crispaient, et jaillissaient les « Mon Dieu ! » comme si c'était la honte, la douleur suprêmes, pourtant eux-mêmes n'avaient pas respecté la règle et après avoir été massacrés, brisés, ils avaient été dispersés, cette fois ci parmi les autres, c'était donc ça, le peuple ? un monceau de débris disséminés de haut en bas, du port jusqu'au fleuve Nahri et au-delà, un nombre infini de maisons dispersées, enfin, ce qu'on appelait « la cité des baraques », un mot qui, à mes yeux, à mes oreilles avait un grand avantage, celui d'embellir ce tas de tôle et de bois misérables, aux portes toujours ouvertes, qu'on aurait cru ramassés à la hâte après une explosion, et d'où, semblables à des fourmis, des hommes sortaient pour marcher le long des rigoles puantes, pleines d'une eau infestée de moustiques ; car, après le village de tentes, « la cité des baraques » était une belle métaphore lexicale, pour une vie réelle et brutale dénuée de toute représentation ; on ne sait quel rédacteur ou orateur avait inventé ces mots et les avait posés sur l'image de ces lieux de rien, bigarrés, soustraits à tout langage, sans y avoir jamais mis les pieds, l'oreille pleine d'échos de Metsarents[8], et pour les oreilles d'un voyageur de l'époque (les mots ont un grand avantage, car la misère, l'indigence, la monstruosité qu'ils nomment s'effacent aussitôt, comme le personnage disparaissant derrière le rideau).

Moi, je ne sais pas ce que ton oncle Seto lui avait trouvé, la voix ? ça se trouve pas une voix comme ça ? qui sait ? peut-être que l'entremetteuse qui l'a amenée et la lui a collée le sait ; et elle ? qu'est-ce qu'elle serait devenue ? en ce temps-là, les hommes n'étaient pas comme maintenant, ils fermaient les yeux, regardaient pas les détails, d'ailleurs, quand tu allais à une rencontre arrangée, c'était déjà fait, une semaine après, c'était les fiançailles,

elle riait légèrement, comme si elle avait été étrangère à ce jeu, qui se poursuivait encore aujourd'hui ; ce n'était pas une chose si rare, c'était l'un de leurs plaisirs, leur façon de vivre, de s'habiller, de s'arranger, d'aller voir une fille comme on achèterait une marchandise, l'observer, puis venir la décrire, peser le pour et le contre, en chercher une autre ou passer à l'étape de la demande, aux fiançailles, décider des dates de la noce, bref, jouir de la vie dans ses rites,

personne ne se demandait donc si ça allait coller entre eux, nous on était comme ça, et ceux qui avaient de l'argent, tu crois qu'ils faisaient

---

8 Missak Metsarents, poète arménien (1886-1908).

pas pareil ? ils regardaient dix fois la fille avant de la prendre, ils la faisaient amener et ramener au hammam*, si elle avait pas de dot, au moins elle devait être bien faite, le mariage, c'est pas de la rigolade ! aujourd'hui, ils la prennent et s'amusent avec elle et, si l'église n'y mettait bon ordre, tous ceux-là se sépareraient, leur foyer se déferait aussi, si tu donnes de l'argent à l'évêque et à ses acolytes, si tu les invites à déjeuner dans les grands hôtels de Sofar, d'Hamdoun, ils te donnent le papier, des histoires comme ça, y en a plein ! bref, ceux qui ont du pognon font marcher leurs affaires, mais ton oncle Seto, un garçon tout seul, sans famille ou parents, qu'est-ce qu'il pouvait faire ? on lui a dit, là, il y a une belle fille, on pense qu'elle te conviendrait, quoi ! belle, mon œil ! plate comme une limande, si celle-là est belle, moi je suis une rose dans le jardin de Chahrouri, mais un garçon seul, dehors tous les jours, sans maison, sans personne pour lui faire à manger, tu aurais été à sa place qu'est-ce que tu aurais fait ? qu'est-ce que tu aurais dit ? c'est comme ça qu'on a marié à la hâte Seto Emmi avec cette Trvandah et d'ailleurs, elle n'avait aucun autre prétendant, elle avait dit, oui, je le veux absolument, elle s'était incrustée ; celles-là, elles sont pas comme nous, elles savent pas ce que c'est que la pudeur, elles ont pas appris non plus à masquer leurs désirs, qu'est-ce que ça a d'étonnant ? celle qui est pas allée à l'orphelinat, à l'école, elle grandit comme ça ! attends ! ne fais pas voir que tu le veux à tout prix ! que Dieu nous tienne à l'écart de ces gens-là ! il paraît que dans leur pays, quand il y avait des fiançailles, on laissait les fiancés se promener seuls sur les terrasses, dans les jardins, pour qu'ils fassent leurs petites affaires, comme quoi ils devaient s'habituer l'un à l'autre, c'est ce que disait ta tante, soi-disant qu'ils étaient modernes en ce temps-là, mais elle, quand on était avec ton père, tu crois qu'elle nous laissait seuls ? elle nous collait Tathéos, d'ailleurs, où on aurait pu aller ? dans les casinos du bord de mer ? et ça avec ton père ?

(il y a une autre variante de cette histoire, selon laquelle oncle Kévork imposait son fils Aaron comme chaperon aux fiancés et celui-ci ne remplissait pas son office, il se promenait le long des cafés du bord de mer pour draguer les filles, jusqu'à ce qu'il rencontre Mademoiselle Araxie, mais à présent, ce n'était pas ce qui était avancé, cet épisode et ce destin un peu trop communs ; je connais cette contradiction, elle n'était pas importante, elle faisait même partie de l'histoire, de ses à-peu-près tâtonnants, on aurait dit que toujours, y compris maintenant devant sa Singer, elle accomplissait encore leur ancien travail de tapisserie où les différentes nuances d'une même couleur ne modifiaient en rien la broderie, l'habileté, l'image, l'harmonie demeuraient les mêmes et n'était-ce pas là l'important, cette harmonie du tissu et du corps, cette tombée qu'elle caressait lorsque mademoiselle Voski essayait sa robe ?)

mais la coupable, c'était pas Trvandah, elle, elle avait fait sa coquette, avait mené cet homme par le bout du nez, non, le responsable c'était Seto Emmi : qui lui avait dit d'aller s'empéguer cette femme en toute hâte ? un type comme lui qui en avait vu de toutes les couleurs, qui avait fait les quatre cents coups avec ton père, tomber dans un tel piège ? Maslakh ? qu'est-ce que c'est que Maslakh ? ces casinos du bord de mer, ces cinémas, le Kursaal, le Phonographe, l'Empire où je n'avais pas de mal à imaginer ces jeunes gens juste réchappés des déserts d'Alep qui, les dimanches, ayant revêtu leurs chemises blanches à col amidonné, les chaussures cirées, nettoyées de la crasse de la rue, affluaient pour voir les films muets et parlants, trouver des femmes faciles avec l'espoir lointain d'entrer dans le rythme d'une vie normale,

et, toute seule, presqu'en monologuant, avec, dans la voix, une intonation tantôt de révolte, tantôt d'ironie, souvent neutre et informative, parfois en riant plus de ce qu'elle ne disait pas que de ce qu'elle disait, ce pourquoi elle était toujours ambiguë, vague, imprévisible,

ils étaient comme ça nos jeunes, d'ailleurs, même maintenant, ils sont pas comme ça ? il suffit qu'une fille leur sourie un peu, ils deviennent tout chose, ils se font avoir, regarde le Tathéos de ta tante, il s'est retrouvé avec une fille arabe, une mocheté qui ressemble à un singe, y avait donc pas de fille arménienne comme ça ? y en a plein, mais une fille arménienne, est-ce qu'elle prendrait un garçon comme lui ? un beau gars, c'est vrai, mais... enfin, au début, il voulait vraiment une fille de par ici, ton père aussi s'en est mêlé et il a pensé à la Vergine de Herminé et alors ta tante, – mon beau garçon, beau comme un lion, c'est cette fille originaire de Bolis qui va le prendre ! – enfin, bref, ça s'est pas fait et un jour notre Tathéos, sans rien demander à ton père ni à ta tante, après avoir pris son plaisir, a amené cette fille à la maison, que soi-disant il avait enlevée et ta tante, Martha, n'a pas ouvert le bec, elle qui avait toujours quelque chose à dire sur les autres... alors elle a pas besoin de monter sur ses grands chevaux, du temps de Seto, il y avait des tas de filles, des filles ? autant que tu voulais, on cherchait plutôt les garçons, d'ailleurs, il n'y avait plus que des filles et des femmes, il y avait peu d'hommes, ils avaient tous été tués, comme quoi ils voulaient nous extirper par la souche, auraient-ils dit, des gosses comme ton père, ils les avaient enlevés pour les islamiser, les jolies filles ils les avaient arrachées pour les emmener chez eux, ils les avaient épousées et donc, les garçons convenables à marier, on se les arrachait, si tu écris tout ça un jour, écris ça sans faute, de notre temps, il y avait dix filles pour un garçon, n'oublie pas, et même de si belles filles que quand tu les regardais, tu croyais voir le clair de lune, pas borgnes ou boiteuses, ou laissées pour compte, mais comme notre Marie d'en haut que si elle te regarde, tu te demandes de quel grand magasin elle sort ;

est-ce que c'était un bel homme ? qui aurait refusé quelqu'un comme ton cher Seto Emmi, bien sûr qu'il était beau, même plus que ton père, blond comme lui, plus vieux peut-être de quelques années, plus grand, il paraît qu'ils étaient amis depuis Port-Saïd, d'après moi ils étaient restés tous les deux auprès des Arabes durant quelque temps, puis s'étaient enfuis, étaient allés en Égypte, dans les camps là-bas, tout le monde allait de droite à gauche, ne sachant où s'installer, les « grands de la nation » s'occupaient de leurs poches, de leur maison, de leur femme, qui ça intéressait que nous, nous pourrissions, que nous ayons tout perdu, aujourd'hui, c'est la même chose, rien n'a changé, d'ailleurs, n'est-ce pas les mêmes ? si c'est pas les mêmes, c'est leurs enfants, des escrocs faisant rendre gorge aux gens : quand il y a des élections, des collectes pour l'école, l'église, quand il y a un impôt pour la nation, on les voit arriver, ils disent du bien de vous, vous embobinent, allez, donnez ! comme s'ils pouvaient tromper le peuple,

ton père et Seto étaient restés un temps dans un camp, puis, voyant qu'il n'y avait pas d'avenir, qu'au mieux ils pouvaient devenir hamals* dans les marchés pour remplir leur ventre de fèves, ils étaient venus à Beyrouth ; à ce moment-là nous étions déjà là, on allait à l'école, eux, rien du tout, à quoi ça sert de lire ! auparavant, ton père ne savait même pas lire son nom dans ses papiers, il n'a même pas signé sa carte d'identité, il y a mis l'empreinte de son pouce, c'est pas honteux ? pourquoi ce serait pas honteux ? c'est très honteux,

soudain, essayant d'être sévère :

on t'a fait donner de l'instruction, ça a été une chose honteuse ?

je ne la contrariais pas, seulement, quand j'avais envie de me moquer, je sortais le livre de messe de sous le coussin, je lui disais, tiens jette-z-y un coup d'œil, sinon, je la laissais continuer son monologue à sujets multiples,

ton père avait acheté une charrette à cheval, il paraît qu'il ramassait le sable des rives du fleuve, il s'était fait embaucher par ton parrain, Haïg, lui était entrepreneur, il construisait des maisons comme notre Hagop l'Âne par ici, c'est lui qui a fait toutes les maisons des gens de Sis et d'Adana, en bas, il est allé et venu, il a fait la mosquée des Turcs, à Bourdj-Hamoud, à l'époque où Khoren était archevêque, celui-ci a fait pression, mais Haïg s'en fichait, lui, du moment qu'on lui disait – coule du béton, prends le pognon –, il a ramassé pas mal de blé, tout ça parce qu'il était membre du conseil de quartier, soi-disant président, avec Asirian qui fourrait son nez partout, comme s'il jouait les grands bienfaiteurs, il devait donner de l'argent à l'école, on l'attend encore, ce qu'il voulait, c'était que l'école Lusignan de Sis porte son nom, ton parrain le soutenait, des prétentions de riches, sous prétexte qu'ils ont du bien, ils disent moi ! moi ! ils pensent qu'ils peuvent jouer leur potentat avec nous, mais le gendre de ton parrain, tu sais, Archavir Guitsinian, le mari de mon amie Araxie, y était très opposé, bref, ton père n'avait rien en commun avec eux, ton père était tout juste un apprenti pour eux, pourquoi ? on ne dit pas du mal des morts, mais il faut que tu saches comment se passaient les choses, pour que tu dises pas ensuite – mon père était comme ci, mon père était comme ça –, si tu dois le grandir, fais-le, je m'en fiche, c'était pas un type à magouilles, et puis c'était – ce que je gagne aujourd'hui, je le mange aujourd'hui –, il était pas très débrouillard, – je vais faire quelque chose, je vais devenir quelqu'un –, il ne savait pas faire un travail tout seul et donc, au début, ils ont été associés, ton parrain montait un mur et ton père charriait le sable, le ciment sur sa charrette, il comptait pas ses heures, d'ailleurs il avait donné tout son argent à Haïg pour faire tourner l'affaire et l'autre, tu crois qu'il ressortait la thune une fois qu'il l'avait empochée ? enfin, voilà, il lui avait dit si tu en as besoin, je te le donnerai, on l'attend encore ! mais non, c'était pas un homme d'argent, le fez sur la tête, il se sentait le roi du monde ! en plus, il avait une de ces voix ! quand on allait chez eux, il criait aussitôt à sa mère de préparer le dîner, c'était une femme très comme il faut, sérieuse, de Sis, d'ailleurs, c'est elle qui a été la cause de notre mariage ; que je te dise ça aussi, le vrai responsable, c'était pas ton parrain, mais ton père : quand il a quitté le travail, il ne pensait déjà qu'aux chevaux, il n'est pas allé demander son compte, ça aurait été au-dessous de lui, c'était notre parrain de mariage, je lui ai dit mille fois au point qu'il m'en est poussé des cheveux sur la langue, Agop, toi, regarde ton intérêt, un étranger, même s'il est bon, même si c'est un grand seigneur, il se préoccupe d'abord de sa poche, ensuite seulement de celle de son collègue ; mais qu'est ce qui peut sortir de bon d'une association !

pour mon père, tous ses copains de travail assis autour d'une table de raki, étaient des gagne-petit, modestes, fiables, honnêtes et il se tournait vers ma mère un peu trop loquace,

assez de bavardage, qu'est-ce que vous étiez donc dans la maison de ton père pour que tu râles ?

à présent, en son absence, je n'allais pas répéter cette réponse, je n'allais pas la contredire, d'ailleurs, j'adoptais toujours sa position, du moins jusqu'au moment où, avec une rapidité surprenante – peut-être pour être juste ou dans le souci de ne pas trop piétiner mon père, mais aussi dans un effort pour dissiper un trouble, une incertitude intérieure – elle passait à l'autre extrême,

supposons que…

pour utiliser une de ses formules qui avait le don de mettre ma tante paternelle en colère et qu'elle répétait constamment,

si l'association était une bonne chose…

c'était un grand plaisir pour elle de dire cette phrase, qu'elle coupait en son milieu, pour faire attendre, d'une main, elle touchait ses lèvres comme si un fil s'y était collé, elle gardait la tête penchée sur son aiguille, tandis que le soleil projetait sur son visage l'ombre du mûrier du jardin d'Aram, faisait miroiter ses lunettes tout en assombrissant les photos suspendues au mur, au nombre desquelles s'était ajoutée la photo de mon père, tirée d'un des clichés de Seto

… deux frères auraient pris la même femme,

une vérité indiscutable qui rendait douteuses en une seule fois toutes les entreprises associatives de mon père, d'ailleurs laquelle d'entre elles avait réussi ? ni le ramassage du sable des rives, ni la fabrique de briques n'avaient prospéré, tiens ! regarde Abou-Liess, les autres ont acheté quelques maisons et nous on a tout perdu, c'est pour ça qu'elle, l'aînée des Tchekerian, devait travailler et coudre toute la journée pour que des femmes, leurs pièces d'or anglaises pendues à leur cou, frottent leurs chairs flétries au visage de leur mari, comme si elles étaient quelque chose.

Bref, finalement, ton oncle Seto, lui, était un homme intelligent, c'était pas un hurluberlu comme le nôtre, il savait ce qu'il faisait, il était parti à Alep, avait appris la photo, à l'époque c'est là-bas qu'on apprenait ce métier, il y avait de grands spécialistes, je le sais, du temps où on était à l'orphelinat, un jour, ma mère, Vergine, nous a emmenées nous faire photographier pour que nous ayons de nouveau une pièce d'identité avant de retourner au pays, je me souviens de ce moment-là comme aujourd'hui, je ne sais pas ce qu'est devenue cette photo, je crois qu'elle est restée avec les papiers de la maison, au pays ; voilà ce que je voulais dire : ton oncle Seto avait un bon travail et il gagnait bien sa vie, tout le monde avait besoin de photos, c'était la mode, une lubie des Français, pour les papiers, les cartes d'identité, pour tout, ils voulaient des photos, on aurait dit que si on n'avait pas de papiers, on n'était personne,

c'est ainsi que quand cette Trvandah a vu Seto, elle a été stupéfaite, enfin, c'est elle qui l'a dit ! c'est elle ! mais enfin, ça se dit des choses pareilles ! et ben voilà, elle l'a dit et ça en faisant de telles manières qu'on aurait cru Zépur Chanth, mais Zépur Chanth est une chanteuse, une femme cultivée, distinguée, alors que celle-là ! elle ne connaît ni la culture ni la couture ! au début, elle était très discrète, mais ensuite, une langue longue comme une babouche et avec ça, mauvaise haleine et, après la mort de son mari, ça a été pire, on aurait dit qu'un verrou avait sauté, c'est pour ça que j'y mets plus les pieds, d'ailleurs, avant, ton père disait, allez, allons-y pour faire plaisir à Seto, on y allait, pour ton père, il n'y en avait que pour Seto, on aurait dit qu'il n'avait pas d'autre ami que Seto, tout au début, on y allait souvent en visite, tu te rappelles, on t'emmenait, quand on restait tard, tu dormais comme un loir, en ce temps-là les taxis ! les services* c'était pas pour nous ! on marchait, ton père te portait jusque par ici, tu te rappelles pas ? non, juste une obscurité ancienne semblable à celle dans laquelle ils marchaient ce jour-là, avant ça, effectuant l'inverse de mon parcours,

leur maison était proche de celle de ta tante, tout à côté,

très bien arrangée avec le goût de ton oncle Seto, mais l'autre ! qu'on me crève un œil si je mens, elle ne savait ni s'habiller, ni s'arranger et ce qu'elle t'offrait ! ou de la limonade, ou du jus de chaussette en guise de café ! d'ailleurs, ton père disait – je n'en ai pas envie – et il ne le buvait pas,

il me semble pourtant qu'aussi bien elle que mon père buvaient volontiers ce café, elle retournait sa tasse d'un geste mécanique sans oublier de dire – il est bon ton café ! – et maintenant, ce liquide, après tant d'années, est comme un tissu resté au soleil ou trop souvent lavé qui a perdu ses couleurs,

mais ton oncle Seto !

dans sa voix, toujours de l'admiration et aussi un peu d'incrédulité – comment un tel homme a-t-il pu prendre une telle femme ! – n'était-ce pas elle qui disait que même Dieu ne comprend rien à ces choses-là, c'était l'œuvre du diable, lorsque quelqu'un s'attache à quelqu'un d'autre, lorsque quelqu'un aime, comme on dit, sait aimer, là, l'intelligence de l'homme s'arrête ;

il buvaient le raki, tu te souviens, de temps en temps ils montaient sur la terrasse regarder les pigeons, une idée de Seto qui, soi-disant allait en faire l'élevage, je ne sais pas d'où il les faisait venir pour qu'ils soient de bonne race – non, c'était pas pour les manger, à l'époque des Français, eux en mangeaient pendant la guerre mais plus par la suite –, les soirs, il allait les faire tournoyer ainsi dans les airs et il hochait la tête comme un échassier, il sifflait, oui, il sifflait,

pendant un moment, ton père aussi a élevé des pigeons, il avait accroché le nid à l'eucalyptus d'Ardachès, mais un jour, le couple gris et roucoulant sans cesse est parti, se joignant à la volée de Metri et laissant le nid vide, comme moi, disait Antika qui voyait partout soit son semblable, soit elle-même ;

mais vraiment, ce caquetage, c'est insupportable, j'ai parlé de moteur, mais un moteur, à côté, c'est rien ! une femme digne de ce nom doit parler à propos, en plus, trop se montrer, c'est pas bien, si elle pouvait, elle montrerait son cul, qui, d'ailleurs, est rien de rare,

elle ne levait pas la tête de son ouvrage, mais elle regardait du coin de l'œil, de même que lors d'un essayage, elle observait dans le miroir le dos musculeux et élancé de mademoiselle Voski, semblant essayer de réconcilier l'harmonie qui se formait en son esprit avec ses parties saillantes, on nous a appris à ne pas ouvrir la bouche pour rien, mes tantes, mes oncles étaient si intimidants qu'on les craignait ; celui qui veut entrer dans le monde doit regarder autour de soi : parce qu'on est pas allées à l'école, on connaîtrait pas la politesse ? on serait mal élevées ? celui qui parle trop s'use vite et en plus ce qu'elle disait n'était que mensonges et bobards, un jour une chose, le lendemain une autre, mais ce qu'il y avait de bien c'est que devant Seto, elle rentrait sa langue comme un chat, le mutisme de Zacharie, elle se pétrifiait, elle restait assise les mains croisées ; eh ! moi non plus je travaillerais pas si j'avais quelqu'un qui m'apportait à manger, à boire, de quoi m'habiller, je resterais sur mon cul ou je m'allongerais toute la journée, un coup – j'ai mal à la tête –, un coup – j'ai mal au ventre, j'ai mes vapeurs – elle faisait une tête comme si elle réfléchissait ; elle était gourmande, Seto faisait le plein au marché, soi-disant que les fruits de la Quarantaine n'étaient pas bons, elle cherchait des prétextes pour claironner à tout le monde – nous, on mange les fruits du souk Nourieh –, maintenant elle a qu'à en chercher des prétextes, qu'elle trouve un mari pour prêter l'oreille à ses caprices, la folle, en plus, cet homme, dès son retour du travail devait s'occuper des gosses et elle – je fais à manger ! – tous les jours du chou, d'ailleurs ceux-là, qu'est-ce qu'ils ont d'autre à manger ! ils sont pas comme nous, d'après moi, Seto s'occupait de tout, de l'école, de l'éducation, des vêtements, quoi qu'il en soit, il en a pas profité, ses deux garçons sont morts dans un accident, l'un se prénommait Avédis, l'autre avait un prénom bizarre, Ganantch, tout ça parce que c'était le prénom d'un frère de Trvandah qu'on avait pendu à la prison de Sivas, sous couvert de l'enrôler à l'armée ; heureusement qu'il restait le dernier, Hapet, tu sais bien, il a ton âge, il est cordonnier, quand Trvandah a accouché, tu n'étais pas encore né mais tu étais en route,

bien sûr elle riait, simplement pour ne pas enfreindre un interdit, du moins c'est ce qu'il me semble : ces expressions « se mettre en route », « mettre en route », « reprendre sa route » avec leurs différentes variantes faisaient partie d'une sorte de langage secret dont je lui arrachais involontairement des bribes, je ne suis pas sûr qu'elle ne prenait pas un plaisir équivoque lorsqu'elle les prononçait, une jouissance fugitive, indicible, ne survivait-elle pas ? celle qu'il leur avait fallu quand ils étaient tous les deux, rien qu'eux, dans la maison de Georges le protestant, cela à un moment inconcevable pour moi, sur un lit, dans le carré sombre d'une chambre, coupés du monde, mais un moment se répétant depuis la création du monde, un désir tendu les avait saisis, absorbés, emportés jusqu'à la limite de l'ailleurs où, tout d'un coup dans les ténèbres de la conscience s'était produit le saut du néant à l'existence, à nouveau la conception du germe originel, comme indépendamment d'eux, les expulsant d'eux mais s'incarnant par eux et cette jouissance, cet orgasme, cette agonie vivifiante ne pouvaient s'exprimer par des mots, non à cause de la pudeur, mais parce que c'était un rythme, un mouvement, un souffle créant une nouvelle constellation.

Oui, ma mère ne s'était pas trompée, j'étais allé jusqu'au fin fond de ce trou, comme elle disait, et cela pour quelque chose qui n'existait peut-être pas, j'étais allé voir madame Trvandah qui, depuis la mort de son mari ne restait plus chez elle, elle errait, battait la campagne, de sorte que je m'étais retrouvé devant une porte close, j'avais frappé à la fenêtre d'à côté, masquée par des rideaux, mais il n'y avait personne, de l'autre côté de la rue, une femme, qui m'était totalement inconnue, était apparue à la fenêtre d'Areknaz – elle n'est pas là, elle est partie – avait-elle dit, la chaussée avait gardé la trace du bitume ancien jusqu'au boulevard principal, ma tante n'était plus là depuis longtemps et je ne pouvais plus m'asseoir dans sa boutique, elle de l'autre côté de la table, sur le fauteuil ou dans l'angle, devant une étagère vide, à côté de la machine à boutons ; c'était son travail, elle fabriquait des fournitures de mercerie, tandis que Tathéos, quelle que soit l'heure, était soit absent de la boutique, soit dormait dans leur minuscule pièce, ou encore était assis à une table de jeu d'un des proches casinos, c'est ainsi que ma tante demeurait seul maître à bord de la boutique pour laquelle ma mère n'avait qu'une expression, c'est une boutique de merde ! mais on pouvait tout trouver là-bas, des variétés de bobines, de mètres, de boutons, des cigarettes à l'unité pour les clients, des paquets de Tatlisert, de Bafrah, parfois des *Lucky Strike*, des allumettes, des briquets modernes, des Sinalcos et des bouteilles de sodas orange et vert ; elle m'interdisait formellement de toucher aux fruits secs, aux chewing-gums, aux bonbons divers qui stagnaient dans des bocaux ouverts et poussiéreux ; ma mère disait, les gens vivaient dans la saleté mais ne manquaient de rien dans leurs maisons, bric-à-brac du monde, avec les radios les plus récentes ; les femmes devaient porter les vêtements les plus luxueux, acheter l'or et les perles du monde entier et se parer de façon tape à l'œil sans parler des bas fins de nylon jusqu'aux cuisses, tant pis si les talons hauts s'enfonçaient dans la terre des rues, que leurs pointes se frottaient aux excréments des chevaux, des ânes ou des chiens, elles avaient, dans les mains, des parapluies se retournant au vent, comme les bourgeoises arpentant les allées du souk Tavil, à la poursuite de la dernière mode, qui allongeaient le cou devant les vitrines et parmi lesquelles j'allais reconnaître, transformé par le maquillage et le lifting, le visage de Linda Sursock ;

ma tante me fixait d'une telle façon, avec ses grands yeux noirs, que je n'osais pas, sans sa permission, allonger la main vers ces bonbons rouges, orange, verts dont on trouvait l'équivalent en mille fois meilleur dans le magasin de Maritsa ou dans les marchés où m'emmenait Arevik, mais à ce moment-là, il me semblait que ceux-là, ces bonbons de ma tante, devaient être différents ; je n'allais pas me soumettre aux reproches de ma mère, non, d'ailleurs c'est ma tante qui allait dire – c'est encore les manigances de ta mère, c'est elle qui t'élève comme ça ; je les prenais quand elle daignait m'en donner un, c'est-à-dire au moment où un garçon ou une fille entrait, avec dans la main un billet chiffonné et achetait quelque chose, le regard se promenant sur les étagères ; ma tante se transformait soudain, elle s'épanouissait, se levait, s'approchait de la table, échangeait quelque chose dans cet arabe qu'elle ne connaissait pas, en fait c'est elle qui parlait, l'autre, de la tête et des mains, montrait quelque chose, la tante sortait la monnaie de la poche cachée sous son tablier et, dans le même temps, dans le geste de quelqu'un dispensant une grande faveur, elle tendait, enveloppée dans un papier transparent, la pâte à mâcher, un morceau de mastika* blanc – si tu mâches cette pâte, tes dents resteront solides – ; pourtant, malgré l'éternelle pâte qu'elle avait en bouche, elle avait perdu la majeure partie de ses dents et cette pâte circulant entre celles restantes et ses gencives édentées, conférait à son visage un rictus que l'âge n'allait jamais imprimer sur sa peau ; chaque fois, j'entendais de sa bouche la même phrase lorsqu'elle remarquait mon arrivée – te revoilà ! tu n'oublies donc pas ta tante, bravo ! t'as grandi, petit corniaud ! – et, dans son ton caressant, sa prononciation, je retrouvais une nuance de la voix de mon père ou de l'élocution mélodieuse de Seto Emmi, surtout quand ils parlaient ensemble dans leur dialecte, m'ayant comme oublié, peut-être exclu en tant qu'étranger, hors du cercle de leurs préoccupations.

Et, à l'instar des mots de leur dialecte, eux aussi étaient morts à leur tour, tout doucement, sans laisser de traces, mon père, Seto Emmi, ma tante, je n'avais pas eu le temps de m'en rendre compte, comme s'ils n'avaient pas suivi le rythme du monde. Ils étaient restés de l'autre côté de la frontière qui désormais était fermée, cependant, malgré eux, ils m'avaient transmis quelques paroles, quelques mots que je craignais d'utiliser çà et là, à l'école, dans la rue, comme quelqu'un qui a honte de son origine et la masque ; je conservais cela, ce peu qu'ils m'avaient laissé, il serait plus exact de dire ce peu dont j'avais hésité à me débarrasser, avec un respect paralysant, de l'un un livre de comptes, de l'autre un chapelet rouge, de la troisième un châle, des choses de rien qui rendaient les gens à qui elles avaient appartenu plus pitoyables, plus misérables puisque, sans le vouloir, je les avais identifiés à ces quelques objets de peu de valeur ; peu à peu, j'avais compris une des paroles de Seto, prononcées quand, je ne sais à quelle occasion, ils s'étaient réunis dans la boutique de ma tante, ils parlaient, m'ayant presque oublié, ils tournaient autour d'une chose mystérieuse, ils ne la nommaient pas, ils discutaient par allusions, croyant que je ne comprenais pas ;

il est difficile de dire quand j'avais commencé à comprendre leur langue, oui, au début cela me semblait un langage qui appartenait à mon père et aux siens, mi amis, mi parents, des mots de guingois parfois si proches, parfois si lointains, des tournures qui ressemblaient à leurs plats bizarres auxquels je ne touchais pas, et qui me semblaient complètement insipides, désagréables, des sons comme « dzou, dzou » ou « bin, bin » ; même quand je les répétais, c'était pour persifler, on pouvait s'amuser de ces mots semblables à des onomatopées que mon père utilisait dans son poulailler, il arrivait parfois que, comme pour le turc de Ughaper, je ne comprenne pas une parole de Seto,

tu es sourd de la bouche ou quoi ?

ce n'était pas la langue de l'église qui, elle au moins, se chantait mais autre chose dont nous n'apprenions pas les sons et les syllabes et qui s'entendait seulement comme les vents passant dans la nuit qui, finalement, arrivent quelque part, à bout de forces ; j'ai l'impression qu'il n'est pas possible de préciser vraiment le moment où l'on s'aperçoit soudain qu'on a franchi, traversé l'intervalle large ou peut-être étroit qui sépare une langue d'une autre, qu'on a acquis un secret, grâce auquel même l'expression la plus imagée devient transparente, car on se sait fort, capable de voir les choses différemment, de ne pas les confondre avec leurs noms et, à ce moment-là, on peut désormais marcher en hésitant, circuler dans les passages étroits de la ville, sauter d'une langue à l'autre, comme moi d'un quartier à l'autre, de l'obscurité à la lumière, unissant entre eux des temps parallèles ;

ils disaient – la langue du gamin se délie – mais je ne sais pourquoi ils méconnaissaient que l'oreille aussi devait se délier, de l'intérieur, qu'au plus profond, un tremblement devait avoir lieu comme si notre mutisme originel était la prolongation de notre solitude première, enclos dans un espace aquatique d'où cependant passaient des ondes de vibrations qui, une fois que nous émergions à l'extérieur, devenant aptes au cri, allaient devenir sons et syllabes, comme « dzou » ou « bin », au début un peu estropiés, hésitants, comme un enfant qui, tenant difficilement debout, les bras en l'air, plane un moment, et conquiert la station perpendiculaire, la vie, l'histoire et le destin humain ;

au moment où je regardais les gens debout sur le petit trottoir devant la boutique, j'avais entendu Seto Emmi qui, de sa voix habituellement ironique, à présent coléreuse, avait affirmé, comme pour interdire quelque chose,

on ne crache pas sur sa propre saleté

Quelle chose ? qui était sale ? ce n'était pas évident à ce moment-là mais la maxime, peut-être plus la façon de la dire en l'accentuant, en la pesant, en la faisant vibrer, que sa signification me gardait dans son enchantement et sa fascination puisque la signification, de même que ce qu'on appelle la beauté ne sont parfois rien sans cette matière immatérielle indécidable qui leur fixe une place, timbre, couleur, caractère ; peut-être cette parole qui s'était échappée de ses lèvres devait me travailler, m'interroger, m'oublier, allait cesser d'exister, je n'allais pas m'apercevoir qu'elle était devenue la sphère générale de celui qui l'avait prononcée dans la boutique de ma tante, déployée d'une façon si partielle et lacunaire tout au long de cette scène.

2

L'œil est la fenêtre, l'esprit la marmite.
SETO

La scène s'était effacée depuis longtemps déjà et, à présent, c'était moi qui passais devant la boutique, l'épais mûrier était toujours dans l'angle ; selon ma tante, ils l'avaient planté la première année de leur installation à la Quarantaine alors que ces lieux étaient déserts, un terrain vague de tôles et de métal branlant sous le soleil d'été, juste en face de la mer, à côté du port où, après avoir attendu au large pendant quarante jours, les passagers du bateau avaient été jetés sur les quais ; chacun montant une tente comme il pouvait, s'y installait, louant celle qu'il venait de dresser pour en faire une plus loin et voilà le campement décrit par les journaux, les restes ou le nouveau visage du village de tentes, l'ébauche de maisons s'appuyant les unes aux autres, s'accumulant, s'amoncelant, où, à l'une des extrémités de l'avenue principale se trouvait l'abattoir Maslakh et, à l'autre, l'église Sainte Croix avec, autour, le même chaos d'abris en bois, de constructions en planches, en briques, en tôle, plus exactement un assemblage livré à la pluie et à la grêle l'hiver, au soleil et à la canicule, l'été ; des années plus tard, quand je devais entrer à l'église pour un mariage ou un baptême, je ressentais à nouveau l'impression de pénétrer soudain dans le monde d'Elmone, d'Antika, de Nano, comme si cette époque existait toujours quelque part, ce n'était pas même une époque mais une étendue, un espace, une totalité, un monde et il suffisait de descendre la colline, de traverser la ligne de chemin de fer pour entrer dans un monde parallèle où avaient cours d'autres lois, où régnaient d'autres coutumes, où les êtres aussi, ainsi que leur langage, étaient autres comme s'ils avaient été la métaphore de lieux communs, plus précisément d'un passé commun, incontournable, n'ayant jamais accédé à la parole ;

je suppose que ma tante payait un petit loyer et obstinément, comme si elle avait l'éternité devant elle, elle continuait à vivre dans cette maison appelée « Bien national », un immeuble de pierre dont chacune des chambres des trois étages était attribuée à une famille, les WC en commun, la cuisine dans la cour où conduisait un passage, long et toujours sombre puisque dépourvu d'électricité ; cependant, le lieu, le bâtiment valaient un quartier en eux-mêmes, un quartier rassemblant des types et des dialectes étonnants, des mœurs et des sectes rescapés de toutes les villes et villages de Cilicie, une espèce de concentré hors les murs de la multitude amassée sur la colline ; dans les chambres lumineuses du haut habitaient les possédants régnant quelquefois sur quelques pièces et balcons, tandis que les pièces inférieures, moins éclairées au fur et à mesure, étaient allouées à des familles plus nombreuses et ressemblaient à des cellules obscures, avec des portes s'ouvrant les unes face aux autres sur le seuil desquelles, dans la pénombre, il y avait toujours quelqu'un d'assis, un borgne ayant perdu un œil à la bataille d'Arara[1] ou un estropié ayant laissé son pied à Alep, l'un faisait de la couture sur sa machine, un autre ravaudait, quand il n'avait pas de travail il jetait un mot à ceux qui passaient, toujours le même – quand serons-nous délivrés ? quand serons-nous délivrés ? – comme un infirme récitant sa litanie ;

en fait, on aurait dit un asile, un hospice de vieux, une maison de fous, surtout quand des voisins si intimes se disputaient, se prenant aux cheveux, les hommes se préparaient à sortir les fusils, les jurons fusaient de haut en bas, de droite, de gauche, tous contre tous, on aurait dit qu'une rage, qu'une haine accumulées, retenues durant des mois, des années, recuites et stériles éclataient, retentissaient, ébranlant le bâtiment depuis ses fondations, jusqu'à ce qu'une femme rondouillette, la quarantaine ou guère moins, descende les étages, faisant résonner ses mules sur les marches, tac-tac, pour que les autres l'entendent, sachent qu'elle, mademoiselle Nerkiz, était là et se calment : d'abord apparaissaient ses jambes, épilées, puis le pan de son inusable robe-chemise de nuit rose foncé, large, se balançant, laissant deviner des cuisses fortes, surmontées de hanches assez larges, la taille et le ventre ronds et, de chaque côté du cou, une masse de cheveux épais teints en blond, permanentés, et

1 19 septembre 1918, au cours de la bataille de Megiddo, dirigée par le commandant Allenby contre les Ottomans, prise de la « butte » d'Arara (Syrie) par la Légion d'Orient.

sur son visage s'ouvrait une bouche qui semblait joyeuse avec des lèvres fines et peintes ; au-dessus, non pas la mouche noircie de façon naturelle d'Arevik, mais un authentique grain de beauté assez grand, qui rappelait plus une cicatrice que la trace d'un grain de beauté naturel ; elle devait naturellement tancer tout ce beau monde – c'était une honte ! s'ils continuaient à crier, on les ficherait dehors, elle allait prévenir le directeur, d'ailleurs, tous n'avaient pas besoin de secours, ils devaient leur laisser cette maison et partir,

elle fronçait des sourcils visiblement dessinés en châtain, les rides descendant vers les yeux se creusaient et son visage prenait l'apparence d'une colère forcée, c'est-à-dire grimaçait assez sérieusement, le rouge lui montant aux joues ;

si vous êtes fous, allez à l'asile !

cette colère simulée faisait haleter sa poitrine abondante, joyeuse, trembler sa croix en or rouge et, enfin, on aurait dit que l'odeur de transpiration dégradée cachée sous ses aisselles libérait son parfum de violette ;

mademoiselle Nerkiz, la pistache de Marache – comme l'appelait ma tante, qui avait dû emprunter la tournure aux gredins oisifs de la rue, prenant toujours plaisir à affubler les gens de sobriquets équivoques –, réussissait à imposer silence à cette foule, à faire en sorte que chacun retourne chez soi ou à son travail ; avec l'assurance maniérée d'une maîtresse de maison, elle montait, martelant à nouveau les marches, tac-tac, personne ne savait comment elle avait réussi à se débrouiller pour obtenir cette pièce et surtout pour payer le loyer – avec son canevas de Marache ? d'après ma tante, elle avait du bien, du fait qu'elle venait de l'orphelinat de Karen Eppehi, elle recevait une pension du Near East Relief[2] et on aurait dit qu'ainsi son avenir était assuré, mais…

je savais que ma tante avait quelque chose au bout de la langue et elle me faisait attendre avant de le sortir,

elle avait donné sa virginité à un pasteur et lui, sans aucune considération, l'avait laissé sur le cul et était parti,

pour moi, à cette époque, cela était une chose très trouble, équivoque, incompréhensible, j'étais encore incapable de comprendre ces paroles, on aurait dit qu'elle indiquait la chose la plus naturelle de mon monde,

2 Organisme humanitaire américain opérant dès 1919 dans l'ancien empire ottoman.

masquant son ironie, aiguë, mordante à l'égard de cette mademoiselle Nerkiz qui, à elle, ne lui semblait pas du tout une personne aimable, mais je ne devais apprendre la cause de tout cela que plus tard et il était difficile de deviner dans l'attitude de mademoiselle Nerkiz une agilité particulière, un éclat brillant, vibrant, une grâce et un jeu adolescents, toutes choses qui composaient pour moi cette virginité ;

madame Trvandah, toujours plus spontanée et radicale, du moins c'est ce qu'il me semblait, avait sa propre version,

et pourquoi verser un loyer ? elle avait mis la somme dans la poche du collecteur, elle rencontrait le responsable de la prélature, non pas une fois par mois, mais, paraît-il, une fois par semaine, soi-disant celui-ci surveillait l'immeuble – je vais aller voir comment va mademoiselle Nerkiz ! – et c'est ainsi qu'un jour il avait surpris la fille à sa toilette et celle-ci n'avait pas crié, n'avait pas supplié, elle l'avait conduit à son lit, la dévergondée, la cochonne, la garce, la pute ! personne n'avait rien pu faire contre elle, puisqu'aussi bien l'enquêteur que le membre du parti, en un mot tous les défenseurs autoproclamés de la morale, quand ils montaient en examinant les escaliers et les habitants, en s'arrêtant aux seuils des portes, en constatant les odeurs et la saleté, comme s'ils cherchaient une adresse indiquée, connue, ainsi que les garçons ont l'habitude de le faire quand le sujet tourne autour de telle ou telle fille, arrivaient finalement à la chambre de mademoiselle Nerkiz où ils traînaient, puis en sortaient transformés, ayant changé d'opinion, – mais non, voyons ! cette fille n'a rien de spécial, son cœur est pur –

seulement mademoiselle

oui, elle avait absolument interdit qu'on l'appelle madmazel, khanem*, doudou ou sœur aînée, donc, l'orthodoxe et honorable mademoiselle

Nerkiz possédait une chambre très convenablement meublée comportant, au fond, un grand lit avec des rideaux sombres et surtout une commode surmontée d'un miroir, sur laquelle il y avait un petit ventilateur électrique, plus loin, sur une table, un grand vase dans lequel les fleurs ne manquaient jamais, sur le côté, un petit balcon donnant juste sur celui de la famille d'Areknaz où il y avait à peine la place de mettre une chaise, le linge était pendu à une corde depuis la rampe, des culottes à la mode, un soutien-gorge, une ligne de serviettes sales ; sous un parasol multicolore, protégée du soleil, se trouvait une cage avec, sur l'un des deux perchoirs, un oiseau ressemblant à un perroquet à qui parlait mademoiselle Nerkiz, – il valait mieux parler avec lui qu'avec les mégères d'en bas, les ignorants et les estropiés pour lesquels la dispute était un passe-temps, une façon d'avoir des relations – ; l'oiseau gris et vert, dont il était interdit de s'approcher, roucoulait du matin au soir, gazouillait, lançait son bec rouge dans un long monologue, il écoutait de temps en temps ce visage qui se penchait vers lui, ces lèvres peintes auxquelles j'attribuais la couleur et le goût des cerises ; au moment des querelles, le perroquet s'éveillait, retrouvait sa vivacité comme un bègue irrité, il bredouillait, mais à voix haute, il semblait prêt à bondir comme un carnassier, à leur arracher les yeux et la langue ; mais déjà, les braillards s'étaient tus, les querelleurs s'étaient retirés dans leur chambre, poursuivant leurs murmures stériles derrières des portes branlantes ; le seul qui allait répliquer, à sa manière, c'était le borgne, monsieur Lazare ou, sous son nom plus courant, le héros d'Allenby qui, le ventre empli de ressentiment et de vents lâchait un long pet à l'intention de cet ange rose qui était déjà monté, il avait trouvé sa chaise sur laquelle il se balançait, vacillait et d'où un jour, il allait soudain s'affaler par terre pour ne plus jamais se relever ; de sa poche, on allait sortir l'œil de verre soigneusement enveloppé dans un mouchoir, qui, à présent regardait au loin, non du côté de la cour où les portes des cuisines alignées côte à côte laissaient une impression de cellules de prison, mais vers la porte où le soleil jetait une lueur blafarde comme un pan de vêtement féminin en haillon.

En ces jours, rares, où j'entrais par la porte principale, apparaissait immédiatement en haut des marches Areknaz, une fille un peu plus âgée que Zevart[3], dont la robe faite d'un bleu brillant et semi-transparent avait, au milieu de cette grisaille, quelque chose de scandaleux, donnant à son corps un attrait inhabituel comme si elle était un être exotique ; quand elle venait jusque chez nous pour se faire coudre un vêtement ou une blouse d'école, elle s'étonnait de ce que nous allions si peu voir la tante et, c'est pourquoi, en se moquant à voix haute, oho ! tu es venu voir ta tante ! viens jouer, proposait-elle et le jeu n'était rien d'autre que, sur le modèle d'une page du livre de sciences naturelles, découper avec des ciseaux dans du papier de couleur, des oiseaux, des poissons, d'autres animaux, c'est mon père qui l'a apporté, disait-elle quand je

3 Personnage de *Signe* (Beledian Krikor, Garnier 2017).

posais la question, – son père, monsieur Vartan, Vartik[4], petite rose de Gürine – apportait tout ça de l'usine de papier où il travaillait; le jeu d'Areknaz était très sage, au fond, ce n'était même pas un jeu mais le passe-temps d'une poule caquetante dont le seul résultat était les images collées sur le mur du couloir et cela ne m'intéressait que dans la mesure où je pouvais m'approcher du petit corps maigre d'Areknaz, respirer son odeur si différente de l'odeur salée de Zevart, bien plus mûre, mais cette intimité était habituellement de courte durée, sa mère arrivait presque toujours avec deux verres de soda dans un plateau, souriante, – voilà ! jouez comme ça bien gentiment –, comme si elle ne suivait pas de l'oreille le découpage de papiers depuis le couloir, nos quelques paroles, plutôt un échange de monosyllabes que de véritables phrases;

Areknaz voulait m'apprendre à découper des figures; elle avait de longs doigts fins et à l'un de ses annulaires brillait une bague argentée qui lui donnait des airs de jeune fille; le papier était étalé sur une table basse, elle se penchait dessus, de sa main elle tentait parfois de garder sa jupe sur ses cuisses, elle la tirait vers le bas, avec le crayon elle dessinait de façon visible les yeux des animaux, le museau, les plumes, les poils et la queue, en fait elle copiait ce qu'il y avait dans le livre, elle le reportait, elle se rendait compte qu'elle avait oublié sa jupe, elle la tirait de nouveau, puis d'un geste habile, presque rond et grave, elle prenait les ciseaux, le pouce légèrement courbé comme son port de tête, elle coupait lentement comme quelqu'un grignotant du pain, comme ma mère coupant le tissu par terre, seulement Areknaz devait aussitôt le coller sur une page plus grande et, à cet instant, elle se taisait comme si elle s'éloignait, devenait toute autre, appartenait à un autre monde dont elle assemblait ainsi des parties sur le mur, un jardin zoologique complet, d'animaux sauvages et domestiques; je remarquais son menton délicat, sa peau brune, ses longs cils et ses sourcils, fins, presque immatériels comme dessinés au crayon dont je voyais les semblables sur le visage de ses grandes poupées, celles qui étaient couchées dans une boîte et qui ouvraient leurs yeux clos lorsqu'Areknaz les prenait, ajustait leurs habits en gaze verte, bleue, rose puis les asseyait sur les fauteuils, arrangeait leurs cheveux blonds, les jambes pliées, les pieds dans des socquettes délicatement tricotées, les bords des vêtements parfois si retroussés qu'il fallait immédiatement

4 Diminutif de « vart », rose, en arménien.

couvrir leur culotte blanche ; bien sûr, en les caressant, en les choyant, Areknaz parlait avec elles, avec une voix grave, traînante, elle leur disait des petits mots incompréhensibles comme si elle imitait les bredouillis du perroquet d'en haut et qui, je pense, n'avaient aucun sens, comme la langue des oiseaux[5] que nous parlions, Zevart et moi ; parfois, les poupées partaient en visite ou en promenade, d'après les sons émis par Areknaz, on pouvait deviner qu'elles étaient à l'autre bout de la rue, sur la route de la plage de Manara, le soir, pour profiter du bon air, elles marchaient comme des bourgeoises, une ombrelle colorée à la main, sur le fond de l'horizon bleu, puis, leur visite effectuée, fatiguées, le drap tiré jusqu'aux oreilles, elles se couvraient d'un papier blanc comme des beautés se protégeant de la lumière, elles retournaient à leur confort, à l'odeur d'humidité et de naphtaline,

Areknaz posait soigneusement le couvercle sur la boîte avec le sérieux d'une mère de famille qui a enfin posé dans son lit l'enfant qu'elle berçait, elle se taisait, devenait impénétrable, on aurait dit qu'elle s'attristait, qu'elle boudait, peut-être mécontente d'elle-même, de m'avoir laissé voir ce qu'elle se réservait, de m'avoir fait entrer dans son intimité, si semblable en cela aux filles mûres, à leur orgueil assuré et fragile, cette espèce de distance merveilleuse où elles se retranchaient et que les garçons prenaient pour du mépris, mais Areknaz était dénuée de cette passion attrayante, de cette flamme fraîche, joueuse dont je devais voir le développement sur le corps de Zevart jusqu'à ce jour où elle devait s'enfuir en courant de la terrasse des Khatchadourian avec des larmes incompréhensibles, et criant – je vais mourir ! je vais mourir ! – non pas comme une petite princesse de théâtre qui était l'un de ses emplois, mais gravement – je suis blessée ! je saigne ! – un filet rouge coulant du haut de sa cuisse sur sa main, me laissant en haut des marches dans l'ignorance abasourdie de quelqu'un qui persiste dans l'intemporalité de l'enfance, alors qu'il est déjà tard et que Zevart entrait dans la chambre murmurante des filles, entourée de femmes dans le rôle d'examinatrices ;

moi, j'étais simplement le spectateur d'Areknaz, son serviteur, celui qui lui tournait autour, à qui il n'était pas permis de toucher, c'était une fille très convenable, comme les êtres beaux, imaginaires, une fille

5 La langue des oiseaux est traditionnellement une langue fictive et secrète qui consiste à donner un sens autre à des mots ou à une phrase par différentes techniques, une sorte de langue d'initiés. *cf.* Attar Farid Al-Din, *Le langage des oiseaux* (1857)

talentueuse, la fille sans pareille de son père et de sa mère, d'après ma tante, qui ne descendait jamais dans la rue sauter dans les flaques d'eau, jouer à colin-maillard avec nous dès la nuit tombée et se cacher derrière les portes où nous aurions pu nous frotter à sa jupe et à son odeur, la serrer, la presser, rire, crier, prolonger le moment quand l'un de nous pouvait crier – hou ! je t'ai vue ! sors de là ! – alors qu'elle devait éviter le soleil, la mer, la boue, les bagarres, les raclées, l'insolence, elle ne devait pas apparaître dans les repas, les représentations, les fêtes où elle aurait pu venir avec sa robe exotique et son sourire ambigu, comme avait l'habitude de le faire Zevart en tant qu'étrangère familière ; on aurait dit qu'elle était un jouet fragile que le moindre contact aurait réduit en poussière ou un être maladif, l'un de ceux qui, à douze-treize ans, cessent soudain de grandir, s'alitent puis entrent à l'hôpital et disparaissent pour toujours.

Pour m'éloigner de sa boutique, – soi-disant ce deuxième ou unique logement n'était pas si recommandable pour un garçon de mon âge, peut-être aussi que ma présence là-bas la gênait, perturbait ses calculs ou sa solitude pensive –, ma tante faisait un petit mouvement de la tête, les plis de son cou se fronçaient, elle ne parlait pas mais je savais qu'elle m'envoyait chez Areknaz, la fille de ses chers Saten et Vartik envers lesquels elle manifestait une tendresse particulière, elle ne plaignait pas ses « ma fille, ma fille » comme si celle-ci avait été privée d'une grâce céleste, elle aurait voulu que je lui tienne lieu de petit frère, de la même façon que ses poupées étaient ses compagnes ; j'aimais traîner dans la rue, jeter un coup d'œil à la mer qui formait l'impasse des maisons, aux constructions en bois suspendues entre le ciel et la mer que, malgré toutes les pressions de la mairie, les gens d'ici avaient érigées, ils n'avaient pas voulu abandonner leur petits balcons dangereux et malcommodes et leur plafond laissant filtrer les fumées, puis il y avait quelques maisons en pierres, des cours avec des femmes en noir, semblables aux nôtres d'en haut, assises sur des nattes, des tabourets, occupées à préparer les repas, la lessiveuse à leur côté, tandis que des jeunes, sur leur vélo, fonçaient vers le boulevard principal en contournant les flaques de la rue, alors que j'étais arrivé à l'entrée principale dont un jour une espèce de rapiat avait volé la porte et le bâtiment était demeuré ainsi béant comme une étable, avec ses deux fenêtres latérales à barreaux ; derrière, il devait y avoir des visages que je n'avais jamais vus, attendant éternellement quelque chose qui ne venait pas, que moi je ne pouvais apporter, de là devait appeler madame Saten, interrompant pour un instant ses commérages, – je suppose qu'elle médisait, comme on brode, sur les dernières aventures de la dévergondée d'en haut, sur les allées et venues de la nuit, ses amants et ceux qu'elle foutait dehors –, elle sortait un instant de sa chambre, appelait « Nazik ! », comme madame Marie interpellait Arevik du haut du toit, « Areknaz ! », il traînait dans l'entrée des odeurs d'humidité, de nourriture qui s'étoffaient à mesure qu'on montait les escaliers au sommet desquels allait apparaître Areknaz, dans la pénombre, un peu étonnée mais, je pense, contente ;

son visage pâlot et froid qui ne voyait pas souvent la lumière, allait cependant, quelques années plus tard, sourire derrière sa vitre quand elle me remarquait dans le bus de l'école de Tarouhi Agopian et elle me faisait alors un signe de sa petite main que je traduisais par « viens nous voir ! », tout à fait comme quand elle voulait que je m'approche de sa page terminée, que je m'extasie, que je dise – que c'est beau ! – et elle, trouvant soudain l'accent d'une jeune fille qui, soi-disant n'a pas encore utilisé tous ses attraits et réserve des surprises à son admirateur, – il y a encore beaucoup de choses que tu ne sais pas ! la prochaine fois je te montrerai ! – il ne me restait qu'à fabriquer des anneaux avec le reste de papier, qu'à former une chaîne multicolore comme celles qui était suspendues d'un côte de la pièce à l'autre, semblables à une dot destinée à l'exposition ; les jeux d'Areknaz, ou ce que je peux appeler ses jeux, étaient cependant toujours les mêmes – tel le caquètement rouge du perroquet qui, comme un délateur, bégayait « Ar…am, Ar…am » imitant la voix ample et juteuse, inexplicablement pleine de sève de mademoiselle Nerkiz, la déchiquetant presque –, comme si Areknaz manquait de cette petite folie, de cette malice qui permettait à Zevart de trouver un nouveau jeu, une nouvelle diablerie, de tendre un nouveau piège, saisie d'une fièvre créatrice permanente ;

par méchanceté ou pour lancer une pique à ma tante ? ma mère, parlant un jour d'Areknaz,

elle n'est vraiment pas jolie, je ne suis pas aveugle, je connais sa taille, ses hanches, je l'ai bien dans l'œil, quand elle grandira elle ressemblera à une planche à pain et elle ne sait même pas rire ;

contrait-elle un projet très lointain ou s'y préparait-elle ? puisque dans leur pays ils fiançaient les enfants dès le berceau, d'un signe ils réveillaient ou détruisaient le désir absent, et bien qu'elle fut l'apologiste de la loi et de l'ordre anciens, elle ne cessait cependant de fustiger cette sauvagerie, comme elle disait, cette saleté,

d'ailleurs, ils ont pris l'enfant des autres, ils l'ont adopté,

néanmoins, pour tempérer son mépris, peut-être aussi prise de remords, ce qui renforçait son affirmation, elle avait ajouté,

mais ce n'est pas grave pour l'enfant, ici qui n'a pas un orphelin !

c'était trop tard, son insinuation avait déjà brusquement réduit en miettes dans mon esprit Areknaz, aussi fragile et délicate que ses poupées.

3

Dans mon esprit, la boutique de ma tante ressemblait à un espace archéologique, plus étrange mais néanmoins plus authentique que la maison de Maritsa ou de Nano ; là-bas, il semblait que nous étions plus entre nous, alors qu'à commencer par ma tante, chaque chose, chacun apparaissait sous un voile lointain, dans une odeur de tissu, de cellulose, de café ; il arrivait que je rencontre là ou plus exactement que je me retrouve face à des parents très éloignés de mon père, c'est-à-dire appartenant aux jours anciens de Choughl, des gens issus de la branche mère mais devenus complètement étrangers, qui continuaient toutefois à se considérer comme des parents, ils se rappelaient telle ou telle parole, vraie ou fausse, de mon père ou de son frère Setrak, un épisode entier d'une époque dont je ne soupçonnais même pas l'existence, qui s'arrachait comme un éclat détaché d'un rocher, qui arrivait, mettant au jour une couche d'animaux fossilisés, comblait les lacunes du récit, lui donnant une illusion d'épaisseur, de concentration, je les entendais dire : – ton père, on l'a vu encore il y a trois jours, il était par chez nous – puis, brusquement, comme des témoins oculaires de l'événement, ils commençaient à raconter les aventures de l'un des héros de la lignée, Guermir, ou à se moquer de sa femme, mais je me rendais compte que ce récit, beaucoup trop complet et trop impersonnel, n'allait pas au-delà de la frontière de l'oral, ils ne savaient rien de Guermir, du moins pas plus que ce qu'avait raconté une fois Seto : mon père l'avait écouté en silence et de telle façon que, soit lui-même se rappelait cela, soit, ce qui me paraît plus probable, il considérait ce récit comme certain, bien sûr dans ses propres limites ; c'est pourquoi ce qui demeurait de son visage originel s'était dissipé dans des paroles sinon mensongères du moins pleines d'erreurs ;

visiblement, ma tante appréciait plus les histoires que leurs conteurs qui semblaient vouloir partager quelque chose, se l'approprier, souhaitant de façon irrépressible se doter d'un arbre généalogique et qui osaient en faire un sujet de caquetage, se moquant un peu, louant un peu l'un des fondateurs du clan, comme disait ma tante, celui qui, pour elle, avait atteint le niveau d'une geste héroïque, celui dont le nom était effectivement parvenu jusqu'à elle, jusqu'à moi ; elle attribuait au garçon Guermir non seulement une vie d'émigré mais une période de lutte durable contre un certain Hassan Bek, après quoi il se serait enfui à Dyarbékir, Alep où il avait fait le portefaix et avait, de loin, pourvu aux besoins de la maison, de là-bas, il avait écrit à sa femme – j'ai acheté une chèvre noire, tue le veau à côté de toi –, cette ligne de sa lettre avait ouvert la voie à d'innombrables supputations, aucun des membres de la maison n'en avait compris le sens, ils avaient pensé que c'était une phrase codée, mais à quel sujet ? la femme qui devait être une vieille, bègue et un peu simple, était même allée voir l'archevêque et lui avait dit en bafouillant, – que ton âme soit bénie, qu'est-ce que ça veut dire ? –, à cette époque, à Gürine, il y avait le vartabed Kevork, on l'appelait le curé fou mais c'était un homme courageux…

ma tante suspendait son récit, souriait, sur son visage rond, ses lèvres s'arrondissaient comme un bec de cruche, et ainsi, de façon très réussie, elle masquait presque ses gencives édentées ; il n'était resté de sa beauté légendaire que ce sourire grave, sage, alors que ses boucles d'oreille, comme beaucoup d'objets de valeur plus ou moins grande, avaient été mises au clou et étaient restées dans la cassette de l'usurier – chaque quartier avait son usurier Haïg, à la langue de fiel et de miel, ami aussi bien du « Rouge » que du « Jaune », un profiteur, toujours apparemment mécontent mais prêt à se montrer serviable et, avec une régularité ponctuelle, à présenter la note mensuelle au débiteur, ayant désormais changé de ton et de façon de parler, trouvant la caution insuffisante – ce pouilleux, comme disait ma tante, elle ne se rappelait même pas son nom, elle ne se lamentait pas, ne regrettait pas du tout cette paire de perles n'ayant soi-disant pas sa semblable et dont elle aimait cependant étendre la réputation éclatante jusque sur leurs terres, leurs champs, leurs possessions ; on aurait dit qu'on avait amené à la Quarantaine, comme épousée, la perle de Choughl et là, débarrassée de tout maquillage, elle continuait à survivre, ayant mis la profusion et l'éclat de sa richesse dans ses paroles, semblables à des louches taillées dans du métal précieux avec lesquelles elle nous servait, d'un air enjôleur, les mots bariolés du pays ;

si tu apportais de l'eau, on la boirait ! comme si elle avait beaucoup parlé et, après en avoir avalé une gorgée, les plis de sa gorge bougeaient, sa langue sortait une fois, rentrait dans sa cavité pour parler à nouveau,

… et lui non plus n'avait pu casser le code,

et la phrase de Guermir était restée obscure dans l'esprit de ma tante, s'était transformée en une parole de sagesse inexprimable, qui, si nécessaire, changeait de forme, devenant soit – moi je garde la chèvre noire et toi la vache –, soit – si quelqu'un a une vache laitière, est-ce qu'il boira le lait de la chèvre ? ; mais devant sa parentèle, avec une grossièreté manifeste, elle coupait la parole et, avec une maîtrise qui lui était propre, elle frappait de ses deux mains potelées, – pour qui vous vous prenez ? vous ne valez pas même un de ses ongles, moi je l'ai vu, Guermir –, disait-elle, elle mentait ouvertement dans sa tentative de garder intacte cette geste héroïque antédiluvienne alors que les autres, selon elle, essayaient de le ridiculiser et d'en faire une rengaine moqueuse, à l'instar des histoires de Nasreddin Hodjah[1].

Naturellement, elle était moins diserte et blagueuse lorsque la conversation arrivait sur le grand absent dont il était absolument interdit de parler, même par allusion ou à voix basse comme ils avaient l'habitude de le faire quand cela avait un rapport avec une douleur intime, inavouable, incurable, une blessure monstrueuse, ce qui rendait plus évidents les contours de ce qui était tu ; elle ne semblait pas du genre à permettre de telles familiarités, non pas qu'elle fut exagérément secrète mais elle ne tolérait aucun empiétement à l'intérieur d'un cercle invisible qui formait son être, de même que le chignon arrondi collé sur sa nuque donnait à sa tête sublimité et hardiesse ; il me semble qu'elle ne pouvait ou peut-être ne voulait-elle rien partager avec quiconque, elle remettait en place, et comme il faut, les impudentes en une phrase que je croyais être injurieuse et qui sortait de ses lèvres non accidentellement mais à bon escient, sans la moindre hésitation, réfléchie, pesée, tranchante,

va jouer avec les roubignolles de ton mari !

l'interlocutrice se pétrifiait d'un coup comme la femme de Loth ou tante Ughaper devant les mots qui lui étaient destinés ; ma tante acceptait ce mur de silence, celui qu'elle avait élevé ou cru élever autour d'elle, comme pour cet absent dont toutes les traces avaient été effacées, anéanties

1 Personnage mythique, héros de contes bouffons, absurdes ou moraux répandus dans tout l'ancien Empire ottoman.

brutalement ; peut-être pas brutalement, mais peu à peu, comme les conséquences d'une réflexion permanente, chaque jour était apparu et disparu quelque chose qui appartenait à l'autre, une parole que l'autre avait dite, une image d'où l'autre regardait, désormais, un objet qu'il avait touché ; un genre de lente désagrégation, une destruction imperceptible, ce pourquoi ma tante ne s'habillait pas de noir comme une veuve ordinaire mais d'un vêtement toujours gris, d'une couleur passée, les manches longues, hiver comme été, usure des coudes ou couche de crasse ? par-dessus, un sempiternel tablier qui servait certainement à masquer la poche contenant de l'argent ; ainsi, extérieurement, elle semblait aimer la plaisanterie mais, intérieurement, on aurait dit qu'elle poursuivait un monologue hermétique, exclusif, sans fin, dont seuls quelques fragments émergeaient sur ses lèvres comme des paroles hors de mesure et d'à-propos, trahissant soudain un monde intérieur qui nous échappait.

Puis, avec une fierté presque sincère que l'on rencontrait peu chez elle et qui m'étonnait, elle se tournait vers moi,

c'est le fils de mon frère, il a tiré de notre côté et son nom est celui de mon grand-père,

et, comme les historiens anonymes de la vie des Saints qui se réfugient derrière des visions et des épiphanies et ne cessent de répéter qu'ils ont été les témoins oculaires de tourments inouïs et de manifestations indicibles, elle commençait à raconter les détails de son rêve : alors que j'étais déjà en route et qu'elle ignorait tout de la grossesse de ma mère, elle était allée voir mon grand-père, non pas sur son cheval blanc – ce qui n'était pas un bon signe, le blanc était de très mauvais augure, on n'avait pas besoin de la Clef des songes d'Arevik pour savoir cela – mais près de de la fontaine de Choughl, au rocher du lac, juste là où l'eau surgissait et où eux, les jeunes surtout, allaient nager l'été, la mer de Choughl, – un tel accent d'admiration dans sa voix qu'on aurait dit qu'en comparaison, les eaux chatoyantes de Damour, les rivages de la Méditerranée n'étaient que peu de choses, en particulier cette falaise escarpée derrière, un tas d'immondices, de sorte que,

je l'ai vu dans mon rêve, j'ai attrapé Hagop, je lui ai dit, vous devez lui donner le nom de grand père ;

mon père se serait étonné mais son rêve était authentique, d'ailleurs, le garçon tire du côté de son père, non ? et c'est elle qui lui avait donné son nom, l'avait pour ainsi dire baptisé, pour le reste, selon ma mère, elle avait effacé de son cahier toutes les obligations d'une tante ;

à chaque fois j'entendais la même histoire sans que ne soit changée la moindre virgule, comme dans toutes les légendes de la Création avec leurs écrits canoniques où le ciel, l'eau, le feu participent à l'émergence du monde, de même qu'elle, soi-disant, était ainsi l'auteur véritable de ma naissance ; si pour elle, avant tout, cela était une occasion de se donner des airs (si elle pouvait, elle se mettrait deux coussins sous les aisselles, disait ma mère), c'était en même temps une preuve de bienfaisance sacrée, un présent céleste comme si le rêve était la conception même, le début de la création du monde, l'annonciation, tandis que la grossesse et l'accouchement qui ne l'avaient intéressée ni de près ni de loin, selon ma mère, étaient la conséquence, la péripétie la plus banale du destin ; et à ma naissance, elle n'avait rien trouvé d'autre à offrir qu'un long et mince moulin à café en bronze, portant la signature de Hadji Vahram qui était son propre moulin et qui devait permettre à ma mère durant des mois, des années, de moudre la même raillerie amère et noire, ce qui était en outre une leçon –n'offre jamais à autrui ce qu'on t'a offert ;

quand je pénétrais dans la boutique, elle vérifiait ma mise de haut en bas et, tel un masque prêt à tomber et à se briser en mille morceaux, son visage se renfrognait brusquement,

ta maman a encore acheté de nouvelles choses, mon Dieu ! mon Dieu ! elle dépense l'argent de mon frère à des bêtises !

ce qui était une de ses rengaines à laquelle elle pouvait ajouter

celle qui jette l'argent par les fenêtres pourrait, elle aussi, se retrouver à la rue, mon frère n'a même pas un morceau de terre à lui, quel malheur !

malgré ses remarques, sa façon de pousser des hauts cris, elle avait une nature neutre, presque impersonnelle, qu'on pouvait attribuer à son insouciance, à une profonde indifférence ou à un égoïsme et qui, peut-être n'était rien d'autre qu'une réaction héritée, séculaire, fossilisée ; c'est pourquoi ses semblables, de génération en génération depuis les prototypes les plus anciens, marmonnaient le Narek[2] et la prière,

---

2 Grégoire de Narek (945-1003) théologien, poète et philosophe d'Arménie, saint de l'Église apostolique arménienne et de l'Église catholique, est l'auteur d'un *Livre des prières ou des chants de lamentations* dont certains passages sont intégrés à la liturgie de l'église arménienne. Des générations d'Arméniens ont appris par cœur et transmis cet ouvrage composé de 95 chapitres ou prières. Krikor Beledian lui a consacré une vaste étude : *Dialogue avec Naregatsi*, Erevan 2008.

en se frappant les mains, en inclinant la tête et le buste, esquissant un mouvement rythmé, ils se balançaient, se lamentaient et cependant acceptaient une situation catastrophique, surtout en ce qui concernait la non possession de terre et de maison, c'est-à-dire leur nomadisme ancien et éternel ;

ces paroles arrivées aux oreilles de ma mère lui donnaient l'occasion d'exprimer des insultes bien senties – la harpie ! la mégère radine ! – criait-elle, bien sûr en l'absence de mon père, – comme si on lui demandait quelque chose ! comme si c'était son frère aux poches vides qui faisait tourner cette maison ! moi, je couds à la sueur de mon front, je les habille, qu'est-ce que ça peut lui fiche ! qu'elle se mêle de ses affaires, qu'elle nettoie la merde de son fils, pour voir ! c'est elle qui règle les dettes de son joueur de fils, et si demain les flics viennent l'arrêter et le jeter en prison, on verra que ça retombera encore sur la tête de ton père !

4

Et voici la retombée ;

l'événement ne s'était produit qu'une seule fois, de façon inattendue, un jour ouvrable ; ma tante était venue chez nous un samedi, en agitant les mains, comme disait ma mère, un petit sac sur la hanche, portant une robe à la couleur passée que je n'avais jamais vue jusqu'alors, marron clair avec de petites fleurs, que ma mère avait faite à l'occasion de leur mariage et que, depuis, elle avait dû élargir plusieurs fois, tant, pour ma tante, se séparer d'un vêtement vieux, étroit, d'une fripe, était pour elle la forme suprême du gaspillage, peut-être simplement continuait-elle une vieille coutume, une coutume de son village où les pauvres n'avaient pas même de vêtements de rechange, ils travaillaient, se couchaient, se levaient avec le même, c'est pourquoi elle n'avait pas de raison de changer cette coutume, si ça se trouve, on va devoir brusquement partir, ne valait-il pas mieux en prendre soin ? garder l'argent entre nos mains et puis pour qui ? pour quoi ? ici c'est la Quarantaine, il n'y avait même pas de bains, il y avait longtemps qu'on avait démoli ceux de Madamah pour les transformer en fournil, par conséquent, il rôdait autour de son corps une odeur flottante de vêtements usés de femme ne se lavant guère, qui avait une forme d'analogie, dans mon imagination, avec les odeurs d'aubergines frites et d'abats bouillis de leur quartier, auxquelles il fallait peut-être ajouter un pet ; d'où, s'il restait chez la tante un vestige de l'ancienne beauté, elle était en même temps une nébuleuse d'odeurs variées ; elle avait couvert ses épaules d'un châle imprimé comme un arc-en-ciel, dont, par la suite je devais apprendre que c'était une impression dans le style de Gürine, acheté à des spécialistes d'Alep ; aussi longtemps que la tante restait assise sur le divan, elle le gardait autour de son cou, jouant parfois avec ses franges, jusqu'à la tombée de la nuit ; quand le divan devenait son lit, elle ôtait alors ce châle, le pliait, le mettait sous son oreiller, grommelait pour elle-même deux mots incompréhensibles d'une prière, tirait la couette jusque sous son menton et nous tenait éveillés toute la nuit avec son ronflement de cheminée bouchée ; le plus étonnant était qu'elle n'ouvrait pas la bouche, ne parlait ni de son travail, ni de son fils, elle ne se plaignait pas, elle disait en serrant les gencives – mes ennuis ne regardent que moi –, sa bouille se rabougrissait d'un coup, – va me chercher les cartes à jouer –, elle allait tirer les cartes, interroger l'avenir, elle allait probablement marmonner, quoi qu'il en soit, son œil, ses sourcils, ses lèvres, les muscles de son visage bougeaient, parlaient en silence quand les cartes espérées n'apparaissaient pas ou, mauvais signe, quand sortait sans cesse la dame de pique ;

ainsi, un jour que Seto Emmi et Trvandah étaient venus en visite pour négocier, marchander en murmurant autour d'une chose incompréhensible pour moi, madame Trvandah, presque silencieuse, la tête ponctuant toujours des oui, Seto, parfois sur un ton de reproche, parfois sur celui de la prière, Martha ! Martha ! elle avait réduit les réponses au minimum, quant à sa figure, une couche d'obscurité ! de ses lèvres, dont les deux fossettes latérales avaient formé un nœud compliqué, s'échappaient à peine un oui, un non ; tandis que dans la journée, quand le coursier apportait le journal, elle intimait, allez ! lis donc pour voir ! et, sur un ton moqueur qui, je pense, ne lui était pas propre, lorsque j'apportais une nouvelle de l'extérieur, elle m'appelait « messager » ! ce devait être le mois d'avril quand pour la première fois on collait sur les portraits des députés l'avis du jour de deuil, représentant l'ossuaire des martyrs formé de têtes coupées s'élevant en pyramide sur le fond de la colline, – va donc ! pour nous c'est tous les jours le 24 avril[1], le jour des trente croix –, l'information terrible et semblant nouvelle s'était effacée derrière son étrange indifférence, elle avait demandé un verre d'eau, l'avait bu comme si elle étanchait une soif ancienne, en prenant son temps, presque en le mâchant, puis elle s'était inquiétée soudain – Agop n'est pas rentré –, avait regardé du côté de la pendule, avait fait un signe de l'œil pour que j'allume la radio, peut-être n'était-ce pas l'heure des émissions arméniennes, non, après avoir sauté quelques stations, et trouvé une espèce de mélodie, l'une de celles qui aurait sûrement plu à mon père, elle avait dit, avec colère, éteins ! ses mains

1 Commémoration du 24 avril 1915, qui marque le début du génocide arménien, lorsque près de 300 intellectuels arméniens furent arrêtés à Constantinople et, pour la plupart, immédiatement assassinés. 10 à 15 personnes survécurent.

repliées dans une attitude d'attente qui était la sienne en ces jours-là ; c'était une femme tout à fait différente de celle de la boutique qui était assise au bout du divan, sous la fenêtre, on aurait dit qu'elle suivait l'ouvrage de ma mère, en silence, presque assoupie, dans une attitude de veilleur, livrée à un soliloque dont par instants s'échappaient, bien sûr involontairement, non des mots, mais des syllabes privées de sens, ma mère ne relevait pas la tête, on aurait dit qu'elle connaissait son mouron, comme elle disait, son souci, tandis que la peau du visage de ma tante, surtout celle de ses joues, prise d'un tressaillement, se fripait, se crispait, peut-être comme ses pensées silencieuses, l'ombre des arbres projetée par la fenêtre frémissait sur son visage, elle relevait le menton, se frottait les mains, les réchauffait comme Antika quand elle approchait de la fin d'une histoire interminable, s'arrêtait soudain dans une tentative pour repousser la suite au lendemain et rapprochait ses mains épaisses l'une de l'autre comme pour vérifier leur existence, non, ma tante n'avait rien à raconter, en tout cas, ce jour-là, elle n'allait rien raconter, elle était restée à sa place comme si elle eut été la maîtresse de toute chose, comme si surtout elle méprisait avec superbe ce Seto et sa femme avec ses bracelets enfilés jusqu'au coude ;

après la cérémonie matinale de la toilette, elle se jetait un peu d'eau fraîche au visage, une gorgée dans la bouche, elle buvait son café, mangeait un morceau de pain, une tranche, mais pour des raisons d'acidité immédiate, elle préférait rester presque à jeun jusqu'à midi et attendait la venue de mon père qui lui apportait le yaourt de Boutros, un yaourt épais, pressé, tout à fait adapté à ses maux d'estomac, avec ça de petites olives noires qui étaient sa nourriture de base, des olives qui tenaient au ventre, comme elle disait, je n'avais jamais vu autre chose chez elle, elle en achetait tous les jours et les mangeait, on aurait dit qu'elle vivait avec l'austérité d'un ermite, elle ne stockait rien, comme avaient l'habitude de le faire à la fin de l'été les épouses des nantis – de la farine, du boulghour*, du riz, une jarre d'huile, des tourchis*, des confitures, des olives – en partie encore par peur des famines légendaires dans leur pays, en partie aussi pour affronter les événements politiques instables et les troubles de ce pays-ci, à cause desquels parfois l'une ou l'autre des denrées disparaissait des marchés, les prix atteignaient parfois des records, les épiciers se frottaient les mains, ces jours-ci c'est la merde, disait Pilibos, presque joyeux, ça, c'est la mascarade de ce pays ! ma tante, retirée du monde, livrée à ses réflexions impénétrables, s'asseyait, un genou replié sous l'autre, les yeux vers les allées et venues devant la fenêtre, le jardin d'Aram, les oiseaux voletant autour du mûrier, s'y perchant, elle m'interdisait toujours d'allumer la radio, même à l'heure arménienne, parfois occupée, comme une fillette, à se fouiller le nez ;

si elle se levait de sa place, c'était tout au plus pour errer du côté du jardin d'en bas, elle donnait le grain aux poules caquetantes du poulailler, elle les appelait au nid – bin, bin, bin –, ramassait les œufs quand les poules pondaient et les cachaient sous les oliviers d'en bas, dans les creux des ceps de vigne et, chaque fois qu'elle en trouvait un dans un endroit inattendu, elle triomphait puis, impérieuse – qu'est-ce que tu fiches là ? va ramasser les cocos ! –, elle sortait l'œuf de la poche de son tablier dans un geste souple et entraîné comme si elle venait du poulailler de leur ferme et qu'elle n'avait jamais cessé d'être la paysanne d'un village séculaire ; tandis que ce mot « coco », au moment où il sortait de la bouche de mon père ou de Seto Emmi semblait si étrange et ridicule (oui, ridicule, mais je ne sais pourquoi) paraissaient, sur ses lèvres, deux syllabes séduisantes, non pas deux syllabes mais les précieux rubis d'un collier qu'elle avait apporté avec elle de Gürine et qui brillait de toute l'obscurité de ses rayons.

En ces jours-là, comme pour révéler un secret, elle avait montré son petit cahier à couverture noire qu'elle avait mis dans son sac et apporté jusque chez nous et dont je connaissais à peine l'existence dans le tiroir de sa table ; allait-elle faire de la comptabilité, ou était-ce là sa richesse qu'elle gardait sous son contrôle ? d'ailleurs, elle devait en connaître le contenu par cœur mais, pour anticiper les contestations, elle avait écrit avec soin, en face du nom des débiteurs, leurs dettes, le prix des marchandises achetées à crédit, jour par jour, seulement elle ne semblait pas aussi pointilleuse que Kegham, elle ne s'arrêtait pas une fois par semaine, régulièrement, aux maisons des débiteurs, elle ne réclamait pas leur dette, elle ne les faisait pas signer, elle n'y avait peut-être même pas pensé, le cahier était non pas une preuve mais une collection de secrets ; quand avait-elle commencé ce récit de chiffres, à composer ces trois colonnes qui s'allongeaient sur des pages, devenant parfois des lignes semblables à des pyramides tordues ? souvent une rature perpendiculaire était venue effacer le créditeur et sa dette mais il y en avait qui n'avaient pas encore payé, il y en avait aussi qui avaient quitté le quartier depuis longtemps ; en changeant de rue et de quartier, les gens pensaient tirer un trait sur leur passé immédiat, sur la malchance, après le refuge contre la catastrophe qu'avait été la Quarantaine, commencer une nouvelle vie où on oublierait, avec la honte de vivre là-bas, la ceinture et les boutons perdus qui, avec les vêtements jetés, avaient depuis longtemps atterri dans les friperies ou avaient peut-être même changé de propriétaire, alors que ma tante, avec ces chiffres qui me semblaient insignifiants, et comme elle en avait acquis la réputation, les harcelait jusqu'à leurs nouvelles possessions, elle faisait lever Tathéos, quand ça lui chantait, c'est-à-dire quand elle avait un besoin urgent de cet argent ;

si, sur le papier jauni, les noms étaient inscrits d'une main malhabile, les dates et les chiffres étaient alignés convenablement, clairement, nettement, justifiant la réputation de celle qui était partie de Choughl à l'école située à l'autre bout de la ville, dans le quartier de la Vallée-Gauche, à cette époque, dans leur pays, les filles n'allaient pas beaucoup à l'école, et elle, – mais qu'est-ce que tu imaginais ! ne te fie pas à ces doigts fripés, tordus – avait pu étudier au moins quelques années, ces quelques années pendant lesquelles Turcs et Kurdes, avant de les massacrer, les avaient laissé respirer mais qui lui avaient suffi pour savoir faire tourner seule la boutique, presque sans Tathéos dont il semblait que la seule vertu était d'être un garçon ;

parfois la boutique se transformait en bureau lorsque l'un ou l'autre des habitants des maisons voisines se présentait sur le seuil, une lettre à la main, priant Martha d'écrire une réponse et, avant d'écrire, de relire une fois la lettre reçue et ma tante sortait les lunettes de sa poche, non elle ne lisait pas à haute voix, se tournait vers la femme, faisait un signe de l'œil, – tu sais ce qui est écrit ? – la femme acquiesçait, la tante commençait sa lecture, – on sait que vous êtes gênés, venez prendre de nos nouvelles, nous aussi on s'use et on s'abîme à l'atelier, mais allez faire faire vos papiers, on sera tous ensemble, la roue tourne… – je ne sais pas ce que ma tante pouvait écrire, par la suite, on devait moi aussi me prier d'écrire une lettre à leur place, non pas pour réclamer de l'argent, leur fierté ne l'aurait pas permis mais pour mettre fin à l'éloignement, à la séparation, à la solitude ; la tante faisait payer le papier à lettre et l'enveloppe, parfois elle collait aussi un timbre, était-ce assez affranchi ? la femme s'en allait, plus tard elle revenait avec un café qu'elle posait sur la table, la tante, alors, ne marquait rien dans son cahier qu'elle conservait comme la prunelle de ses yeux, comme certains avaient leur Saint-Cyprien, leur livre de messe ; c'était une femme d'affaires et on aurait dit qu'à ce titre, elle se considérait comme débarrassée des obligations religieuses, elle ne voulait pas se mêler des affaires de Dieu, prier devait être quelque chose de ce genre et ces affaires étaient obscures, une fois comme ci, une fois comme ça, mais, comme un curé fatigué de porter sa soutane, elle ne cessait de répéter, pour atténuer sa surprise ou adoucir sa colère, Jésus-Christ ! Dieu saint !

Je ne sais comment, les visiteuses habituelles de ma mère avaient disparu, comme d'un commun accord ; ni mademoiselle Anna, ni Antika, ni Arevik, ni madame Marie ne se montraient, Herminé s'était à peine approchée du seuil, avait jeté un coup d'œil, fait un pas en arrière, s'était éloignée ; d'un jour à l'autre, ma mère avait hérité d'une belle-mère semblable à un gendarme et moi d'une presque grand-mère qui nous privait de la chaleur du poêle, je ne devais pas grandir dans du coton, – mais enfin pour qui est-ce qu'on fait un feu en avril ! – ses mains serrées l'une contre l'autre, une couverture en laine sur les genoux couverts de bas noirs, elle restait ainsi protégée du froid et de l'humidité et elle nous contraignait à ces mœurs austères, ascétiques qu'elle appliquait dans sa boutique où pour ne pas tolérer même un brasero, elle était enrhumée tout l'hiver et elle se lamentait, comme quoi dans leur ville on vivait de peu, on devait économiser le gaz, les allumettes, mais après le dîner, quand mon père apportait au milieu de la pièce, le « Primus » allumé, elle n'avait pas d'objection, elle était la première à tendre ses mains vers la chaleur comme si la maison était restée sous des mètres de neige et alors, elle devait absolument dévider sa pelote de l'histoire de Gürine, non la partie effrayante du départ mais la partie amusante, les événements réels ou imaginaires qui se racontaient autour du tonir*, brusquement elle passait à – je vais aussi te raconter cela, puis ce sera à ton tour – par exemple, comment Artine, le jeune époux, qui adorait manger des choux plus que toute autre chose, se croit malin : un jour, avant d'entrer dans la chambre d'Almaste, il sent l'odeur du choux, il est chaviré, il veut absolument en manger car seul celui qui goûte à ces feuilles de choux farcis peut coucher avec la jeune Almaste, croit-il… ensuite, viennent les exploits de Garo le Fou contre le mollah Ahmed…

les diableries de la grand tante… elle devait surtout énumérer les noms des hommes qu'elle avait connus… ton grand-père, celui dont tu portes le nom, est convoqué à Sébaste, il part sur son cheval blanc… était-il muletier ou avait-il des étables ? il élevait des chevaux, peut-être même était-il maréchal-ferrant, on l'avait imploré, supplié, ne crois pas aux paroles de cet évêque, on nous appelle pour nous massacrer, et l'autre, non, je vais y aller, puis l'oncle Seto, plus jeune qu'elle, qui s'était porté volontaire[2] en Cilicie et s'était bêtement sacrifié pour rien et avait fini en martyr, son mariage n'avait pas même duré le temps de concevoir un fils, sa femme était partie à Bagdad ou ailleurs ? puis Dikranouhie, c'est-à-dire sa grand-mère, et sa mère Marie, qui sont toujours restées dans mon esprit comme de simples noms que je pouvais juste inscrire un jour, tant les visages de ces gens-là restaient flous, jusqu'à ce jour où s'était infiltrée en moi la terreur que ce qu'il y avait à conserver n'était pas leur vie mais seulement leur nom et, finalement, il semblait que ceux-là, comme les autres, n'avaient pas eu d'existence, ils avaient été convenablement piétinés, massacrés dans la vallée d'Albistan, peut-être même avant, qu'est-ce qu'on en savait ? tout cela n'était que légende, récit faux, irréel, trouble qui aurait pu avoir existé dans un monde forgé par les méninges de quelqu'un comme les poupées d'Areknaz qui vivaient dans leur boîte, comme peut-être les morts qui, une fois les portes du cimetière fermées, alors que le soleil jouait encore avec les ombres des pins le jeu éternel de la vie et de la mort, sortaient de sous leur pierre, respiraient et, affamés, prenaient et emportaient les enfants qui se promenaient là-bas, car ce n'était pas nous qui étions là mais eux, d'ailleurs qu'étaient les vivants ? des retardataires devant qui, pour l'instant, la porte était close… – la voix de ma tante s'était adoucie, elle était plus chaude, comme si ce qu'elle racontait était la chose la plus naturelle du monde, qu'on devait absolument connaître pour ne plus jamais avoir peur ni de la tempête de neige, ni de l'inondation, ni de toutes les calamités et des catastrophes qui nous attendaient, mais

2 Il s'agit des volontaires de la Légion d'Orient. Unité militaire auxiliaire de l'armée française du Levant, la Légion fut créée en 1916 pour combattre les Ottomans au Proche Orient. Elle rassembla des Arméniens rescapés des déportations mais aussi des volontaires en provenance des différentes diasporas et atteignit environ 5000 hommes. Après avoir participé aux combats et à quelques victoires, la Légion fut dissoute en 1920 guère avant le retrait des Français de Cilicie, ce qui fut considéré par les Arméniens comme un abandon, voire une trahison.

j'aimais la main de ma tante quand elle venait se pencher sur mon lit, vérifier que la couette était bien en place, fermer mes paupières de ses doigts, me faisant passer dans le sommeil et aux mille et une images qu'il apportait, que j'allais mettre si peu de temps à oublier et si longtemps à me remémorer ;

j'allais parler de figure paternelle puisque de ce côté, ma tante était la seule survivante, elle avait habité chez nous presque comme une princesse en son palais, que ce soit par ses ordres ou par son silence, seulement il semblait qu'elle avait trouvé un modus vivendi avec ma mère qui, d'ailleurs était devenue rusée et circonspecte comme si elle avait revêtu un vêtement convenable mais discret, s'efforçant de masquer la misère, la pauvreté, la paresse de mon père (le terme de paresse n'est pas tout à fait exact, peut-être faut-il parler de cette absence visqueuse propre aux hommes qui semblent appartenir à un autre monde), recherchant toujours la dignité de la famille, c'est-à-dire la préservation d'une union imaginaire ; lorsque mon père se disputait avec ma mère, ma tante essayait de prendre le parti de cette dernière, – allez, ma belle-sœur, ne t'en fais pas ! les hommes sont comme ça ! – la consolait-elle et, dans ces rares moments, ces deux-là me semblaient si proches, si intimes que ma tante devenait l'une des remplaçantes d'Elmone, nimbée de son aura, emplie de sa bonté et de sa tristesse, mais en plus ardente, en plus moqueuse et je ne comprenais pas les colères intérieures, plus exactement sourdes, inaudibles de ma mère, surtout lorsqu'elle ne trouvait pas le centimètre à son cou ou qu'elle faisait tomber ses ciseaux par mégarde ;

je ne sais si ma tante avait conscience de cela, remarquait-elle quoi que ce soit en dehors de ses pensées ? mais elle allait avoir l'occasion de se rendre soudain maîtresse de la situation le samedi matin lorsque, comme à l'accoutumée, après la longue cérémonie du repassage, ma mère eut plié le tas de pantalons qu'elle avait cousus dans un paquet avant de le mettre à l'épaule, elle me dit – toi, reste ici, ta tante peut avoir besoin de toi –, me transmettant ainsi la responsabilité de la maison et de la tante ; ma mère était à peine arrivée en haut de la côte pour prendre un service* que ma tante, alors, comme si elle avait réprimé son ardeur depuis des jours, se levait de sa place, mettait de l'eau sur le poêle – je pensais qu'elle allait se laver –, elle s'était changée, avait noué son tablier, avait déjà commencé à mettre de l'ordre dans la pièce, à nettoyer les vitres avec un torchon, énergique et rapide, puis avait jeté un à un, dans l'eau qui chauffait, draps, taies d'oreiller, divers linges et mouchoirs, le linge sale de la semaine, dont je ne sais comment elle avait découvert la place ; elle avait voulu que j'aille chez Maritsa chercher un morceau de savon de Kessab, elle avait fait glisser dans ma main vingt-cinq piastres, elle qui, selon ma mère toujours en train de critiquer son avarice en élargissant cela depuis ma tante jusqu'à leur souche et Gürine, était si près de ses sous ; j'avais un peu traîné dans la boutique, sous le mûrier qui verdissait : les clients qui achetaient des légumes marchandaient longuement avec Pilibos, ils trouvaient les prix de Kegham plus corrects, allez, criait Pilibos, si ça ne vous plaît pas, allez chez lui ! ils occupaient le passage jusqu'au placard à savon, Antika avait dit, Horop est partie ? comme si elle n'avait pas remarqué le départ de ma mère mais, au fond curieuse de savoir qu'est-ce que j'avais acheté ? pour qui ? combien ? passant d'un coup d'une indifférence imaginaire au rôle de grand-mère, l'odeur d'herbe sauvage de ce savon rappelait le retour gracieux de Nano depuis le hammam* mais sa surface grasse, collante laissait sur ma peau une odeur rémanente, ce pourquoi je priais ma mère, lorsqu'elle me lavait, de verser sur ma tête non pas quelques bassines d'eau, mais quantité d'eau chaude pour que je ne sente pas ces traces visqueuses sur mes cheveux ; à mon retour, ébahi, j'avais vu ma tante, à côté du poêle, devant la lessiveuse, assise sur le tabouret de bain, les cheveux couverts d'un fichu, sortant le linge de l'eau chaude avec le fin rouleau à pâtisserie dont ma mère se servait pour ouvrir la pâte – son formidable et incomparable rouleau – elle le tenait ainsi un moment, suspendu en l'air, elle le bougeait légèrement, à la façon d'Arevik qui aimait vérifier la densité du sirop de mûres bouillant, puis elle déposait le linge dans un grand récipient en cuivre étamé qui servait plutôt à ma mère pour pétrir la pâte que pour la lessive et voilà qu'on aurait dit que ma tante avait retrouvé sa fonction d'autrefois, elle frottait les linges, les frictionnait, les pressait, les essorait, les tordait, les jetait au fur et à mesure dans l'eau bouillante et écumante, elle s'efforçait parfois de retrousser ses manches au-dessus des coudes, parfois elle essuyait la sueur sur son front, elle reniflait, elle me priait de ne pas rester comme un morceau de bois, de lui apporter de l'eau avec le seau, elle devait rincer encore une fois, passer le tout au bleu de lavage (pour ce bleu indigo, je devais courir de nouveau chez Maritsa, elle l'avait oublié et sans ce bleu transparent doux et céleste où il devait tremper, il semblait que le linge allait conserver une partie de sa crasse), il était évident qu'elle s'était mise au travail prise d'une inspiration soudaine et son énergie ardente, rapide mais méticuleuse, trahissait non seulement son ancienne familiarité avec son métier mais sa hâte ; et est-ce que dans tout ça il y avait l'assurance de faire une surprise agréable à ma mère ? peut-être (tandis que ma mère, à son retour de la ville, allait seulement s'alarmer et considérer ce geste comme méprisant ou insinuant envers on ne sait quelle saleté, eh quoi ! et moi je ne pouvais pas faire ça ?), cependant il semble plus plausible de voir là une folle fièvre, peut-être pour mettre fin à son oisiveté de la semaine, par-dessus tout peut-être pour tout laver d'un coup, un empressement à tout essuyer, j'allais dire une passion, semblable à cet élan érotique qui saisissait, à la veille des Rameaux, les femmes du quartier lorsque, pour saluer l'arrivée de Pâques et le nouveau temps qui lui succédait, elles se métamorphosaient avec un nouveau cœur et un nouveau corps, elles se transformaient en anges de propreté rieuses et joyeuses, les jupes retroussées, les jambes nues, les manches de chemise relevées, elles transportaient des seaux d'eau, les renversaient bruyamment en tous sens, avec quelle passion enragée et frénétique ! grisées d'eau et de savon, elles commençaient leur nettoyage de fête qui consistait à libérer de la poussière d'abord les meubles et les objets sortis dehors, puis les sols, les fenêtres, les luminaires, les espaces intérieurs et les seuils, à essuyer les souillures, la saleté, les agressions quotidiennes ; naturellement, dans sa pièce unique, ma tante ne se lançait jamais dans cette sainte tâche (c'est sans doute pour cela qu'on la considérait plus comme une travailleuse que comme une maîtresse de maison) mais il me semblait qu'à cet instant, debout face au soleil, le dos un peu voûté, les hanches larges, le tablier descendant au-dessous des genoux, les pieds un peu tordus, quand elle étendait le linge sur une corde tendue dans toute la longueur du jardin, regardant un coup le ciel, un coup du côté de la vallée, semblant satisfaite d'avoir achevé le travail avant le retour de ma mère, ma tante, ayant, en quelque sorte, parcouru toutes les étapes de sa vie, libérée et purifiée du poids de la crasse, était prête pour la visite de Tathéos.

Elle n'était pas plutôt partie que les femmes étaient accourues voir ma mère, pour bavarder un peu, disant qu'elle leur avait manqué, essayant certainement de retrouver le cours normal de leur vie que ma tante

Martha avait perturbé, elles s'excitaient soudain et la langue verrouillée de ma mère se défaisait peu à peu, d'abord avec répugnance, toujours en vertu du principe de ne pas déverser dans la rue les secrets de la famille, ce que Vergine lui avait appris et que l'oncle Ludwig lui avait répété la veille de son mariage – après tout, elles étaient orphelines, après tout il devait y avoir une loi – ; si Antika s'était « tenue », comme elle disait, s'était tue et avait patienté, madame Herminé était allée droit au but, – dis donc, cette belle-sœur, pourquoi elle est venue en courant, elle est restée en tirant la tronche et puis elle est partie voir son fils –, chacune avait supposé ou plus exactement il leur était parvenu aux oreilles que Tathéos avait battu sa mère, l'avait chassée de la maison après lui avoir pris les deux sous qu'elle gardait sur son sein, mais la tante ne nous avait rien dit, rien et pas plus, je crois, à mon père, comme si elle était montée sur la colline pour des vacances depuis le marécage de la Quarantaine, un sac de vêtements sous le bras ; cependant, au cours de cette seule semaine elle ne s'était pas lavée, n'avait pas changé de vêtements, elle avait fumé de très mauvaises cigarettes, elle s'était assise en tête à tête avec mon père dans le jardin devant la maison, à l'ombre du prunier des Khatchadour, à cette époque mon père rentrait toujours à l'heure à la maison, il pensait toujours au repas, au dîner, surtout au café, indispensable, ils parlaient à voix basse dans leur dialecte, comme deux complices, comme, je l'imagine, ce jour où, avant de mettre la raclée à sa tête de nœud de mari, avant de le fiche dehors, frère et sœur avaient longuement parlé, comme s'il s'agissait là de la question la plus sombre, la plus secrète de leur famille et la même scène, ou une de ses semblables, se répétait à quelques mètres de la machine à coudre, les mêmes frère et sœur concoctaient quelque chose, mais des années après, totalement indifférents aux signes d'impatience de ma mère, encore une catastrophe qui nous est tombée sur la tête, il manquait plus que ça !

c'est avec un tout autre état d'esprit que ma mère accueillait Tathéos qui avait fait percevoir sa venue du bout de la rue, il s'était pris de bec à voix haute avec la Negar de Sivas, avait plaisanté avec Arevik – ton soleil, ton nom, je mourrais bien pour son éclat[3] ! –, et l'autre n'avait pas manqué de répliquer – retourne à ton baccara pourri ! – tandis qu'il poursuivait son chemin, la casquette sur la tête, il était arrivé, s'était

3 Arev veut dire soleil en arménien.

arrêté devant la machine à coudre, avait salué – comment vas-tu ma tante ? – sur un ton de bavardage, comme toujours extraordinairement respectueux et rejetant ostensiblement au loin les opinions répandues à son sujet, un pantalon impeccablement repassé, une chemise immaculée, un veston anthracite, les joues rasées, un sourire de député, un jeune homme doux, un joueur de premier ordre, brillant aux jeux de cartes comme monsieur Chahabian sur scène, une bague avec une grosse pierre noire à l'auriculaire, une attitude calme, virile et surtout un arménien semblant venir de l'orphelinat mais plus littéraire qui impressionnait, faisait l'admiration de son auditoire comme s'il n'appartenait pas à la troupe des hommes issus de la ville de tentes ; qu'y avait-il de noble dans son attitude et son comportement, qu'on rencontrait rarement par ici et qui, plus tard allait nous rappeler le grand directeur de banque monsieur Trad, et que, je ne sais pourquoi, j'allais corréler avec son père ? lui ressemblait-il ? peut-être mais on ne pouvait pas le préciser exactement si ce n'est par des traits qui n'étaient pas ceux de ma tante comme, par exemple, ces longs doigts fins comme ceux d'un musicien, si différents des doigts épais, raidis, aux articulations déformées de ma tante ; donc, lorsque Tathéos avait salué et s'était assis sur le divan au-delà de ma tante, ma mère avait simplement souri, s'était tournée vers sa belle-sœur comme si elles embobinaient de la laine face à face, ma tante faisant toujours courir ses mains de gauche à droite, – eh ! tu viens à peine d'arriver, reste encore un peu ! – non pas du bout des lèvres mais chaleureusement, comme si elle avait soudain oublié le rire méprisant et hautain que ma tante Martha avait coutume d'instiller dans tous ses propos, soi-disant son frère unique allait prendre une telle femme, son pacha de frère ! mais ouf ! à peine avaient-ils tourné le coin de la rue, finalement elle est partie, la vache ! disait ma mère entre ses dents.

Puis un jour, pour la dernière fois, tante Martha avait sorti de la boutique la charrette poussiéreuse, noire de crasse et de graisse, avec son bruit grinçant, elle avait dû se pencher, mettre le cadenas, comme elle l'avait fait chaque soir durant des années, elle avait dû aussi faire une croix sur la clef, – encore un jour de passé – il semblait qu'elle allait revenir le lendemain matin à l'aube, comme la gardienne de la rue, et qu'elle allait ouvrir la boutique dont le contenu avait diminué peu à peu, seule la couche de poussière avait cru sur les étagères vides, la machine à coudre au fond, la pendule définitivement arrêtée au-dessus d'elle, comme elle, ma tante aussi allait prendre sa retraite, c'est-à-dire qu'elle allait cesser de travailler et entrer dans son temps de belle-mère, enfin qu'elle allait s'asseoir chez elle, donner des ordres à sa bru arabe, dans une langue qu'elle ne connaissait pas, profiter, comme elle disait, de son respect, la bru allait se tenir devant elle humblement et avec crainte, elle était indigène, après tout, comme ils appelaient entre eux ceux qui leur étaient étrangers, mais elle lui avait plu, elle était comme il faut et puis elle savait tout faire de ses mains, elle avait même commencé à comprendre sa langue, parfois même à la parler, c'est elle, Martha, qui allait s'occuper des enfants à venir pour leur apprendre l'arménien et, surtout, elle était dotée de la vertu de disparaître immédiatement dès qu'elle se trouvait face à son fils, l'esprit toujours à ses comptes, ses jeux et ses gains comme si, au cours des années, lorsqu'elle paraissait si mécontente de ses agissements et qu'elle râlait, elle était au fond sa complice, son seul soutien indéfectible, – je suis sa mère et son père ;

les épaisses branches latérales du mûrier avaient grandi, monté, chaque printemps elle en faisait couper les surnuméraires, tandis qu'elle s'asseyait le soir à l'ombre des grandes branches, à côté d'elle, des femmes dont il n'est pas nécessaire de conserver les noms, assemblées ici depuis les rues environnantes, un fichu noir sur la tête, le visage émacié, usé et, parmi elles, parfois, madame Trvandah que je devais absolument aller saluer, ses cheveux blonds rassemblés en un chignon « à la Kim Novak », des yeux petits mais perçants, un peu bridés dans le style japonais, et qui allait forcément me dire – où est ta mère ? essuie ton museau ! – même si mon nez était propre ; ma tante allait m'envoyer chez Areknaz, va ! la gamine t'attend ! – bien sûr, Areknaz ne m'attendait pas – et, si je lambinais, – va-z-y, je te dis – répétait-elle avec ce ton qu'utilisent les mères lorsqu'elles mettent quelques piastres dans la poche des jeunes pour qu'ils ne traînent pas à la maison et aillent, avec leur autorisation, mater les femmes en ville, boire un soda ; puis un jour, des années après, pour aller voir une fiancée ou demander la main d'une jeune fille, elles font dire à leur mari, – notre fils est un garçon de maison, de maison… – ; je savais que dès que je tournerais du côté de la rue, que je commencerais à regarder le flux d'eau sale s'écoulant sur le sol, en face du bistrot, les hommes tirant sur leur cigarette « Massis » ou jetant les dés, la rangée irrégulière d'échoppes, de maisons en bois de plain-pied ou à un étage, les fenêtres côte à côte, les treilles de vigne des toits terrasses, elles allaient commencer à médire et cancaner sur ma mère – quel monde entre Gürine et ceux-là !

et ceux-là…

avaient un gros défaut aux yeux de ma tante : je n'ai pas compris cela pendant longtemps, attribuant la tension entre ma mère et ma tante à l'antagonisme habituel entre belles-sœurs qui avait dû commencer lorsque mon père avait vu sa future femme par la fissure d'un baraquement ; elle lui avait plu, il avait donné son consentement sans demander à sa sœur qui, étant plus âgée que lui, et passant pour sa mère, avait forcément son mot à dire, c'est pourquoi elle n'était allée ni rencontrer la fille ni aux accordailles, – puisque elle lui plaît il n'a qu'à s'en arranger ! avait dû être sa réaction ; mon père, plus exactement Haïg agha[4], sa mère et sa sœur Araxie, avaient réglé la question, ma tante était restée en dehors de tout ça ; non, cet épisode de l'histoire ne semblait pas avoir été la cause véritable, – celui qui a vécu si longtemps auprès des Arabes, quoi qu'il fasse, s'est un peu arabisé, il a même été circoncis – avait-elle tranché comme si c'était là l'injure suprême et elle l'avait dit une fois à Seto qui, illico, était venu le murmurer à Agop, comme pour anticiper un danger qui, pour lui Seto, était une menace non pour la tante mais pour Gürine toute entière, puisque la femme qu'avait choisie mon père n'était pas de là-bas et que, de ce fait, il n'allait pas rester gürintsi[5] : l'antique, la séculaire, l'indo-européenne Gürine allait disparaître pour toujours, comme le notaient les écrivaillons de ce temps-là à chaque occasion et un peu pour n'importe quoi.

4 Anciennement chef régional, par extension titre honorifique.
5 Natif et citoyen de la ville de Gürine.

5

Comme loin de tout, les mains sur son giron, l'un de ses doigts toujours sur son annulaire gauche, frottant machinalement la place de son alliance, vendue depuis longtemps et sans regret – contrairement à d'autres qui, dans les mêmes circonstances, avaient coutume de se lamenter et de gémir –, puisqu'elle l'avait donnée à Tathéos, un de ces jours où celui-ci était dans la gêne et on aurait dit qu'elle s'était libérée d'un poids, le regard sur la machine à coudre de ma mère, sur la bobine qui tournait en se déroulant, sur l'aiguille véloce montant, descendant qui trouait par à-coups le silence bruyant de l'après-midi, ma tante, prête peut-être à un épanchement inattendu et irrépressible,

Ma pauvre belle-sœur ! les vôtres parlent vraiment très mal !

ma mère ouvrait grand les yeux, sa main s'immobilisait un instant sur le bras de la machine, est-ce que celle-là allait encore leur apprendre comment parler et quoi dire ? à elle qui était de la famille des Tchekerdji, à elle qui n'avait rien à envier à ces gens de Gürine minables, péteux, qui descendaient soit de portefaix, soit de chèvres des montagnes, comme elle aimait ironiser à son tour, docteur Guerguérian mon œil ! c'est ça, oui ! moi je sais qui j'ai pris ! il avait même pas un sou en poche, pas plus que maintenant, jusqu'à aujourd'hui c'est toujours moi qui couds, qui tiens la maison et pourtant j'ai bien un mari ! marmottait ma mère dans son soliloque, au long des jours et des lignes de couture, coupant le fil de ses paroles comme avec des ciseaux lorsque quelqu'un entrait, comme madame Trvandah qui s'enivrait de paroles et d'écoute et dont la seule occupation depuis le jour de sa naissance n'était rien d'autre qu'enfiler des mots, quelle que soit la bobine qui tournât ;

pour ma tante, sa belle-sœur avait un grand défaut, une grosse lacune, comme elle le disait au cercle des femmes assises à l'avant poussiéreux de sa boutique, les épaules couvertes du châle de la réputation de qui a vu et vécu beaucoup de choses, la main droite sans cesse à la bouche, frottant ses lèvres pour donner du poids à ses paroles, ceux-là,

(et dans ce mot, en longueur et en largeur, à savoir depuis le boulevard du kemp jusqu'aux abattoirs, juste un mépris et une condescendance suprêmes)

ils causent en turc,

les spectatrices demeuraient bien sûr bouche bée, elles-mêmes ne connaissaient qu'à peine leur dialecte, à peine une centaine de mots, largement suffisants pour leur vie végétative, mutilée, et pour la survie, réfugiées dans le silence ou derrière des exclamations spontanées et absurdes, tantôt occupées à défaire leurs cheveux, tantôt l'œil fourré dans le trou de leur crochet, laissant Martha venir à bout de ces moins que rien ; et Martha ne pouvait même pas échanger un mot avec Elmone, Ludwig, Nevart ou oncle Kevork, puisque la famille de ceux-ci... d'ailleurs, à la première rencontre, elle s'était trouvée mal et était restée comme ça, d'où on s'est enfuis et où on est arrivés ? non seulement des gens d'ailleurs mais turcophones, elle avait craint un moment qu'en plus ils soient catholiques, ça aussi ils l'étaient, du moins la moitié d'entre eux, je crois néanmoins qu'elle s'était débrouillée pour sortir de cet embarras ; mais son frère, ils l'avaient pris au piège, et maintenant il était tard, trop tard, la flamme allait rapidement se réduire en cendres, elle en était sûre, l'amour ! tomber amoureux ! qu'est-ce que c'est ! ça passe en six mois, un an, dès la naissance des enfants, l'amour-toujours c'est fini, c'est elle qui l'avait dit et c'est elle qui en avait ri ; elle avait trouvé le meilleur prétexte, – moi je suis une vieille femme – de quoi elle aurait pu parler avec ces gens-là ! elle ne leur envoyait pas les invitations indispensables à de bonnes relations avec une belle-famille (à ces gens qui, dans son esprit, n'étaient pas des noms, des individus, des fonctions mais une sorte de troupeau paissant dans la montagne, qui était arrivé accidentellement en ville) ou elle ne répondait pas à leurs invitations, un refus tacite qui la libérait de la cruelle nécessité de faire des cadeaux, d'aller et venir, de prendre et de donner ; j'ai entendu de sa bouche, alors qu'elle s'était tournée vers madame Trvandah, – nous avons pris la fille mais pas sa tribu, pourquoi on aurait des relations avec la belle-famille ? – son « nous » ne se rapportait pas seulement à mon père et à elle mais à tout Gürine qui, comme s'il s'agissait d'un bienfait, avait accepté, supporté, s'était presque résigné à ces turcophones, à cette branche qui avait d'innombrables ramifications ; comment « ceux-là » avaient-ils fait pour rester et ne pas se disloquer ? de son point de vue, aucun d'entre eux n'avait disparu sur les routes de l'exode et elle pensait même qu'ils avaient dû commettre une faute impardonnable pour avoir apporté avec eux tout ce qu'ils avaient, mais la vérité avait éclaté, à la fille, ma mère donc, lors du mariage, ses oncles n'avaient pas donné la moindre dot, ils avaient dit – c'est une orpheline, sa mère vient de mourir –, c'est pourquoi son lien avec eux était très lointain, voire inexistant, c'était un fil se maintenant à peine de funérailles en funérailles et de noces en noces et cela souvent grâce à un intermédiaire, quand Tathéos endossait ce rôle.

Lors des grandes et exceptionnelles rencontres familiales où étaient convoqués parents proches et lointains, où le deuil se transformait en une fête ornée de voiles noirs, si ma tante Martha avait daigné être présente, elle se trouvait inévitablement face à la femme de mon grand-oncle maternel Kevork, Ughaper, et il se produisait l'inévitable et le prévisible ; commençait alors une bouffonnerie – la voilà encore surexcitée, disait ma mère –, provoquant en moi une gêne insupportable, on eut dit qu'un voile se déchirait, qu'une chose très intime devenait soudain visible de façon manifeste, comme quand mon père et ma mère se disputaient et que je me sentais de trop ;

ma tante Ughaper était totalement ignorante de notre langue ; les autres avaient appris, de ci de là, un arménien plus ou moins correct, au vocabulaire limité, du moins le comprenaient-ils et répondaient-ils un peu de travers en corrompant ou en avalant les sons, en cherchant leurs mots, en bredouillant, tandis qu'on aurait dit qu'Ughaper n'avait jamais fait l'effort de l'apprendre, peut-être avait-elle été incapable d'entrer dans cette langue qu'elle saisissait certainement ; j'avais parfois l'impression que, ne comprenant rien à nos dires, elle craignait d'ouvrir la bouche, que nous nous moquions de sa façon bizarre de parler, de sa prononciation, de son accent, je remarquais que ses yeux, fébriles, cillaient très rapidement, que ses lèvres bougeaient légèrement comme si elle disait quelque chose, comme quelqu'un qui parle derrière une vitre dont nous voyons les mouvements mais dont la voix reste inaudible, mais bien sûr j'entendais sa voix lorsqu'elle s'adressait à ses belles-sœurs, à son mari ou à sa fille, une voix tranquille, jamais coléreuse, toujours égale et qui, dans les pleurs, les cris de lamentations ou de joie, conservait sa ligne, j'allais dire son rang, sa tenue, un mélange de décence et d'habitude, cherchant ses mots et les faisant traîner, mais aussitôt que je me trouvais face à elle pour lui demander quelque chose, et il arrivait que je le fasse par malice, pensant la surprendre ou lui faire peur, on aurait dit qu'elle était soudain désarçonnée, elle cessait de regarder ou regardait sans réellement voir, avec l'expression étrange d'une muette ; est-ce que quelqu'un lui avait conseillé de ne pas parler dans sa langue avec nous, les enfants ? alors qu'eux, entre eux, dans leurs moments de douleur ou de conflit, s'exprimaient dans ce dialecte, tiraient du plaisir de cela et avec ça, ils magnifiaient leur pays et le chantaient comme si parler n'était pas échanger, mais rester destinataire et fidèle à quelque chose qui allait se poursuivre, à leur enfance, à leur jeunesse, à leur exil ;

quand retentissait à notre église le tintement de l'office du soir, Ughaper se rappelait l'heure de sa prière, elle devait faire sa douva*, à sa façon, sans bouger de sa place ; ils habitaient la Vallée des catholiques et ils étaient catholiques, rigoristes, intransigeants, purs catholiques, disait sa fille Zannig en bougeant sa tête fine et longue, comme s'ils appartenaient à une classe supérieure qui, le dimanche, s'habillait, s'arrangeait, la tête couverte d'un chapeau à plumes ou à voilette, ultra chic, allait jusqu'au Patriarcat ou à Saint Élie pour une heure de messe ; Ughaper mettait de côté son chapelet, faisait signe de la main pour que je n'y touche pas, bien sûr, il ne s'agissait ni d'un cadeau du cardinal Aghadjanian ni non plus du chapelet en ambre rapporté de Jérusalem à Elmone par son père ; je devais sortir mais je pouvais suivre par la fenêtre cet office domestique lorsque Ughaper prenait le livre dans un tiroir de sa machine à coudre et, je suppose, en lisait une page chaque jour, ses lèvres remuaient à nouveau, en silence, jusqu'à ce qu'elle parvienne à un endroit où elle mettait un petit mouchoir et, le volume noir, couvert de cuir, regagnait sa place, dans le silence ; des années plus tard, j'allais apprendre – lorsque le livre, comme s'il avait rempli sa fonction jusqu'à la mort de ma tante et n'ayant plus de lecteurs, allait être jeté au panier – qu'il s'agissait d'un Évangile en langue turque mais en caractères arméniens ; certainement un reste de ces jours où Ughaper assistait à ces étranges cérémonies au cours desquelles le curé, pour les prières et les rites, passait sans cesse d'une langue à l'autre, s'adressant en turc aux assistants assis à la gauche de l'église et en arménien à ceux assis à droite car, finalement, l'Esprit saint ne faisait pas de différences entre les langues, il les parlait toutes et à tous, et il n'était pas difficile d'imaginer l'attitude double de l'officiant envers cette double assistance, mais pour Ughaper, ces deux langues devaient être séparées pour toujours, comme les deux groupes du public l'étaient par l'espace d'une allée aussi étroite qu'essentielle ; jamais ces langues n'avaient été si proches et cependant si éloignées qu'en cet instant où elles se frottaient l'une à l'autre, se lustraient presque, l'une pénétrant l'autre comme des amants désespérés, et d'ailleurs le langage de ma mère n'était-il pas ainsi, un mot d'une langue, un mot de l'autre, contrairement au pédantisme des gens de Mouch, d'Erzeroum, contrairement aux conseils interminables d'Antika, – mais enfin, ma fille, corrige ton langage ! – ma mère se soumettait à cette pression mais pas plus d'une heure ou deux ; je ne savais pas vraiment quand elle passait d'une langue à l'autre, à quel moment sensible ou intellectuel, à quel degré de colère, mais ce passage supposait vraiment un esprit entraîné, une routine héréditaire remontant, je pense, à des époques où ils devaient masquer leur identité, se cacher derrière une sorte de ressemblance et devenir soi-disant personne dans une double vie ; puis, disons un jour, ils s'étaient levés, s'étaient dressés depuis leur anonymat et avaient pris leur nom, Ughaper, Kevork, Aramaïs, Ludwig, Hripsimé, si orthodoxes, si anciens que ça devenait une provocation annonçant les temps nouveaux ;

ma tante – qui, selon ma mère, n'était pas du genre à faire dans la dentelle, et qui aimait embarrasser, voire humilier son interlocuteur, faisant ainsi montre de son talent, parce que cela doit être un talent, pour dominer une situation, une attitude, un état, quelque chose dont était fondamentalement dépourvue Ughaper – se levait de sa place, faisait des mouvements de mains et des lèvres comme une muette, des gestes exagérés et brusques d'actrice de comédie de patronage à laquelle manquent l'imagination et l'invention, ce que le metteur en scène Akevart Mirak allait essayer de fuir dès la première leçon, et lorsqu'elle échouait à transmettre sa pensée à l'autre qui, agitée, se tenait recroquevillée au fond du fauteuil avec des yeux ahuris, peut-être seulement troubles, elle commençait à émettre des bruits semblables à des grognements, des miettes grotesques de turc, enfin quelques mots décousus, avec des sons appris à l'oreille qui corrompaient à tel point cette langue qu'Ughaper rougissait mais ne riait pas, ses joues se gonflaient, ses yeux brillaient, manifestement elle contenait son rire ou sa colère, car Ughaper, comme réduite aux lignes de son corps, repliée dans ses propres frontières, était une très jolie femme bien que ne voulant pas le paraître ; d'ailleurs, n'était-ce pas pour cette réserve, selon l'histoire, qu'Elmone et Vergine l'avaient ramenée d'Alep au pays, à leur retour chez elles, l'avaient unie à Kévork juste rentré de l'armée dont le parler haut en couleurs s'équilibrait avec le comportement sage, calme, taciturne, voire candide de sa femme, ce qui donnait sans conteste à son visage une clarté, une sorte de transparence vibrante permettant à celui qui la voyait de l'admirer, de s'imprégner de sa symétrie, d'être porté par ce temps de silence où il semblait qu'elle se réfugiait ou qu'elle l'offrait au spectateur ;

tante Martha qui faisait tourner sa boutique je ne sais comment, était obligée de garder des liens avec des hommes et des femmes de toutes origines, mais semblait embarrassée, rebutée, peut-être aussi simplement, comme le laissaient supposer de petits signes de ton, d'élocution, de timbre, sans doute irritée, j'allais dire exaspérée, par ce silence qui n'était rien d'autre que la présence, la confrontation permanentes d'une langue interdite pour nous, parallèle à la nôtre, qui semblait nous poursuivre où que nous allions, comme un fardeau, un plaisir, une souffrance, un passé que, soudain, nous affrontions ; elle se moquait ouvertement de son interlocutrice en élargissant sa jupe de ses mains, avec aux pieds un rythme de danse saccadée ; j'avais honte pour elle et je la laissais à ce jeu muet, à ses singeries, à ces exclamations monosyllabiques dont se détachait comme seul mot compréhensible, boiteux, insignifiant, volontairement idiot, – dis donc ! dis donc !

Quelle était cette langue qu'ils m'interdisaient et continuaient cependant à parler librement, complètement indifférents aux affiches « Parlez arménien ! » qui pullulaient peu à peu sur les murs, dégagés, apparemment, de tout sentiment de transgression, d'étrangeté, comme si cela, cette langue, avait été une propriété purement personnelle ou familiale, semblable aux kilims qu'ils avaient rapportés de leur pays et qu'ils étendaient dans la partie la plus propre de la maison ou à la céramique de Keutahya que l'oncle Kévork avait placée dans une vitrine ; eux s'étaient réfugiés là, comme sur le bateau qui les avait amenés ici et était resté au large avec leurs lourds bagages de morts et de crasse, isolés derrière une frontière qu'ils ne devaient absolument pas franchir, qui devait les retenir comme des éléments indésirables, comme s'ils n'avaient pas le droit à l'existence ; cependant, ils allaient continuer à écouter les radios d'Ankara, d'Istanbul, à faire rouler les charkis*, les makams* et les kantos*, à suivre les événements qui, là-bas, au loin, dans l'éther, changeaient les mœurs et l'Histoire, hormis cela, leur temps, leur culture étaient passés, eux dont on aurait dit qu'ils avaient conclu une alliance avec leurs bourreaux, leurs tortionnaires, leurs massacreurs comme s'ils se sacrifiaient pour ceux qui allaient venir et qu'ainsi ils protégeaient, cependant ils restaient tels qu'en eux-mêmes, eux qui avaient déjà été sacrifiés et avaient reçu par cette langue même, le coup final ; s'ils priaient et chantaient dans cette langue, ne me privaient-ils pas de cette chaleur, de cette intimité, de cette façon d'être qu'ils avaient apportées avec eux, car ils restaient toujours en communication entre eux, dans une fusion embryonnaire dont j'étais exclu ? ; pour eux, il fallait que je sois à l'extérieur, il ne fallait pas que je connaisse cela, ce qui roulait dans leur bouche, cette chose qui les gardait vivants, cette langue de leur défaite ; il fallait que quelque part le sang arrête de couler, que soit mis fin à ce qui était en eux depuis longtemps, qui avait voulu arracher leur langue, avait même voulu leur fin, cette fin qui, voilà, était arrivée à son terme ici, lorsqu'ils avaient jeté l'Évangile à la poubelle, mis le couvercle sur une civilisation appartenant totalement au passé, car d'abord la vie leur avait été donnée, puis la mort avait été décrétée, celle qui les avait massacrés, réduits en mille morceaux ;

j'essayais en vain de prendre le livre, non pour le sauver mais par curiosité, un peu fasciné aussi par le non-dit et l'énigme qu'il suscitait, pour examiner, scruter, lire son contenu, comme le docteur Guerguerian qui, avec sa grosse loupe devait examiner la gorge de mon père, pour dire peu après – est-ce que cet homme vit encore ? – complètement immunisé ou indifférent à la douleur ; Zannig qui, avec la mort de sa mère, était soudain devenue serviable et attentionnée, comme insensible à sa perte, – ce pourquoi, selon ma mère, datait de ces jours sa fébrilité d'hystérique et de prostrée – insistait pour que je le laisse, que je ne touche pas à sa couverture marquée d'une croix ; le livre diffusant la parole sainte, aussitôt que les lèvres d'Ughaper avaient jauni, avaient gelé sur le masque appuyé contre l'oreiller, s'était vidé de son sens ; après cela Zannig allait rassembler le tas de vêtements d'Ughaper, en faire un paquet pour les vendre aux chiffonniers achetant et rassemblant vêtements et chaussures, me laissant le rêve et le déchirement liés à ce livre jeté qui aurait pu, peut-être, m'ouvrir une brèche dans le dédale de leur sombre intimité ;

là, dans cet écrit lisible mais incompréhensible – dont plus tard je devais chercher et trouver un exemplaire à l'arrière d'une étagère de la bibliothèque, dépourvu des traces de doigts d'Ughaper, et surtout des murmures de la femme faisant sa douva*, car privé de son contenu et de sa fonction – se manifestait peut-être une étrangeté extraordinaire, j'allais dire une réalité dédoublée, cet écrit se présentant avec un alphabet familier mais avec une tout autre langue, adaptée, plus proche, allégée de sa rudesse, comme l'ombrage des rameaux atténue la brûlure du soleil et où des mots essentiels, aux sons déformés, étaient restés tels quels, en résonance énigmatique de cette langue que j'apprenais et où j'allais être presque exilé, comme eux l'étaient depuis leur arrivée ici ;

finalement, avec cette interdiction qu'eux-mêmes transgressaient forcément, sinon ils auraient dû se taire à jamais, ils me transmettaient cette langue, un turc rude de province, ils la maintenaient au-dessous de celle que j'apprenais, comme le mors dans la bouche du cheval et, si je ne devais jamais la parler aussi couramment, aussi naturellement qu'eux, si, au-delà de la prononciation de quelques mots, j'allais commencer à bafouiller, avec dans l'oreille, l'exclamation moqueuse, pleine de bile de ma tante, pour me réfugier, comme Ughaper, dans le silence, cette langue devait rester quelque part, comme une trace indélébile, peut-être une cicatrice dont souvent on ignore l'existence mais dont on continue à garder l'empreinte ineffaçable, sur la peau ou dans son langage, semblable à l'œil du destin qui dit :

viens !

6

Se fier à son œil, c'est se mettre dans la merde.
SETO

Viens là, arrête-toi un peu !

Je devais m'immobiliser devant lui ; chaque fois que nous le voyions, de loin, sous le dattier, en face de la gendarmerie, ma mère me donnait un coup de coude – c'est ton oncle Seto – comme si j'allais soudain pénétrer dans une relation familiale et que je devais adopter une attitude ; à ses côtés, il y avait toujours un de ces sbires en djellabah, nous devions absolument aller le saluer, j'vois pas Agop, dis-lui de venir, disait-il, même s'ils s'étaient rencontrés la veille, mon père sur sa charrette, lui son appareil photo et le trépied de géomètre à l'épaule, comme un déménageur, devant la piscine Libarid ou du côté de Jémezeh, devant un café qui, pour moi, était non seulement un lieu éloigné mais un lieu de rendez-vous secrets, comme il y en avait tant au long des pages des romans révolutionnaires, comme l'était le Sémiramis lorsque nous sortions du salon de thé, main dans la main, avec Arevik, soi-disant dans le quartier le plus luxueux, le plus recherché de Beyrouth ;

il fermait l'un de ses yeux, l'autre œil se rapetissait, sa couleur verte semblait s'assombrir et il essayait de me placer en face du trépied aux jambes grêles sur lequel était posé son appareil en bois marron, peut-être même noir, couvert d'un drap également noir, comme les femmes musulmanes qui se cachent derrière leur voile où, si on parvient à le percer, on remarque l'enchantement des prunelles inquisitrices ; Seto Emmi devait être attentif à la provenance des rayons de soleil, – les branches des dattiers découpaient son rayonnement moite – de telle façon que je puisse garder les yeux ouverts, non, tes yeux sont encore fermés, je t'ai dit de les ouvrir, pas de les baisser,

je savais qu'il n'était pas facile de le satisfaire, lui qui photographiait en quelques minutes les paysans venus des montagnes et des coins les plus éloignés de la ville, il mettait sa tête sous le drap en forme de tuyau, on avait l'impression que c'était un masque loué à la boutique de farces et attrapes de César Amer, qu'il allait jouer le rôle d'un diable et, par la suite, quand, dans les livres d'Histoire, je rencontrais les photos des membres du Ku-Klux-Klan, on aurait dit que c'était Seto qui apparaissait, lui qui se penchait un peu, une dernière vérification, en tentant de supprimer tout imprévu et dont le corps prenait une attitude de danseur ; je ne savais pas à ce moment-là que cette boîte ancienne, lourde, avec sa technique antique, exigeait une longue patience pour parvenir à une grande précision, un professionnalisme qu'il dominait depuis longtemps ; il faisait signe de son index gauche, du droit partait le déclic et déjà l'image s'imprimait sur la plaque de verre, il sortait la photo de l'eau, il la posait un peu au soleil, que le modèle soit beau ou laid, il disait à tout coup, c'est beau ! il ramassait l'argent et ainsi de suite jusqu'à ce qu'il fasse nuit ;

les jours froids et pluvieux, il se transportait depuis son atelier de plein air jusqu'au restaurant Libarid ou à côté, sous le balcon, près de la pharmacie Djemayel, je ne pense pas qu'il avait du travail, qui allait se faire photographier par ce temps ? parfois j'imagine qu'il sortait du restaurant, regardait en l'air, examinait le ciel réputé changeant, se frottait les mains, les rapprochait de ses lèvres, les réchauffait de son souffle, puis rentrait, s'asseyait à la table, non, il ne buvait pas d'alcool à ce moment-là, une assiette d'olives, des tourchis*, des amuse-gueule légers, à côté de lui, toujours, telle une ombre, le nervi Hadj Nahim, le fez ou le tarbouche sur la tête, une large ceinture, ou plus exactement un châle épais, à la taille ; il jouait pour Seto Emmi le rôle de protecteur, d'ami, comme d'autres, de toutes religions ou sectes, ayant pratiquement le même comportement, il faudrait dire la même nature ; du matin au soir ils fumaient le narguilé, buvaient du café, grignotaient des pépites puis saisissaient brusquement leur canne, ils flânaient avec le sérieux de ceux qui font quelque chose d'important, qui accomplissent une obligation, et, selon un accord tacite qui traçait des frontières invisibles, ils passaient par tous les cafés, les restaurants, les gares routières, les caisses des cinémas, les étages supérieurs des immeubles proches, ils se plantaient soudain à l'entrée de l'atelier, saluaient, parlaient, examinaient, s'étant attribué une fonction de surveillant, ils extorquaient quelques livres libanaises à celui-ci, quelques pièces à celui-là, plus précisément ils recueillaient de l'argent pour les orphelins, les veuves, selon les variantes officielles et Seto ne refusait pas sa part, probablement que comme tout le monde, Seto devait savoir que Hadj Nahim faisait vivre quelques femmes aux voiles blancs et plus d'une dizaine d'enfants du côté de Mousseytbey qui, pour moi, était non pas un lieu tangible, un quartier, mais une époque reculée quand mon père et Seto y avaient habité ensemble ; jamais, jamais, on n'aurait pu considérer Hadj Nahim comme un mendiant, la mendicité était une autre spécialité puisque les quelques mendiants de la place étaient des estropiés adossés aux grilles du jardin central, avec, associée à leurs mains toujours ouvertes, une supplication, une mélopée lugubre, théâtrale à la bouche, eux aussi étaient soumis à la loi, souple mais implacable, de ces hommes ; Hadj Nahim, pesant ses paroles, connaissant son affaire, avait eu l'intelligence de développer peu à peu son métier non seulement vers la médiation mais vers le domaine politique, il a le bras long, disait mon père avec une sorte d'admiration, et sa poche est profonde, c'était l'homme de main de la famille du député des quartiers d'en haut, des Solhs (chaque député avait une troupe de cette catégorie de ruffians, faisant fructifier son autorité, sa renommée, sa légende, formant autour de son visage une auréole charismatique), en somme, il travaillait pour le compte de son député durant la campagne électorale, il pénétrait de maison en maison, de boutique en boutique, de café en café, il collectait des voix contre des services ou une rémunération, sans abandonner cette partie de la place où Seto, à présent, avait disposé son trépied et profitait non seulement de l'ombre du palmier mais du patronage bienveillant, modeste mais cependant vénal de Hadj Nahim, il regrettait souvent que leur circonscription électorale soit Medawar et non Zokak el Blat, puisque dans la perspective de marier son fils, il voulait ajouter un étage à sa maison et cela pouvait se faire non seulement avec de l'argent mais en donnant un pot de vin à bon escient, d'ailleurs, ce pays était un pays de bakchich, de commissions, d'intrigues, comme le précédent, comme tous les autres.

Je ne sais s'il avait jamais eu un atelier, qu'est-ce qui l'empêchait d'ouvrir une boutique dans le quartier, d'agrandir son affaire afin de se libérer de ce lourd équipement et de cette charge pour en prendre un plus récent et plus léger ? Les mariages, les baptêmes et les enterrements ne manquaient pas, où je ne l'avais jamais rencontré, peut-être parce que son attirail manquait de souplesse et datait d'un autre âge quand photographier devait signifier ignorer le temps, attendre, contrôler les caprices de la lumière, cette époque était passée depuis longtemps mais Seto Emmi semblait s'accrocher à cet appareil qu'il devait avoir apporté avec lui depuis Alep, je crois qu'il ressemblait un peu à mon père, même si, comme on disait, il avait la tête sur les épaules, connaissait son affaire, cependant, il était, en même temps indolent, insouciant, non pas paresseux, mais il devait considérer inutile la dépense pour améliorer son travail, comme l'avaient fait les gens des studios d'en face qu'il regardait du haut de son mépris, ayant trouvé et finalement consolidé sa place et sa position dans l'itinérance, peut-être aussi était-il de ceux pour qui un appareil n'a pas d'âge et doit accompagner la vie de son maître jusqu'à la fin ; était-ce la méfiance du paysan envers la nouveauté ou un profond mépris de la machine car l'important n'était pas tant l'appareil que l'œil qui regardait ? et cet œil, à présent, brillait au fond de ses sombres orbites,

regarde donc par ici !

non vers la lentille mais vers un point plus éloigné, comme si le véritable centre de la magie n'était pas celui que je croyais mais un autre point, de même que le sens d'un mot n'est pas celui qu'on trouve dans le dictionnaire mais en dehors de lui, de son cercle, ailleurs, dans une trouée qui existe entre la marque et le regard, car dans ses photographies, les regards sont toujours orientés, d'une façon singulière, vers un point qui n'est visible qu'à ceux qui sont dans les photos, c'est pour cela qu'ils semblent souvent fixer le côté gauche, le ciel, où apparaissait non pas le projecteur habituel des photographes, mais l'immeuble du cinéma Opéra, au coin de deux rues, avec ses colonnes intégrées au corps du bâtiment et lui donnant un mouvement ascendant et, en bas, sur le trottoir, les changeurs, derrière leurs tables ornées de vieux billets, toute la journée le dos sous les ventilateurs ;

tandis que ma mère me faisait déjà signe de rester tranquille, qu'elle avait à faire, qu'elle n'avait pas de temps à perdre, qu'elle se dépêchait, devait aller ici, courir là-bas, qu'elle était descendue en ville pour le travail et non pour se faire prendre en photo, ton Seto Emmi est vraiment toqué de photo, si ça continue il va finir à l'asile de fous, disait-elle quand on prenait la direction du souk Sursock, après avoir échappé aux mains du photographe, je devrais dire à l'œil qui était d'un vert profond, très chaleureux, rieur, plus sombre et aigu que les branches du palmier et, selon les apparences, était non seulement spécifique à la lignée du grand père Avedis mais à tous les descendants de l'ancêtre Guermir ;

l'œil de Seto conduisait mon regard là où il devait se poser une seconde, on aurait dit qu'il cherchait l'instant décisif, il attendait pour saisir une qualité palpable de la lumière, de l'air, le temps qui devait s'arrêter soudain, il fixait l'immobilité, il s'enfonçait en elle jusqu'à ce que chaque frémissement, chaque vibration s'arrête, parvienne à ce point où je ne savais pas si je dormais ou si j'étais éveillé, incapable bien sûr de garder mes yeux sur un point donné dont ils s'étaient sans doute éloignés, mais on aurait dit que cela n'avait pas d'importance, simplement j'avais l'impression que je tournais, je me retournais, comme le fait la tête sur un oreiller, complètement hypnotisé par les rayons provenant de la lentille, comme si la photo était le résultat d'une radioactivité, celle qui jaillissait du soleil enfermé dans la boîte de Seto, en tout point semblable au film projeté par la lanterne magique sur l'écran et le petit bruit sec de l'appareil qui devait enfermer la lumière dans la boîte, une exclamation de Seto me ramenait à la réalité bruyante de la place ;

au-delà de moi, son œil devait suivre les passants traversant les trottoirs, les Ford, Chevrolet, Pontiac passant dans la rue, les bus et leur klaxon, les vélos, enfin le mouvement qu'il semblait vouloir faire disparaître, patienter pour qu'il cesse un instant, c'est pourquoi il faisait silence, c'est pourquoi, dans les rares photos qui restent de lui, ce qu'on appelle la profondeur n'existe pas, c'est un blanc très vague ou bien un léger gris sale, Seto Emmi a supprimé le mouvement donnant de l'imprécision à l'arrière-fond, comme s'il n'avait gardé que la forme, je suppose qu'il n'aimait pas ou que ses clients n'appréciaient pas cette impression de surface bougée, remuée, écrasée, hachurée, fractionnée que laisse sur le spectateur, dans sa rapidité, une automobile saisie dans sa course ; par la suite, quand je ne laisserais pas passer l'occasion d'examiner ses photos, je devais me rendre compte, avec un étonnement naïf, que je ne rencontrais aucun paysage, presque uniquement des visages, hommes et femmes, des photos de groupe disposés dans un espace totalement vide, à peine était-il possible de deviner un sol ou un horizon, comme si les gens étaient pris, enfermés dans leur essence, dans leur forme abstraite plutôt que dans leur environnement ; là où parfois on cherche la vie, le souffle, le rythme d'une vie normale, Seto avait choisi, peut-être avait-il seulement réussi à saisir la forme extérieure, l'écorce et c'est sans doute pour cela que, dans la photo, je ne retrouvais rien de moi-même, peut-être incapable de distinguer la réalité de l'apparence, le ressenti intérieur de la manifestation extérieure, incapable surtout de comprendre que l'image appartenait non au domaine de la réalité mais à celui de l'imaginaire et, ma mère, d'ailleurs, était toujours prête à neutraliser tout trouble ou toute révolte,

c'est une image, enfin ! c'est toujours comme ça !

mais ensuite, des années après, lorsqu'à une occasion quelconque elle sortait la liasse, sa réaction changeait soudain ; comme la mémoire des gens corrige leurs erreurs, ainsi le temps avait corrigé les imperfections de la photo, ses lignes s'étaient peu à peu rapprochées de la perspective réelle et ma mère, ayant bien sûr oublié sa propre réaction, n'hésitait pas à dire, avec un ton semblable à celui qui énonce une nouveauté et non une rengaine,

ça, c'est toi, c'est tout à fait toi, il n'y avait vraiment que ton Seto Emmi pour tirer une pareille photo, attends, ne bouge pas, toi aussi, tu étais vraiment incapable de rester immobile, le pauvre homme te le répétait dix fois, tu attendais que l'oiseau sorte, ah oui ! il te faisait bien marcher ! il connaissait ce genre de malice, on aurait dit que c'était lui l'enfant, d'ailleurs le défunt t'aimait beaucoup, une fois, ici, devant la maison, il t'a pris en photo, ton image en forme de triangle : la main qui sort de la manche d'une chemise blanche qui devait être la mienne, forme un angle, reposant sur l'autre bras qui descend au-dessous de ma taille au niveau du coude, et coupe presque horizontalement ma taille en deux, des espadrilles blanches, des chaussettes tricolores rayées, les cuisses nues jusqu'à un pantalon blanc court, puis, au-dessus d'une chemise entrouverte, mon menton collé à mon cou, mon regard, qui devait être dirigé vers celui de Seto, ou plutôt vers sa bouche ; Seto, à ce moment-là, m'indiquait cette étrange position de la main, il était venu arranger mon épaule crispée – regarde de ce côté, comme ça !– et avait pétrifié un sourire contraint sur mon visage ; il n'avait pas tout à fait pris en compte les rameaux de loufa parasitant le chèvrefeuille à l'arrière, les massifs d'arums dans les grilles en fer, un balai de bruyère appuyé au mur et qu'il n'avait pas pensé à faire ôter, cette présence ne lui avait-elle pas paru incongrue ? peut-être avait-il vu quelque chose d'unique, de piquant dans l'exhibition de cet objet quotidien ou tout simplement ne l'avait-il pas vu ; il semblait qu'avait échappé à son œil la trace d'un papier resté au sol ou une sombre tache d'eau qui, dans la photo, s'allongeait depuis mes pieds jusqu'à l'extrémité du contour blanc, l'ombre projetée au sol d'une présence invisible ; tandis que ma mère n'avait pas renoncé à sa comparaison, – tu étais tout à fait comme ça, ma parole ! tout à fait – elle essayait de me convaincre et de confirmer la ressemblance apparemment hypothétique entre la photo et moi, une identité détruite qui semblait devoir être sauvée – eh oui ! toi tu ne peux pas le savoir, à cette époque quel âge tu avais ? d'ailleurs, tu venais d'entrer à l'école, la vraie –, pour elle c'était ce lointain collège et la photo entrait aussi dans l'histoire, comme l'un de ses carrefours, il importait peu que je m'y reconnaisse ou non, que je l'admette ou non, sa parole suffisait à dissiper l'incertitude,

mais enfin ! où sont ces photos de Bourdj ? il en a pris plusieurs,

oui, combien de fois ! et moi, je reste imprégné d'une seule de ces photos, comme si toutes ces fois, tous ces gestes et ces paroles avaient fusionné les uns dans les autres, de même que toutes les histoires familiales constituent à peu près une seule et même histoire,

celle-là est restée, c'est déjà quelque chose !

surtout que Seto ne donnait pas immédiatement la photo, au contraire, il faisait lanterner, je l'apporterai, ma chère Horip, ne t'en fais pas, comme si nous avions un besoin absolu de la photo ; mais la photo n'arrivait pas, et si je la demandais, il riait – ça m'est sorti de la tête, elle est encore dans son bain –, j'avais l'impression qu'il me cachait quelque chose ou qu'il avait fait une erreur comme dans ses photos ratées, ou qu'il l'avait oubliée dans le bain d'où il aurait dû la sortir, s'il en restait encore quelque chose, ou bien encore que le plaisir de photographier avait été plus grand que le résultat et que je n'étais pour lui qu'un prétexte ; je n'aurais pu imaginer qu'un soir, il allait apporter, comme une sorte de présent, le résultat d'un de ces tirages, enveloppé dans un *Naïri* dont c'était la première et unique apparition dans notre maison, sous son bras,

chère Horip !

il le donnait à ma mère qui, à ce moment-là, devenait, comme on dit, toute admiration, tout émerveillement, car, dans le fond, elle ne regardait pas ces photos de près et, beaucoup plus tard, je devais me rendre compte que son admiration ne l'avait pas emportée au-delà de son exclamation de surprise, la photo ne l'avait pas impressionnée autant que moi, imprégné de sa magie, et peut-être était-ce pour cela qu'elle disait

bénies soient tes mains ! c'est vraiment très beau, je vais l'accrocher au mur, mais Seto, c'était pas la peine !

et le jour suivant, la photo allait être fourrée sous l'armoire, dans le tiroir où on gardait les autres photos, comme d'autres conservaient leur dot, les bijoux, le violon ou le livre, probablement pour un héritier chanceux.

La venue de Seto n'était pas une surprise, il venait quand ça lui chantait, disait ma mère, c'était son habitude, et, bien sûr, sans prévenir, mais tu sais, à cette époque, on avait pas le téléphone, il n'y avait que les Zapourian qui l'avaient et encore à la boutique, de sorte que quand quelqu'un devait recevoir un coup de fil, son nom passait de rue en rue, de porte en porte, de fenêtre en fenêtre comme le feu de colline en colline, annonçant l'avancée de l'ennemi ou la victoire, et il devenait l'acteur le plus important du principal événement de la journée ;

mais ce qu'il apportait !

il n'avait pas oublié ; peut-être avait-il choisi celle qu'il considérait comme la bonne, celle sur laquelle il devait avoir travaillé, il semblait donc que quand il disait – elle est encore dans son bain – Seto suggérait une opération dont le sens m'échappait, comme si l'image déposée dans le liquide devait mûrir, se préciser, prendre ligne et forme et cela, cette opération secrète que gérait Seto, transformait la photo en résultat non d'une minute, d'un coup, d'un hasard, comme son doigt levé semblait le suggérer et qui existait dans toutes ses photos courantes, mais d'une lenteur, d'une patience, et cette évolution énigmatique me fascinait, me charmait plus que la photo elle-même ;

qu'est-ce qui se passait dans cette eau ? quelle transformation ? quelle métamorphose pour laquelle tant de temps semblait indispensable comme si ce qui était saisi instantanément, immédiatement, nécessitait quelques semaines, quelques mois pour apparaître et acquérait ainsi plus de valeur, de même qu'un événement, une parole, une image, nécessitaient l'oubli pour s'épurer, devenir souvenir, remémoration ? cependant, parfois, ce que l'on mettait dans ce bain y restait pour toujours, ne revenait jamais à la surface, comme les morceaux de roche tombés au fond de la mer autour desquels croissent des coquillages ou s'agitent de minuscules vers d'eau ; c'est pourquoi, lorsque Seto venait chez nous, presque toujours sans son appareil, j'étais déçu comme s'il me privait d'un plaisir possible, puisque dans le cas contraire, il m'aurait certainement permis de fourrer ma tête sous le drap noir, pour voir cette petite boîte de l'intérieur, découvrir ce monde obscur, que je faisais ressembler à l'univers révélé par un kaléidoscope, où les visages et les objets extérieurs y pénétrant se pétrifiaient, s'imprimaient sur un papier, devenaient ineffaçables, alors que si je voyais cela une seule fois, si je posais mon œil sur cet œil, j'avais l'impression que j'allais finalement percer le secret magique de Seto, grâce auquel non seulement il faisait vivre sa famille mais il devenait une personnalité recherchée sur la place ;

même sans son appareil, Seto restait pour moi un oncle, l'autre, Setrak, le frère de mon père, était allé se faire tuer, personne ne savait où, et, puisqu'il portait le même prénom, on aurait dit, non qu'il le remplaçait mais qu'il le ressuscitait, ils étaient si nombreux à avoir disparu qui, des années après, reparaissaient, des frères, des sœurs, des mères ou des fils ; ma tante trouvait beaucoup de traits de ressemblance entre les deux Seto, les cheveux, le front, la blondeur, l'impossibilité de tenir en place, seulement, si l'un était mort, l'attendre n'avait plus de sens, et, pour mon oncle Setrak, sa garce de femme s'en était rendu compte depuis longtemps et était partie suivre son amoureux, cependant, l'autre connaissait l'art de garder les morts en vie pour que tu les vois et que ton cœur se fende, brûle mais ne se consume pas,

et voilà, c'était lui qui entrait dans le jardin, l'œil toujours sur la vigne et, plus haut, vers le balcon de madame Jeannette, s'étant débarrassé de la poussière de la place, ayant changé de chemise et de pantalon, ayant boutonné son veston, des chaussures parfaites, si différentes des babouches ou des croquenots – comme les appelait mon père – des hommes du quartier, ratatinés par le temps et le piétinement, et qui me semblaient un reste de la langue interdite, de pauvres choses, alors que c'était un signe, un morceau d'un univers ancien, qui avaient touché cette terre pour laquelle ils avaient été formés et, comme elle, avaient été abandonnés à leur destin, comme Seto qui avait gardé le fez mais était passé aux chaussures ; il les faisait faire sur mesure par le mari de Vartouhie, Mamas, dont l'échoppe de cordonnier, loin des boutiques de chaussures, se trouvait à l'angle de l'une des rues étroites du souk Sursock, plus précisément à l'entrée d'un immeuble, sous l'escalier, où parfois, avec ou sans ma mère, j'allais, comme Seto, une fois par an, au début de l'année scolaire, traversant la foule bigarrée, les odeurs de tissu, de cuir, de café à la cardamome qui étaient un défilé d'atmosphères, des mondes où il y avait, bien sûr, des espaces connus et jugés fréquentables, des magasins célèbres ; on était parfois obligés de rester debout dans le passage, derrière un âne lent et chargé, une brouette ou une grosse femme, un linge sur la tête, qui marchandait, bouchant le passage et l'effervescence chaotique ressemblait parfois à un arrêt sur image, puis éclataient rapidement soit un vacarme et des exclamations de protestation, de rire, de colère, soit des injures qui, on ne sait comment, avec quelle liberté débridée de l'instinct ou de l'imagination et avec quel talent, expriment le marché ; cette foule de porteurs, de vendeurs sur pied, de commerçants, de différents métiers, inventait sans cesse des mots arabes pour enrichir une réserve déjà fort abondante ; il n'y avait pas la place de jeter une aiguille, comme aimait à le dire ma mère lorsque, en revenant de l'échoppe de Mamas, elle voulait justifier son ralentissement dans les parages de la boutique de Setrakian où les tissus qui venaient d'arriver étaient, selon elle, toujours plus à la mode, plus proches de son goût que la marchandise de l'antre de Simon, comme elle disait avec dédain, à qui elle achetait cependant le minimum requis, indispensable au cours normal de ses relations avec sa femme, la mère de la belle Valentine ;

Mamas, que je devais appeler oncle, sortait à chaque fois de sa malle un gabarit de l'année précédente, puis posait mon pied sur le carton, en dessinait la forme avec le gros crayon qu'il mettait derrière l'oreille, essayant de suivre délicatement le contour depuis le talon, parfois le crayon s'attardait dans l'espace entre les orteils, touchait ou s'enfonçait dans ma peau, me chatouillait involontairement, ça devait être malice de sa part, de la main, il me faisait signe d'ôter mon pied, quant à lui, il devait découper cette forme en carton de mon pied et, avec l'œil du professionnel, il allait la comparer à l'ancienne, vérifiant ainsi, comme un médecin, l'évolution des orteils, la cambrure tendue de la plante du pied – il n'était pas question que j'aie les pieds plats –, et confirmait la croissance de mon corps ; dans son dialecte mi turc, mi arménien, il m'ordonnait de lui donner mes chaussures, celles qui n'avaient pas été cousues par lui, il les prenait en main, ne les regardait même pas, les agitait en l'air pour montrer qu'il s'agissait d'une chose sans valeur, venant du bazar, je l'ai pas dit à ta mère ? je l'ai pas dit à ta mère ? il faisait la tête, pour lui ce qu'on appelait une chaussure devait être cousue pour être résistante, solide, pour supporter les flaques d'eau de la rue, les pierres sur la route du Djemaran[1], comme si ça ne devait pas servir seulement à marcher mais aussi à s'opposer au temps, à affronter cette destruction de la vie commençant déjà avec les premiers pas, c'est pourquoi il préparait des chaussures confortables, ressemblant un peu à de courts sabots, presque toujours sur le même modèle et, une fois trouvé son style, il avait perdu, au long des années, tout lien avec la mode et ses caprices permanents, ses chaussures étaient devenues anachroniques, voire antiques, avaient durci avec leur odeur de cuir authentique ; il avait peut-être également une autre inquiétude, plus personnelle : à ce train, la cordonnerie sur mesure n'avait aucun avenir, ce métier séculaire, appris au cours d'un long apprentissage, allait mourir dans quelques années et sa lourde machine en fonte, dont l'extrémité perçait les recoins les plus inaccessibles de la chaussure et dont l'aiguille, point par point, pareille aux pattes d'une grue, montait, descendait et sillonnait le cuir, allait devenir une pièce de musée, à l'instar de la charrette à cheval de mon père avec son réservoir de pétrole lampant ; par conséquent, il nous mettait en garde : si je portais des espadrilles bon marché, légères, ne tenant pas au pied et dont la semelle se perçait rapidement, mes pieds, un jour, s'élargiraient, se tordraient comme chez lui qui, je le croyais, était boiteux depuis son enfance et cette jambe droite plus longue, aussi raide qu'un morceau de bois, il la maintenait de biais, sous la machine, mais, lorsqu'il se levait, il était aussi grand et beau, quoique brun, que Seto Emmi qui, quand il passait la porte, baissait machinalement la tête ; il flânait solennellement dans le quartier, on dirait un nouveau marié, disait Antika de cet homme grand et maigre qui, lorsqu'on lui ôtait le fez rouge inévitable et un peu surprenant, ressemblait, de dos, à James Stewart, l'acteur américain, une espèce de monsieur Chahabian réussi, avec sa rangée impeccable et admirable de dents en or qui pouvait briser toutes sortes de choses et dont il attribuait la solidité à la prune

1 Collège arménien réputé de Beyrouth.

de Gürine, séchée, réduite en pâte de fruit, il n'y avait pas sa semblable dans le monde et c'est ce qui l'avait sauvé, lui et quelques amis, après les massacres de Boro : ils descendaient des montagnes, pénétraient en tapinois dans les vergers abandonnés, se rendaient invisibles sur les arbres comme des oiseaux de nuit, ils se remplissaient ainsi le ventre, en silence, ils se parlaient avec des grognements animaux, en cas de nécessité seulement, puis fondaient sur les réserves secrètes, fouillaient, l'oreille toujours à l'affût des bruits de pas possibles, malgré le guetteur qu'ils y plaçaient toujours, jusqu'à ce que, sans attendre l'aube, ils regrimpent dans les montagnes ; quand il en parlait, on aurait dit qu'il continuait à mâcher cette prune, il la mastiquait, il dissolvait sa texture avec sa salive et, de loin, il appelait du coin de la rue, comme s'il avait un rendez-vous avec mon père

Agop !

avec un sourire moqueur et si intime, avec un ton inimaginable pour moi, comme s'ils étaient deux adolescents, ces deux garçons inséparables, comme disait Seto Emmi, qui, la défaite derrière eux, avaient décidé un jour de fuir l'orphelinat de Hamah, de se réfugier dans la montagne, ils s'étaient perdus puis retrouvés, quelque part, dans cet espace immense que ma mère montrait d'un signe de la tête, une espèce de vide sans direction, un lieu de mort mais surtout de vie, derrière nous,

Agopik !

avec sa gaîté permanente qu'il communiquait à mon père qui, à son tour, devenait plus proche et plus causant, j'allais dire plus naturel si c'est possible, d'autant qu'ils allaient s'asseoir pour jouer aux cartes.

À cette heure de la soirée où on avait fini de dîner, Seto ne venait pas pour manger mais pour bavarder, mon père allait apporter la bouteille d'alcool et remplir les petits verres, de raki pur, comme ils disaient, méprisant l'adjonction d'eau qui était, pour eux, après le repas, une délicatesse réservée aux femmes, et celles-ci, si Trvandah s'était jointe à elles, s'isolaient de l'autre côté de la pièce, murmuraient des choses, ma mère à son faufilage, Trvandah les mains croisées sur le ventre, buvaient leur café ; l'une ou l'autre, parfois en baissant la voix, médisait de ma tante Martha, toujours la même histoire à laquelle allaient s'ajouter de nouveaux détails particuliers, jusqu'à ce que mon père, comme s'il avait soudain constaté une absence, s'éveillait, allez ! ta voix me manque ! j'ai envie de t'entendre !

il priait instamment Trvandah de chanter l'une de ses chansons préférées ce qui, à cette époque, me semblait une chose mystérieuse, une étrangeté pour laquelle je n'étais pas mûr, une tranche de la vie secrète de mon père ou simplement caractéristique de son goût qui allait demeurer inconnu pour toujours ; des années ont été nécessaires pour que, comme l'archéologue qui tente de donner la forme d'une cruche aux fragments découverts dans la terre, je parvienne à reformer la ligne devenue incompréhensible, « La pierre de ma bague est bleue… », tant les mots étaient comme émiettés, empoussiérés, disparus, dissous dans la voix de la chanteuse, tant ils semblaient être la voix même, l'impression qu'elle laissait ;

Trvandah était la chanteuse de nos réunions familiales, n'était-ce pas sa voix qui avait touché Seto ? elle chantait des chansons apprises oralement à la maison et dont je ne pense pas qu'elle connaissait toutes les paroles puisque la chanson restait souvent inachevée ou se continuait par une autre, les auditeurs devaient attendre un peu, patienter : comme une grande chanteuse, Trvandah devait se remémorer et répéter la mélodie dans sa tête,

Agop, la pauvre fille n'a pas encore repris son souffle !

ma mère savait que Trvandah n'était pas du genre à se faire prier, comme Zepur Chanth, actrice et cantatrice qui se donnait de l'importance, d'ailleurs, elle avait rapidement lancé sa voix, un peu instable, sautillante et nasale, mais dans une tessiture moyenne, elle conservait toujours une souplesse ainsi qu'une épaisseur veloutée, non pas une voix fine – telle qu'on les appréciait tellement dans le quartier, comme si cette délicatesse et même cette absence de puissance étaient indispensables à une beauté fragile –, mais une voix d'alto vibrante à l'ample étendue qui, bien sûr, sur les notes les plus élevées de la chanson, se réduisait jusqu'à s'évanouir, devenait palatine et, d'un coup, descendait d'un octave, se décomposait, s'épuisait et, dans cette pause, on entendait le souffle de fumeur de Seto et surtout celui de mon père tandis que Trvandah commençait à se racler la gorge pour masquer son incapacité à surmonter cette difficile montée de la chanson, elle reprenait souffle, toussait, se frappait de la main droite du côté du cœur, comme si elle avait des palpitations et, si elle était dans de bonnes dispositions, mais cette fois ci pour accéder à la demande de Seto, s'élevait Tamzara : elle était la soliste, nous le chœur et les applaudissements, d'abord lentement puis sur un rythme rapide, tant et si bien que peu à peu, la pièce s'emplissait de la chaleur du chant, résonnait, des ombres se dessinaient sur les murs, la fenêtre, les cadres, bougeaient d'avant en arrière, formaient leur ronde folle, reprenaient corps les esprits des morts, le sourire de quelqu'un, inconnu de moi, sa démarche légère, son jeu d'épaules et de jambes, son pas énergique, jusqu'à ce que Trvandah porte à nouveau la main à son cœur, rive son regard à celui de son mari, porte à ses lèvres le reste du café, laissant la mélodie atteindre une existence mentale, celle qui était son état originel avant que Trvandah ne la modernise,

à ta santé !

le verre levé, en direction de mon père, Seto et lui allaient boire l'alcool, gorgée par gorgée, ils ne devaient rien mêler à ce goût, comme si la jouissance suprême était de savourer ce liquide translucide qui se reflétait dans la lumière du soir avec sa densité, son intensité, sa pureté, de le laisser ainsi entre le contact de l'air et celui des lèvres, j'allais dire de le ralentir si cela avait eu un sens lorsque déjà les joues couvertes d'un duvet blond de Seto se masquaient de rouge.

Allez, hop !

je devais apporter les cartes, non, Seto n'aimait pas jouer au trictrac, je crois qu'il s'emportait, qu'il s'énervait, une nuance grinçante apparaissait dans sa voix quand mon père ou l'aîné de ses fils, Avo, lançait des six et Seto ne pouvait pas se contrôler, lui qui paraissait le plus réservé des hommes ; il préférait les cartes comme si ce jeu était moins tributaire de la chance, du hasard que de la réflexion, pourtant Dieu sait si lui, comme mon père, devaient autant aux circonstances qu'à leur jugement, ayant très bien compris, ou simplement, sans l'avoir jamais appris, que celui qui avait survécu à ces montagnes et vallées, aux eaux et aux déserts, celui-là aussi avait joué à un jeu, sans même avoir eu le temps de s'en rendre compte et donc, ils devaient jouer à nouveau, à condition que ce soit sans argent, à ce jeu qu'ils appelaient « l'enlèvement des filles » et, dans l'élocution de Seto comme de Tathéos, je remarquais qu'au moment de prononcer cette formule étincelait une nuance inhabituelle, à l'instar d'une femme au hammam, masquée par la vapeur, dont le corps se révèle soudain sous l'effet des rayons multicolores du dôme et qui criait, honteuse, – eh ! tu es un grand garçon, toi ! qu'est-ce que tu fais ici ? – je ne sais pourquoi cette espèce de jeu me rappelait le reliquat d'un rite très ancien comme celui de l'enlèvement de Satenik par Ardachès[2], de même qu'ici ou là encore, dans les quartiers, des jeunes gens enlevaient leur bien-aimée en passant outre l'opposition des parents, se réfugiaient dans un hôtel ou chez un parent bienveillant, après cela, le problème était en voie de résolution, une cérémonie rapide de mariage mettait fin au scandale si la fratrie de la fille acceptait ce qu'elle considérait comme une offense à son honneur ;

longtemps, ce jeu, dont je ne pouvais percer les lois, m'a semblé propre aux hommes ; cependant, lors de son séjour d'une semaine, ma tante m'a fait apporter plusieurs fois les cartes, généralement l'après-midi, mon père s'est assis à l'autre bout du divan et ils ont commencé tous deux à « enlever les filles » ; ce jour-là, ma tante fut la meilleure et, bien qu'ainsi elle emportât mon adhésion, il me semblait cependant que s'il y avait une dame dans le jeu, c'est elle qui sortirait victorieuse ; ma tante souriait sans cesse, son visage d'une rondeur lunaire brillait,

tu t'emportes encore, Agop ! tu es toujours un gosse !

Seto était moins bruyant et il était souvent impossible de distinguer le vainqueur du vaincu, même si Seto ou mon père me demandait de bien tenir les comptes, alors que j'essayais de trouver un rapport entre les cartes jetées et ramassées, d'arracher enfin le secret du lien qui me semblait si différent du jeu de « Trois » de Nano ; ni mon père, ni Seto ne se fâchaient, ne s'énervaient, du moins en apparence, peut-être y avait-il dans la façon qu'avait Seto de faire jouer ses lèvres, de les ronger parfois, un signe de colère, peut-être dans les mots de mon père, allez, ne reste pas derrière mon dos ! quand je m'approchais de trop près, se cachait une réaction proche de l'impatience, mais aucun des deux ne jetait ses cartes devant son adversaire, comme Nano, ni ne gardait une carte au moment de mélanger, je ne comprenais pas pourquoi l'un gagnait toujours, lorsque dans le jeu de l'adversaire se trouvait une dame qu'il ramassait, s'exclamant, en voilà une ! puis l'un ou l'autre semblait soudain se rappeler quelque chose, portait la main à son verre, avalait une gorgée, le jeu reprenait, les corps restaient ainsi immobiles, les visages pris dans une fièvre interne, dont témoignaient la rougeur des joues et la sueur du front ;

2 Épisode (Iᵉ s.) relaté dans son *Histoire de l'Arménie* par Moïse de Khorène, historiographe du Vᵉ siècle.

je crois que Seto et mon père échangeaient ainsi en silence et, bien sûr, nous étions exclus de l'intimité de ce jeu, nous les spectateurs, exclus de leur histoire et de leur temps qui, là, dans cet échange, ce jeu, se trouvaient concentrés ; chacun d'eux devait connaître non seulement la façon de jouer de l'autre mais le mode de réaction, la façon de tromper l'adversaire, de créer un malentendu, de se cacher, d'accélérer le rythme, de s'éloigner d'un lieu dangereux, de prendre les jambes à son cou, en un mot, les manières de vaincre, de se coucher, de vivre, qu'ils avaient appris non seulement dans leur ville où ils avaient à peine 10-12 ans mais d'Albistan à Marache, de Marache à Aïntab, d'Aïntab à l'orphelinat d'Hamah d'où l'un avait échappé aux maladies quotidiennes et à la mort et s'était retrouvé dans un village arabe, tandis que l'autre, par des chemins différents était parvenu à Melké et avait été circoncis ; et, à présent, le soleil du soir était descendu au-dessous du cadre de la fenêtre, bien rouge, dans le jardin d'Aram, les ombres avaient grandi tout doucement dans un bleu scintillant qui, rapidement, allait s'assombrir d'un coup mais ma mère, toujours impatiente, se levait de sa place pour allumer la lumière ;

de la bouche de Seto s'envolait alors

« l'aurore s'annonce »

et ces mots dont j'allais percevoir très tard l'étrangeté avec leur succession de voyelles, donnaient à l'aube émergeant de la nuit une matérialité palpable que les yeux verts de Seto coloraient, et attestaient non de l'aurore, mais de ce moment particulier ;

Seto se levait, esquissant un pas de danse où l'on pouvait encore remarquer la souplesse des bras, des épaules et surtout des pieds, une agilité corporelle de danseur de leurs fêtes d'antan qui, paraît-il, lui permettait non seulement de sautiller rapidement le long des gouttières, sur les à pics dangereux des rochers, mais de « planer » comme disait mon père, de marcher sur une corde invisible, le mouchoir à la main, comme un funambule, des choses qui, pour moi, faisaient partie de la vie de mon père, de cette partie que je ne pouvais que deviner puisqu'il ne l'avait jamais racontée, que je n'aurais peut-être même jamais sue si je ne l'avais vu, dans une photo, dont je ne sais où elle est à présent et que je devrais chercher ; là, devant un groupe de 4 à 5 personnes, chacune avec un instrument de musique à la main, au milieu du petit espace, il y avait quelqu'un immobilisé dans un élan, quelqu'un que le mot « planer » de mon père gardait ainsi en l'air, le disjoignait du temps, comme une image hors de ce temps,

quoiqu'il en soit, voici Seto Emmi qui répétait au point de se faire entendre de tout le quartier

levons nous et partons !… Tam… zara !

il était déjà sur le seuil, le fez posé sur la tête, se dirigeant vers la vallée où sa silhouette allait diminuant, allait disparaissant des champs dans les arbres, au loin, mais il allait laisser derrière lui les échos d'une mélodie sifflée s'éteignant peu à peu et qui allaient m'accompagner jusqu'au sommeil.

Je savais que le lendemain matin, exactement à l'aurore, son appareil à l'épaule, il allait prendre le chemin du tramway depuis la Quarantaine pour arriver juste à 8 h sur la place de Bourdj, s'asseoir au café en haut, à l'angle pour, là-bas, comme les intellectuels, journalistes, employés, hommes politiques qui le fréquentaient, boire à nouveau le premier café du matin, parler un peu avec eux, écouter les nouvelles du jour ; lui aussi, à son niveau, était une des personnalités de la place, l'un des spectateurs de son histoire, de ses métamorphoses perpétuelles, l'un des témoins, comme on dit, qui avait vu comment les anciens jardins et kiosques avaient disparu, comment les khans* latéraux s'étaient transformés en hôtels et cinémas, comment les façades d'immeubles avaient changé de style et d'apparence, les enseignes avaient changé de nom, étaient devenues plus modernes, plus colorées, ces battements de cœur de la ville s'étaient accélérés tandis qu'à l'instar des héros d'un film défilant sur sa bobine, les Français s'étaient enfuis, les Anglais étaient entrés, avaient pris position, avaient commencé à s'installer, à ourdir leurs intrigues mais le commissaire Picot, le général Catroux avaient intrigué, le général de Gaulle était venu en voiture découverte, derrière lui Émile Eddé[3], les ministres, puis des manifestations, des applaudissements, l'indépendance, une statue était venue se planter au milieu, la place avait changé de nom mais pas d'âme, et un jour, on avait détruit le Petit Sérail dont l'horloge et le drapeau du toit flottaient sur la mer comme les bateaux au large de Port Saïd ; à cet endroit s'était installé, lourdement, le Rivoli, la mer s'était éloignée mais l'odeur des

3 Émile Eddé (1886-1949), avocat et leader politique libanais, président de la République entre 1936 et 1941.

vagues sinon leur murmure nous parvenait, surtout le matin, alors que la foule des portefaix avait abandonné depuis longtemps l'entrée des hôtels pour aller au marché d'en face et que l'esplanade semblait, pour un instant, déserte, presque à l'image d'une placette villageoise, comme le parvis de leur monastère de Saint-Jacques, devant l'église, lorsqu'ils partaient en pèlerinage et cela restait ainsi jusqu'à ce que le soleil trouve sa place dans le ciel, que la brise venue de la mer balance légèrement les palmiers esquissant une danse du ventre, que les klaxons des cars venus des villages deviennent plus fréquents, les roues des voitures à cheval grincent, le bruit des autos s'amplifie, le nombre de ceux partant au travail augmente ;

on aurait dit qu'il était le gardien de ce lieu, il connaissait sa place, son angle d'observation, de là il voyait très bien le Parisiana, les gendarmes inoccupés de la caserne avec leur grande casquette ronde et kaki, les serveurs des cafés, l'alignement des teinturiers, la pharmacie puis, plus bas, les panneaux d'affichage de la rue Moutanabbi avec des noms de femmes multicolores et romanesques, dont chacune d'elles était une promesse éphémère de bonheur à trois, cinq, sept livres pour des garçons avides de chair féminine et, à ce titre, de moments de félicité difficilement accessibles ; derrière, les vestiges des jardins anciens, le vacarme permanent, des odeurs de falafels*, de chawarma*, d'ail, de popcorn s'échappaient des restaurants destinés à une humanité mangeant sans cesse, constamment affamée ; tout un monde, toujours actif, changeant toujours au cours des heures, dont le rythme ne ralentissait que la nuit : lorsque je rentrais à pied de Manara, j'entrais soudain sur cette place désertée – qui, par la suite, devait se transformer dans mon esprit en l'une des piazettas vides des peintres de la Renaissance –, dont les rues latérales regorgeaient d'individus patibulaires à l'affût d'un forfait à perpétrer ; les lumières restaient allumées, il y avait quelques taxis dont les conducteurs somnolents attendaient leur dernière proie, et, ici ou là, des spectateurs sortant des théâtres ou des ivrognes arrivant des rues voisines ; sur la façade en pierres très blanches du Rivoli, Anita Ekberg avançait légèrement sa jambe, ouvrait le pan de sa longue robe noire jusqu'à l'éclat troublant et généreux de la cuisse, sa main ondoyant dans l'air, la poitrine fermement prise, sur ses épaules à moitié nue des cheveux blonds chatoyants, et des lèvres pulpeuses qui promettaient les frissons d'une Dolce Vita dans les fontaines de Rome, même si l'essentiel avait été retranché, ôté du film, mis de côté pour la seule jouissance des censeurs, tandis que, depuis le balcon du cabaret arabe, sur un disque, la voix ondoyante, nostalgique d'Abdel-Wahab, imprégnée de haschich, sur une cascade de violons égyptiens comme le bateau sur les eaux souterraines de Jytah, s'adressait au souvenir d'un amour inoubliable et mêlait dans l'air un trouble rendu palpable, des parfums de jasmin et des odeurs d'urine;

à ce moment de l'obscurité, les palmiers et les immeubles semblaient plus grands et élancés, vibrants, presque aériens comme s'ils étaient noyés dans le ciel couleur de mer qui flottait comme un chapiteau sur la place;

qu'est-ce que Seto avait connu de tout cela?

à cet homme travaillant du matin au soir, qui avait touché du doigt toutes les intrigues du monde, comme disait mon père, j'attribuais peut-être une vie dont il semblait n'être resté nulle trace, nulle allusion, je ne peux non plus imaginer qu'il n'avait vécu qu'à la surface des apparences avec des mœurs d'ascète endurci, une vie non pas banale mais sans intérêt, pour sa femme, pour ses fils, courir à la maison le soir, caresser les fleurs du jardin, boire un verre d'eau de vie, écouter un peu sa femme, la faire taire, ouvrir la radio ou le journal puis s'allonger sur le lit… non seulement pour blasphémer mais pour regarder vers le balcon de Nerkiz, tendre l'oreille vers les bégaiements répétés du perroquet, s'assoupir un moment, prendre conscience d'une chose vague qu'il est possible d'appeler solitude, serrer brusquement, agripper cette femme voulant à la fois lui échapper et se coller à lui et qui allait murmurer – allons mon homme, les enfants ont grandi et toi, tu… –, toujours adroitement, et lui, toujours vigoureux, toujours vulnérable… je savais que les étés, à cette heure-là, le matelas était étendu sur la terrasse; il pouvait simplement ronfler, le visage tendu vers le ciel jusqu'à ce que la lumière fasse éclater sur les montagnes ses mille et un rayons, fasse étinceler les toits de tôle des bidonvilles, les chauffe, devienne brusquement, pour moi, l'aurore, dans leur langue, si étonnante, si prodigue et toujours troublante;

lorsque Seto tournait la tête, il devait mesurer de haut en bas, le tronc de l'arbre, son élan dressé vers les rayons du soleil, la lumière presque tangible, épaisse et fraîche qu'ils composaient, il devait installer son trépied sous le palmier; son ombre légère, presque imperceptible, semble rester totalement immobilisée, pétrifiée sur le visage du garçon – celui dont la mère disait, la photo à la main, c'est toi –, un sourire aux lèvres qu'il tente de réprimer et dont une trace est restée aux commissures, les yeux louchant un peu à cause du soleil, mais regardant un point, les prunelles de Seto Emmi, avec leur irisation vert foncé, étincelant à cet instant dans leur cavité sombre.

7

À l'époque, cette espèce de pantalon de golf que ma mère venait de coudre, avec une chemise blanche idoine, afin que je les porte samedi soir, devait être à la mode, elle m'avait mis aussi au col un petit lien semblable à une cravate qui me gênait, j'essayais sans cesse de me dégager le cou tandis qu'à chacun de mes pas les bords de ce pantalon remontaient jusqu'au creux des genoux ; dès qu'elle m'avait vu, Arevik avait commencé à rire,

Mais dis-donc, quelle élégance ! on dirait que tu sors tout droit d'un magazine !

Zevart était apparue derrière les barreaux de la fenêtre, m'avait examiné attentivement, avait disparu pour descendre dans la rue,

Mais où est-ce que vous allez ? moi aussi, je viens ! non, elle ne pouvait pas venir – vous, vous n'êtes pas de Gürine, c'est pas pour les filles – et cette question un peu inattendue qui s'adressait plus à elle-même qu'à moi, – pourquoi je suis une fille ? – eh oui ! rapidement, très rapidement, elle allait même devenir une jolie fille et cesser de nager à demi-nue dans la mer, elle allait mettre un soutien-gorge sur ses seins pareils à des œufs de pigeon, se planter devant le miroir, se contempler, donner à ses épaules un mouvement artistique comme elle avait coutume de le faire sur le toit lorsqu'elle jouait un rôle imaginaire derrière les draps, elle allait tourner au milieu et vaciller pour, soi-disant, donner à voir quelque chose de pudique, de comique, toujours charmeuse, quelque chose qui en même temps n'était pas montrable ; cependant, quelques jours avant, mon père, comme pour nous faire part de quelque chose de très inattendu, à voix si haute et sonore que l'ombre d'Herminé était apparue derrière le rideau, et que la nouvelle, dès son annonce, s'était diffusée dans le quartier, comme si nous allions déménager, commencer une nouvelle vie,

on va aller au « tournoi des œufs »

avait dit mon père, qui avait commencé à fredonner dans sa barbe « le chevrier a une chèvre, elle pond trois œufs par jour… », je crois qu'il ne savait que quelques phrases de cette chanson comique qui provoquait des grimaces de mime sur le visage et que l'on chante pendant leur « tournoi des œufs », à présent réanimé lors de ces réjouissances qu'organisait le comité compatriotique ; l'un de ses membres avait accroché mon père sur le chemin, c'était Bedros agha, l'aîné des Dzarouguian, il avait insisté, il va y avoir le « tournoi des œufs » dans la salle de la Maison du peuple, de sorte qu'il avait été impossible de refuser, il y avait dans sa voix un ton de persuasion destiné à ma mère comme si elle allait objecter, déjà il était passé au refrain « eh ! eh ! eh ! oh mon fiston de chevrier, » je suppose qu'il était très content, « il s'est collé la queue merdeuse sur son cul… », il devait être très content mais il ne voulait pas le montrer, lui qui, c'est ce qui me semblait, fuyait de tels lieux où il allait rencontrer des gens de son pays, tout Gürine et ses quartiers allaient être là-bas, Eurène, Choughoul, Tchakh-tsore, Gharatépé, Khasbar, la plupart étaient des gens capables, ayant réussi qui, à l'occasion de ces réunions paraderaient, étalant leur argent et leur situation, toute une clique de docteurs, Guerguérian, Manoukian, Kassabian, et toute une bande, selon ma mère qui s'étonnait de ce que ces gens-là ne soient pas du tout comme la famille de mon père, qu'ils semblent n'avoir pas subi les massacres, ni souffert, chacun dépensant l'argent à flots et cupide comme un paysan, les Topalian, les Dzarouguian, les Mavisakalian, les Minassian, les Afarian, les Bahadourian qui, s'ils étaient des noms pour moi – comme l'étaient le lin, la soie, les sortes de tissus courants et les modèles de vêtements pour ma mère –, s'étaient, dans la bouche de Seto Emmi, mués en une sorte de haute cour et formaient une classe sujette à la fois au respect et à un certain mépris, cependant, je savais par Seto qu'au pays, les nôtres n'avaient pas été des possédants, mais des manutentionnaires ou des muletiers, ce n'était pas très clair et peut-être, venant de très loin, du plus profond, y avait-il une rancune et même une honte que mon père gardait de cette période, lui qui avait des parents vivant dans les camps éloignés d'Alep, une partie à Beyrouth, Arménouhie, Vartivar, Karlopik avait émigré avec le dernier convoi en Arménie[1]… tous nos remerciements au père Staline ! « ils rentrent, ô pays, tes enfants… »,

1 En 1946-1947, appel au rapatriement en Arménie soviétique : beaucoup d'Arméniens expatriés dans toute la diaspora, attirés par la propagande stalinienne, ont rejoint la RSS d'Arménie ; nombre d'entre eux ont échoué au goulag.

enthousiasmée par les victoires de l'unité David de Sassoun[2] et un peu aussi pour participer à l'effort du prolétariat, pour concrétiser le projet d'une nouvelle Gürine dans la mère-patrie, ainsi qu'allaient le dire leurs compatriotes préparant un compte-rendu ; ô Arménouhie qui, sur la photo, ressemblait tant à ma tante, comme si elle avait conservé une phase de sa beauté légendaire, la même profondeur, la même ouverture de regard de la lignée paternelle, le même modèle d'ossature du visage, un reste du prototype ancien et notamment cette réserve effarouchée devant la lumière que « Photo Gulbenk » avait réussi à saisir, avant sa disparition dans des conditions non élucidées, comme le dit la formule, quand on ne trouve pas d'explications, en ajoutant que tout notre pays a souffert ainsi ; mais Arménouhie ? on dirait qu'elle est quantité négligeable, indigne, sacrifiée, comme ce jour où on l'avait jetée dans le wagon à bestiaux du dernier train de marchandises jusqu'à Alep ou jusqu'en Sibérie ? pourquoi ? pourquoi ? qui sait ? peut-être simplement parce qu'elle avait fait partie de l'ancienne Croix Rouge ou… on peut trouver bien des réponses pour résoudre l'énigme ou tenir pour rien ce qui a eu lieu, comme Trvandah quand, le prenant de très haut, elle s'écriait – ils n'avaient qu'à pas y aller ! qui les a obligés à aller se fourrer dans le cul du Diable ! – aucune explication ne pourrait faire revenir Arménouhie, elle qui regarde, continue à regarder, abandonnée, sans soutien, comme disait ma mère, depuis l'éternité de sa fragile image.

Comme le voile magique qui masque le malheur et le crime, le « tournoi des œufs » avait tout dissimulé, toutes les différences, Gürine n'était plus qu'un, appartenait à tous, où qu'ils soient, unis ou prêts à se rassembler, surtout que Seto et les siens devaient venir nous emmener à cette lointaine Maison du peuple, pas très différente d'un lieu de réunion ordinaire, ce pourquoi mon père était allé chez le coiffeur et, au retour, après avoir bu une gorgée d'alcool dans la boutique de Maritsa, à l'adresse d'Antika, invisible et questionneuse, qui ne voyait dans ces réjouissances qu'une occasion de dépenses – encore un caprice d'homme à la recherche de bamboche, du genre qu'une femme, à tout prix, devrait couper à la racine –, s'était exclamé,

y a du jeu au quartier de monsieur Pharaon !

---

2 Héros légendaire arménien.

donc, vous y allez !

m'avait défié Zevart, sur un ton querelleur, mais pourquoi les filles ne devraient pas y aller ? et ta mère alors ?

celle-ci, déjà prête, attendait au coin de la rue, elle ne répondait aux questions d'Antika que par des hochements de tête ; elle avait sorti de la housse une veste noire toujours bien ajustée sur elle, comme elle disait, sur un corsage blanc avec un col en V qui s'accordait avec son teint de brune, « assorti », comme elle disait, et le noir de ses cheveux enroulés vers le haut, il y avait aussi une jupe qui allait avec tout ça, elle avait repassé ses vêtements, s'était arrangée, au revers de sa veste elle avait mis un petit bijou, une branche d'olivier en simili argent, qu'Elmone avait rapporté de Jérusalem autrefois : elle aimait rénover ou transformer ses vêtements avec des choses infimes, parfois imperceptibles, surtout en de telles occasions quand elle devait se montrer devant des gens qu'elle connaissait à peine, animée, je suppose, d'une impatience fébrile, cependant, elle s'était, depuis longtemps, forgé son opinion sur le goût de ces femmes, plus exactement sur leur mauvais goût, au cours de ses contacts durant des années avec les marchands de la ville, elle s'était convaincue que l'argent n'apporte pas le bon goût, Antika pouvait louer tant qu'elle voulait ses concitoyens d'Erzeroum, elle, elle savait que la Hnazant de son monsieur Vahram était une moins que rien, non, qu'on ne lui parle pas de Loussadzine, elle, c'était différent, on peut pas mettre tout le monde dans le même sac, en tout cas, ils étaient comme nous, étaient passés par les mêmes chemins, il ne pousse pas de rose dans le sable, la graine compte, bien sûr, elle n'en dirait rien à Antika, la pauvre ! rester assise comme un coucou entre ses trois murs et écouter le caquètement de poule affamée de Maritsa… elle sortait un mouchoir de son sac à main pour s'essuyer les lèvres, non, quelle horreur ! elle ne les maquillait jamais, à celui qui l'examinait, qui insistait, elle réagissait – eh quoi ! je suis moche ? – mais l'interlocuteur ne savait comment comprendre ce « moche », donc elle avait repris sa simplicité coutumière, du fond de son tiroir elle avait extrait son petit flacon d'eau de Cologne, très précieux pour elle, s'en était versé quelques gouttes sur le visage, les cheveux, s'était légèrement frotté le creux des coudes, les mains avec ce parfum citronné qui n'était pas aussi capiteux que les parfums rares d'Arevik et n'avait ni leur chaleur violette ni leur insistance ; pas plus ; quoi ! on va à un bal ? il nous manquait plus que la danse ! en tout et pour tout, il s'agit d'un « tournoi d'œufs », soi-disant qu'elle ne voulait pas gâcher le plaisir de mon père ; et ça, c'était sa coquetterie ou son plaisir que personne ne pouvait comprendre, tant les gens, surtout ceux à l'ombre desquels nous vivons et dont l'intimité nous interdit l'intrusion dans leur univers, sont différents de ce qu'on croit,

tenez-vous prêts, on pourra partir rapidement,

avait prévenu Seto,

et voilà que, du bas du quartier, par la rue qui coupe les rails et sur laquelle débouche celle de mademoiselle Voski, comme un voyageur fatigué, soulevant la poussière du sol, la répandant sur les acacias sauvages des bas-côtés, s'avançait la voiture toute rouge ; c'est Avo qui conduisait, à ses côtés l'inévitable Ganantch et, derrière, madame Trvandah, Hapet et Seto Emmi ;

je crois que c'était la première fois qu'ils venaient en famille de notre côté, Antika, Pilibos et sa cour étaient pratiquement sortis de la boutique pour voir cette grosse voiture, avec une sorte de queue, qui klaxonnait comme une trompette annonçant un cortège nuptial et à l'avant s'étalaient les lettres de la marque, du capot s'élançait une statuette, à gauche sur la fine tige de fer, un petit ruban pareil à un oriflamme voletait ; aucun de ceux-là n'avait ainsi tourné dans le quartier en voiture avant ou après son mariage, n'avait vécu l'angoisse de l'admiration et du mystère qui se préparait, leur fiançailles et leur mariage avaient été modestes, d'ailleurs, les femmes ne se faisaient pas faire leur robe de mariée, elles la louaient à de plus riches, et puis qu'est-ce que j'en avais à faire d'une robe blanche dans cette boue, disait ma mère quand la conversation tournait autour de son mariage qui n'avait pas eu lieu, comme celui de Seto et Trvandah, dans l'église des 40 Innocents à Alep, mais sous le drapeau tricolore ; apparemment, ça avait été une période de désordre après laquelle la loi, ou ce que l'on pouvait appeler la loi, s'était stabilisée, puisque ce qui existait était une des formes du chaos, une façon d'insérer la vie dans une normalité provisoire, incertaine, prête à s'échapper à la première secousse ; qui aurait pu imaginer qu'à présent on allait avoir une telle voiture, à savoir une auto convenable, et nous y asseoir ? et, je suppose que ce sentiment s'était transmis aux enfants, s'était bien sûr épanoui, transformé en fierté, puisque, finalement, tout en vivant dans des bidonvilles, ils avaient réussi, ils devaient se montrer pour paraître, briller, étaler tout ça, sinon à quoi bon ?

Avo et Ganantch avaient manifestement sorti la voiture pour la parade, la Dodge, ils disaient « Dadj » avec admiration, on aurait dit qu'ils prenaient plaisir à répéter ce nom ; tous deux avaient revêtu un veston, mis une cravate, ils arboraient de petites moustaches, apparemment poussées depuis peu, prêts pour la drague et néanmoins calmés par la présence des aînés ; quand j'allai ensuite m'asseoir dans la voiture, sur les genoux de Seto, je me retrouvai comme baigné dans l'odeur bon marché dont les deux frères avaient aspergé leur visage, une odeur un peu piquante style *Old Spice* que Djanik et Jeannot utilisaient également, simplement parce que pour les barbiers, c'était une eau de Cologne à la mode, nos coiffeurs du quartier, arméniens ou arabes, faisaient rapidement couler le liquide dans leur paumes avant d'en frotter les joues des clients ; avec aux lèvres une moue rose de mépris, Arevik interdisait formellement à Nechan[3] de l'utiliser, elle le trouvait, ce sont ses mots, trop vulgaire, ce qui, dans mon esprit est resté imprimé comme équivalent de sale, crasseux et, un temps, Nechan s'était plié à cette loi, tandis qu'Avo et Ganantch semblaient si heureux à ce moment-là, peut-être plus que madame Trvandah et Seto Emmi, comme cachés derrière leur sourire, bien sûrs contents qu'avec leur auto, de leur gourbi de la Quarantaine, comme devait le confirmer ma mère, ils soient venus jusqu'ici, ils avaient leurs fils et quels fils ! travaillant jour et nuit, près de Polycarpos, sur la ligne de tramway, ils avaient trouvé un atelier de mécanique, tirant parti de l'exceptionnel développement de ce métier qui avait commencé à prospérer plus rapidement que celui de tailleur, de cordonnier, de bijoutier ou d'entrepreneur, exigeant, ces derniers temps, un capital important que rares étaient ceux qui en disposaient ; et alors ! y a pas de secret là-dedans ! si tu as quatre mains, une seule bouche et une seule poche, si tu manges pas, si tu bois pas, si tu joues pas comme un idiot au baby-foot dans les clubs, si tu travailles bien et puis, si tu es un peu escroc, mordant, fripon, voleur, alors tu réussiras, disait ma mère – avec amertume ? ou dans l'intention de faire la leçon ? – c'est ainsi qu'Avo et Ganantch avaient récupéré une auto, oui, ils étaient très débrouillards, dégourdis, futés, attentifs et réfléchis – pour utiliser quelques-unes des remarques de nos enseignants dans nos bulletins scolaires –, l'un d'entre eux avait-il une créance ? leur avait-on donné

---

3 Personnage de *Signe* (Beledian Krikor, Garnier 2017).

l'auto en échange ? était-elle très abîmée par un accident ? quelque chose comme ça et eux s'étaient jetés à corps perdu dans la réparation, et, tout seuls, ils l'avaient retapée, le tableau de bord, les roues, le rétroviseur, le moteur, tout, mais tout ! ils avaient pratiquement refait une voiture à partir de zéro et, à la fin, ils l'avaient repeinte, de ce rouge « couleur de cul », là, c'était le commentaire de la tante qui n'avait jamais admis le scandale que représentait la présence d'une auto – et quelle auto ! – dans ce lieu proche de la décharge publique, surtout qu'il s'agissait de ceux qui, hier encore, étaient des enfants, Avo, l'autre jour encore, se mettait debout en disant papa, ses épaisses couches entre les jambes, c'est quand même un monde ! aussi longtemps que tu vives, tu vois encore de ces choses ! tu vois même des accoudoirs en cuir, beaux et moelleux, pour qu'ainsi madame Trvandah puisse poser ses coudes, ayant passé à l'un de ses poignets un bracelet en forme de serpent, à l'autre un fin semainier, elle avait piqué une broche au-dessous du col de la veste en lainage mauve trois-quarts, que ma mère avait, bien sûr, cousue et, à cette occasion, en épinglant le tissu, elle n'avait pas pu se retenir de laisser échapper,

eh bien, dis-moi, t'as rien comme poitrine !

et elle avait fourré des morceaux de tissu dans le soutien-gorge, arrangeant ainsi pour la quadragénaire Trvandah une poitrine magnifique, bien découpée, que les filles du quartier auraient presque pu lui envier,

il y a de tout au marché… et tiens-toi droite… !

lui avait-elle presque ordonné et donc, souvent, on aurait dit que lorsque Trvandah se rappelait le conseil de ma mère, elle tentait de remonter ses fesses et de redresser sa colonne vertébrale ; cependant, après cet incident, elle s'était soumise à cette énorme métamorphose avec ses seins et son soutien-gorge provenant du souk Tavil et, à présent, elle pouvait, comme une nouvelle épousée, étaler ainsi son buste opulent et sa belle voix

allez, va !

alors que Ganantch était descendu de voiture, un peu contraint et, comme toujours, avec un sérieux agressif, pour aller ouvrir la porte arrière puisque Seto Emmi n'avait pas réussi à le faire, il poussait du coude, forçait, mais la porte ne cédait pas,

c'est encore une machine neuve, disait-il,

mais est-ce qu'on va tous rentrer là-dedans ?

ma mère ne pouvait que constater que nous étions nombreux et que la voiture n'avait pas la contenance du car conduisant à Biskenté ou à Alley, mais on sentait à l'intérieur une vastitude américaine et une odeur de cuir neuf,

quand y a de la place pour trois, y en a pour quatre,

Seto avait envoyé Hapet devant où il devait s'asseoir entre les genoux de mon père et ceux de Ganantch, le nez presque écrasé contre la vitre, tandis qu'à l'arrière, moi, je sautais sur les genoux de ma mère et de Seto, madame Trvandah s'était retirée d'un côté de la banquette et essayait sans cesse de libérer sa jupe plissée bleu marine à petits carreaux de la pression de Seto et, tout au long du chemin, elle allait non seulement répéter ce mouvement mais aussi se taire, elle en avait fait baver des ronds de chapeau à ma mère lorsque celle-ci lui avait cousu cette jupe, car ses hanches tiraient d'un côté, son ventre de l'autre, le tissu n'était pas adapté, il fallait constamment le repasser pour que les plis restent droits et parallèles, bon sang ! est-ce qu'elle se prend pour une fille de vingt ans à se mettre une telle jupe sur les fesses ! avait râlé ma mère avant de finalement se soumettre, c'était la volonté de la cliente et madame Trvandah appartenait à cette catégorie de gens tatillons qui te faisait payer cher ce qu'elle te donnait et le faisait savoir, s'il n'y avait pas eu Seto, qui donc la regarderait ? durant des années, j'avais entendu cette rengaine de ma mère, un peu pour piquer, un peu aussi pour se venger avec, dans la voix, presque une intonation de tendresse et de familiarité artificielle et en abrégeant son nom d'une syllabe, tandis que ma tante, avec un rictus, ironisait – Trfanda, au sourire de fada !

N'apportez pas d'œufs !

avaient-ils dit, il y aura de tout là-bas,

et nous avions laissé à la maison nos œufs de Pâques teints à l'oignon, d'ailleurs, la veillée était passée depuis une semaine et on aurait dit que ce banquet, en prolongeant la fête, la concluait et nous ouvrait la route de la ville ; le quartier s'éloignait peu à peu, très lentement je dois dire, la rue montait, on pouvait encore voir les gens assemblés devant la boutique de Maritsa (Antika allait dire – mon Dieu, pourquoi ils se sont entassés là-dedans !), devant le mûrier qui n'avait pas changé de place, allez ! passe ta vitesse ! intimait Ganantch qui devait être plus averti et mâchait nerveusement son chewing-gum tandis qu'Avo, le regard parfois sur le rétroviseur, comme pour chercher ou vérifier quelque chose, le pied posé sur l'accélérateur, la bouche ouverte, donnait l'impression de porter la charge, ahanant ; une ascension pleine de fumée, en passant d'abord devant la boutique de Khalil où la côte, dangereuse, dessinait presque une épingle à cheveux près de l'église de Saïdi, obligeant le conducteur à klaxonner ; on n'avait pas encore élargi la route, quant au trottoir, c'était une rangée de pierres qui avait une forme sinueuse et abrupte jusqu'au sommet de la colline, comme la route d'Alley, nous étions ballottés sans cesse de gauche à droite et de droite à gauche, madame Trvandah se signait sur la côte de l'école de la Sagesse après la petite place de Sassin, près de la pompe d'Abou Georges, juste là-bas, en face du réservoir d'essence où la charrette de mon père allait se renverser mais, à présent, la route descendait, plus agréable, pour Ganantch, ça allait tout seul depuis ces lieux où j'étais passé avec Antika, Arevik, mais jamais de cette façon, en famille, protégé, en confiance ; j'avais l'impression que nous pénétrions maintenant dans un environnement comme ceux qui indiquent un événement qui se prépare, une manifestation dont on ne peut donner ni la couleur ni la forme, et les lieux soudain, devenaient étrangers, chaviraient, les murs longeant les petits trottoirs entraient dans les maisons, les palmiers, les pins et les cyprès des cours devenaient peu à peu plus denses et d'un vert plus imprécis, comme si nous nous dirigions vers eux, peut-être étais-je si absorbé par les images changeant sans cesse que Seto, de sa main, éloignait soudain mon doigt de ma bouche,

arrête de te ronger les ongles !

d'abord une petite place plutôt déserte, les services* près de l'arbre central, le cinéma Miami, puis le Dunia, le Roxy scintillants, leurs entrées avec les décors sur affiches ou en bois, les acteurs et les actrices, puis la grande place, les bouchons derrière le tramway, l'église, la mosquée, le Grand théâtre où il arrivait que se rende ma mère, sans mon père, elle trouvait toujours quelqu'un ou elle y allait en groupe quand on apportait des billets, il paraît qu'on les vendait de porte en porte et elle ne pouvait pas ne pas en prendre, ça ne se faisait pas ; c'était comment ton truc de marionnettes ? demandait Antika qui avait une opinion bien arrêtée sur toutes les images mouvantes ou immobiles de ce monde, dont étaient exclues, comme une exception, l'agrandissement du portrait de sa fille et l'image de la Mère de Dieu, là-haut, sur son mur, comme s'il ne s'agissait pas d'images, sa fille et la Vierge la regardant d'en Haut ; ma mère n'avait pas aimé « Le chaos » – que ton monsieur Chahabian fasse seulement quelque chose de nouveau –, elle s'adressait à moi qui, je le suppose, devait passer par une phase de grande admiration envers cet acteur, simplement parce qu'il nous était proche dans la vie ordinaire, courante, et, partant, le théâtre semblait la continuation d'une situation quotidienne durable et non le relais vers une métamorphose exceptionnelle ; je ne suis pas sûr que dans l'appréciation négative de ma mère, l'antipathie qu'elle et Nano éprouvaient envers Araxie Chahabian, tortillant du cul, potelée et ronde, ne jouait pas un rôle ; pour elle, – l'autre est mieux – l'autre, c'était monsieur Araradian (prononcé comme un seul mot) dont peut-être la voix retentissante de ténor l'avait beaucoup impressionnée depuis le jour où elle avait vu « Les anciens dieux » : pendant la guerre, comme elle disait, elle avait pris goût au théâtre, qu'est-ce que tu croyais ! sous prétexte que je ne sais pas bien lire, je ne suis rien ? je n'ai pas de goût ? et, en plaisantant, j'ai plus de goût que ceux qui ont que du bagout !

elle était adossée au siège, un mouchoir blanc sur les lèvres, perdue dans je ne sais quelle époque mais faisant toujours les mêmes gestes, tournant parfois la tête vers l'église, les boutiques vendant des pâtisseries bon marché sur les trottoirs, vers le long bâtiment d'Azarieh où, devant les devantures partiellement closes se poursuivait toujours le commerce de tous les livres d'occasion de la ville et où, plus tard, bravant l'interdiction et la passion de l'image, j'allais passer de longues heures, cherchant dans les tas renversés les volumes rares de lecture jusqu'à ce que tombe l'obscurité et que les caractères deviennent illisibles ; mais ce bâtiment n'existait pas à l'époque, on l'a construit il y a peu et d'ailleurs déjà, en ce temps-là, ils ne pensaient qu'à s'amuser, chanson, danse, théâtre, quant à elle, elle voulait toujours apprendre, elle aspirait à un monde au-dessus de ses connaissances et à y vivre, à participer à un plaisir que lui procuraient les rêves, surtout lorsque ceux-ci étaient descendus sur scène comme un voile de satin, elle avait admiré, éblouie, et avait tenté de raconter ce qui lui semblait irracontable, sous le coup de sa première impression, elle répétait encore, des années plus tard, féérie ! féérie ! et, un jour que nous sortions ensemble de cette même salle du Grand théâtre où j'avais voulu aller, plus que le spectacle que nous venions de voir, elle en évoquait un précédent, elle louait, comme si elle l'avait vue hier, Suzanne Tosbat dans les bras de Ohan Kourkeni, dans un moment de faiblesse, de bonheur, de défaite et la scène grandissait peu à peu dans mon esprit, au cours des années, tous les instants théâtraux similaires allaient se réunir pour s'y fondre, l'actrice allait devenir une star hollywoodienne aussi fascinante que Susan Hayword ; il y a des lieux, des personnages, des moments que nous vivons souvent à travers les yeux de quelqu'un d'autre, dont l'amour, l'estime que nous lui portons viennent colorer ce que l'on voit, nous conduisent à une volupté où nous retrouvons une part d'eux-mêmes, leur peau, leur odeur et leur caresse et c'est cela, vie, illusion, chimère que comme une caresse maternelle, nous cherchons dans tous les plaisirs.

Devant le théâtre, dans la pénombre, il y avait un petit attroupement : ce devait être la queue des spectateurs de cinéma puisque le Grand théâtre était déjà entré dans sa phase de déclin et on y projetait des films de série B, souvent de production égyptienne, devant la foule jaillissant du quartier de Basta et qui, à présent, sous les arcades, traînait autour des marchands de pistaches noirs, attendant le signal de la séance du soir ; en face, le tramway arrivait en brinquebalant, ses phares troubles allumés, tandis qu'Avo klaxonnait sans arrêt, nous devions nous élancer depuis le coin du Capitole, Avo rejetait la tête en arrière, Ganantch, impatient,

mais appuie donc sur le champignon ! t'es sur la pente du Sérail, espèce de…

il avait retenu l'injure sur ses lèvres alors que la voiture ralentissait peu à peu, la grande horloge du Sérail indiquait une heure qui n'était pas la bonne mais une autre qui datait sans doute des jours de l'Indépendance, la voiture s'arrêtait un instant, l'arrière comme collé au sol, comme la chèvre du chevrier, mais ce n'était pas le moment de plaisanter, j'entendais la respiration haletante de Seto, mon père se retournait, ses cheveux étaient parfaitement peignés, un peu en biais, comme dans la photo réalisée par Seto, sans chapeau, c'est pour ça qu'Antika lui avait lancé, tu as encore rajeuni ! ce à quoi il avait répondu, allez, viens, on t'emmène aux œufs ! ; à présent, je ne sais pas s'il ne rêvait pas à son cheval, il lui avait disposé de la paille en abondance, avait demandé à Agop Tedjirian qu'avant de se coucher il aille jeter un coup d'œil à l'animal, peut-être qu'il manquerait d'eau, déjà, depuis midi, il avait déversé devant lui un tas de carottes épluchées en tranches, rouges et blanches qui, d'après lui donnaient des forces à la bête ; celui qui le lui avait conseillé était le soldat français dont il avait gardé la monture un temps, espérant qu'on lui donnerait du travail dans la troupe du Général, jusque-là, il avait appris quelques mots de français du soldat et à chaque fois que Jeannette descendait les escaliers en exhibant ses seins et son ventre et qu'il la rencontrait, de ce petit vocabulaire surgissait soudain un mot sur les lèvres de mon père, empreint d'une étrange couleur due à la légère déformation de la prononciation, tandis qu'à présent son cheval piétinait, pour l'oreille de Nano restée seule et qui allait grommeler, il frappe la porte des enfers, d'ailleurs elle allait être incommodée par l'odeur des déjections ou faire semblant et,

pourvu qu'elle ne se détraq…

ma mère n'avait pas eu le temps de terminer sa phrase, peut-être d'ailleurs regrettait-elle d'avoir parlé, son mouchoir masquait la crispation de ses lèvres, quand la voix de Ganantch l'avait surprise, tant elle le considérait comme un enfant, qui s'adressait à Avo sur un ton condescendant,

je t'avais dit de laisser partir les croulants, ils vont jouer avec des œufs, paraît-il,

un ton pas seulement insolent mais arrogant, aurait dit Arevik, et, à la vérité, le ton était vraiment effronté, aussi vulgaire que celui des voyous du quartier, qui commençaient ainsi leurs disputes – va donc ! moi, tes œufs, je les brise ! – j'entendais malgré moi les jurons mais je ne devais jamais les répéter, un peu comme pour le turc de Ughaper que je devais finalement deviner à moitié sans jamais pouvoir le proférer ; mais Ganantch était vraiment fou, cinglé, répétait ma tante, d'ailleurs, de qui avait-il donc tiré, sinon de sa mère ! si quelqu'un disait non, lui disait oui, s'il disait oui, il fallait que Ganantch dise non, chicaneur, contestataire ! qu'est-ce qu'on aurait dû en attendre ? les jeunes de ce quartier étaient bagarreurs depuis le début, ils se cherchaient querelle, avant, avant le grand incendie, quand le peuple commençait juste à se dévorer ainsi, il s'était entassé avec ses ordures, partout la saleté, partout le désordre, puis, d'un coup, on voit deux têtes brûlées, le fusil à la main, descendre la rue, traînant deux filles avec qui ils s'embrassent à bouche que veux-tu et rentrer à l'église où il y a un baptême ; ils perturbent le baptême, pointent un couteau sur la gorge du curé, allez, marie-nous !

je baise la mère de ton Dieu ! je nique ton baptême ! et allez, la bagarre commence, la police intervient, eh ! heureusement qu'il y avait ces flics ! il semble que cette histoire et d'autres semblables circulaient encore, faisaient partie des rues du bidonville réorganisé après l'incendie et peu à peu revenu à son ancien aspect et dont il semblait que Ganantch avait hérité de l'esprit, mais à présent, dans l'auto,

ta gueule, bon sang !

Seto mettait un terme à la discussion, nous entrions dans le silence qui nous amenait en haut de ce sombre chemin raide, en brinquebalant un peu, en oscillant, sur la hauteur, le clocher de Saint-Signe se dressait dans l'obscurité, autour de lui quelques arbres, des ombres, quelques piétons qui, au sommet de la rue, arrivés au coin du Sérail, s'arrêtaient sous le lampadaire, reprenaient leur souffle, regardaient les quelques services* qui arrivaient en klaxonnant, continuaient leur route, descendaient le quartier du Pharaon, le long de l'enclave juive dont mon père semblait familier, la salle se trouvait dans la rue adjacente, sur la porte, dans un grand cercle, une petite lampe allumée,

ben, c'est donc ça !

sa voix avait chuté de son point le plus haut, comme lorsque, pour chanter « Gueroung[4] », elle prenait la mélodie une quinte plus bas, en hochant la tête de droite à gauche, comme l'oiseau légendaire ; madame Trvandah semblait un peu déçue, elle avait finalement libéré le pan de sa jupe de la pression du genou de Seto, à la main gauche, à mi-hauteur, elle avait un sac assorti à la couleur, à présent plus foncée, de ses chaussures, le regard sur les maisons des alentours à plusieurs étages et aux toits en tuiles, examinant attentivement cet environnement qui lui était aussi inconnu qu'à nous et qui, s'il n'y avait eu la lumière filtrant sous les rideaux et la lampe de façade, allait complètement se fondre dans l'obscurité et dont elle ferait à coup sûr le compte rendu détaillé à ses voisines, créant cette fantasmagorie selon laquelle nous étions allés dans une Amérique, une France ! quelles maisons ! quelles salles ! quels padischahs, et tout ça de chez nous !

---

4 Chant populaire emblématique de la nostalgie du pays natal.

8

Et nous, là, nous devions monter quelques marches, dans un passage étroit, les hommes devant, Seto plus grand que mon père, les femmes derrière avec leur petit sac à main, leurs cheveux ramassés au-dessus de la nuque, Avo et Ganantch s'attardaient dans la voiture, allumaient et éteignaient les phares ; le groupe avait pris quelques foulées d'avance quand Seto, comme piqué par un insecte invisible, faisait un geste brusque, ôtait son long fez à franges noires, le donnait à Ganantch, arrangeait ses cheveux blonds-blancs avec ses deux paumes, une fine couche de brillantine luisait, il apparaissait en tant que Seto Emmi le Blond ; ce geste rapide, presque instantané, était si bizarre que madame Trvandah n'avait pu se retenir,

c'est pas possible !

je ne savais pas exactement ce que ça signifiait, ce que voulait dire la femme ; la trace du fez persistait autour de la tête de Seto, sur sa nuque, et par la suite, dans la salle, chaque fois que j'observais son visage, c'est cette trace du fez, enserrant la tête comme un anneau de métal noir, qui m'apparaissait au premier coup d'œil ; à ce moment-là, il me semblait le voir soudain dans la position d'un voleur ; Seto Emmi avait-il brusquement pris conscience d'avoir fait quelque chose d'inconvenant ou avait-il honte qu'on le prenne pour un Arabe, un Turc ? lui qui, malgré l'insistance répétée de madame Trvandah, malgré que même mon père eut jeté ce couvre-chef, n'en avait pas tenu compte, gardant obstinément cette habitude ; madame Trvandah devait d'ailleurs depuis longtemps être passée de la colère intérieure à la plaisanterie, lorsqu'à cette occasion elle répétait l'adage connu « même si ça vole dans les airs, ça reste quand même une chèvre… », si on lui en laissait l'occasion, elle allait commencer à raconter, pour la millième fois, comment un natif de Gürine et un natif de Derendé, villages voisins, voient quelque chose dans un bois : « l'un dit, c'est un oiseau, l'autre, c'est une chèvre et ainsi de suite… » mais on aurait dit que Seto s'en moquait, le jugement des autres était le moindre de ses soucis, le sien lui suffisait, oui, comme quelques têtes chenues de notre quartier, tel l'oncle Kevork, il continuait à porter ce fez, à le faire nettoyer de temps en temps ; de l'autre côté de la place, près des bijoutiers, il y avait un fabricant de fez, où tous les notables arabes de la ville commandaient leurs tarbouches et dont les étagères du fond et du côté de la boutique étaient pleines de ces coiffes ; quelques-unes d'entre elles étaient posées et exposées sur des têtes de mannequins, ce qui leur donnait l'apparence épouvantable de têtes de guillotinés, rangées là, côte à côte, figées dans une sorte de monticule rouge, tandis que sur le côté de la feutrine, depuis le sommet, pendait, comme du sang séché, la pampille flexible avec laquelle j'aimais tant jouer quand Seto posait sa coiffe sur une chaise ou une table, et, pour m'en éloigner, il m'interpellait,

viens ici, viens !

ce fez fin et long comme une tour faisait, pour moi, partie de l'image de Seto qui était toujours représenté ainsi, et même lorsqu'il ne le portait pas, c'est à croire que je ne m'en apercevais pas ; peut-être notre vision a-t-elle tendance à ne saisir que ce que l'on sait, c'est-à-dire à ne pas considérer cette fiction absurde qu'on appelle la réalité et quand Seto ôtait d'un coup sa coiffe, j'avais l'impression non qu'il apparaissait tel qu'il était mais, au contraire, qu'il se travestissait, que, comme monsieur Chahabian, qu'il mettait une perruque et jouait le rôle du barbu dans « Le coq d'or » (Simonovitch ?) ; moi, contrairement à la peur et au respect scandaleux suscités par ce couvre-chef, peut-être même troublé, je trouvais Seto très beau avec son fez et, plus encore, j'attribuais sa différence intrinsèque à cette coiffe, celle des députés et des ministres, qui leur donnait une élégance séduisante et rustique demeurée de l'époque ottomane lorsqu'ils t'observaient depuis leurs portraits imprimés dans les journaux ou lorsqu'ils daignaient, les jours précédant la campagne électorale, visiter le quartier, descendre jusqu'à l'église, traîner à la salle de réunion, hocher la tête, gagner une renommée et aller à la pêche aux voix, on aurait dit qu'avec cette pampille, ils éloignaient la foule ou les mouches tournant autour de leur tête ;

des années plus tard, lorsque je rappelai cet incident à madame Trvandah, elle s'étonna, est-ce qu'il s'était passé une chose pareille ? non, elle hésita un instant, comme si de tels moments se produisaient afin d'être aussitôt oubliés, puis vivant en soi, cachés, ou en embuscade, une autre voix se manifestait, prête à apporter la contradiction : ton Seto Emmi avait une telle crainte des gros bonnets de la ville ! je lui disais, mon gars, de quoi tu as peur ? sous prétexte qu'ils sont devenus docteurs/ingénieurs, et alors ! qu'est-ce qu'ils étaient donc ? moi aussi, si j'avais été à sa place, j'aurais porté le fez, mis mes bottes aux pieds, j'aurais noué mon châle à la taille, au pays, beaucoup de gens faisaient des châles, ta tante aussi en fabriquait un temps à Alep ; comme ça, j'aurais fait une belle mariée, pour leur rappeler d'où ils venaient, leurs pères aussi portaient une espèce de djellaba comme les Kurdes, s'il m'avait écoutée, est-ce qu'on serait restés par ici ? on serait allés en Amérique, près de son frère, et que je te raconte, tu te rappelles le jour où il a posé son fez sur ta tête ? allez, va ! a-t-il dit, tourne toi, et toi, comme un cheval de moulin, tu as commencé à te promener dans notre jardin, le fez te tombant sur le nez, tu te rappelles pas ? bien sûr, elle rigolait de tout son dentier tandis que moi j'essayais de me remémorer cette image mais je n'en trouvais nulle trace, aucun résidu de sensation, n'en est-il pas ainsi d'ailleurs ? souvent on garde en mémoire des incidents concernant les autres, des bribes de paroles qu'eux-mêmes ont oubliées depuis longtemps et qu'ils ont de la difficulté à considérer comme les leurs, ainsi, notre vie, à tout âge, je ne dirais pas chaque jour, est un présent que nous avons rédigé, une totalité commode, changeante, rincée, sans consistance, dont les parties invisibles se trouvent chez les autres, dans des archives qui, de même, sont un souvenir de ces autres ; et j'avais écarté, involontairement, la plaisanterie de Seto, on aurait dit que madame Trvandah l'avait conservée avec un soin particulier pour me la rappeler à un moment où, inexplicablement, cette feutrine rouge semblait la trace absurde d'un geste troublant.

À présent, nous avions franchi la porte, nous étions agglutinés devant la table du vendeur de billets mais le geste de Seto subsistait dans mon esprit comme un signe inexplicable et j'avais désormais l'impression que nous allions pénétrer dans un lieu qui n'était pas le nôtre mais où on nous permettait d'entrer ; tante Ughaper était sans doute exactement dans cette situation, chaque fois qu'elle se retrouvait face à l'un d'entre nous qui ne parlait pas sa langue, ne la comprenait pas ou feignait de ne pas la comprendre, et à qui elle souriait des yeux, avec une insistance suggestive, et, du corridor jusqu'à la pièce, jusque tard dans la nuit, les murs, les tables, les gens allaient me paraître tantôt oniriques, tantôt pareils à des images fugitives, devant lesquelles on passe, dont on ne sent même pas le contact, comme si on n'avait ni corps ni sensibilité mais que l'on était réduit à un œil, un objectif qui enregistre ce qu'il voit et qui prend corps quand la paupière se ferme ; une illusion d'optique ?

peut-être est-il très simple d'appeler ainsi cette salle dont on avait décoré la partie haute d'un côté à l'autre avec des guirlandes de papier coloré, comme les guirlandes d'Areknaz, les lumières des lustres découpaient des couches d'obscurité dans l'espace, dans l'ombre, elles projetaient sur les murs les photos des héros légendaires en noir et blanc, comme intérieures, regardant par des fenêtres alors que d'un côté de l'espace, dans un brouhaha permanent, se tenaient des hommes moustachus, en costume, parfois avec des mouchoirs glissés dans la pochette, des femmes vêtues et maquillées de façon voyante ; à côté de leurs joues passées au rouge, les visages de madame Trvandah et de ma mère semblaient blafards, hâves, des masques mortuaires ; ni Seto, ni mon père n'avaient vu des visages de connaissance avec qui parler pour que notre entrée passe inaperçue, le président du conseil, Bedros Effendi, en récitant « Oh ! mon fiston de chevrier » sur un ton caressant et réprobateur, se dirigeait vers Seto qu'il saluait, puis vers mon père et les femmes, « bienvenue ! bienvenue ! nos garçons de chevrier », il nous regardait avec de petits yeux qui semblaient ne pas voir, derrière des lunettes noires, une veste et un pantalon d'une couleur indéfinissable, des bras trop longs par rapport au corps, une fine moustache à la mode de ce temps-là au-dessus de lèvres fines, un mouchoir aux bords brodés, dans la pochette ; tout cela dénotait une certaine recherche pour un homme occupé aux affaires de la nation ;

Bedros Effendi était allé recevoir de nouveaux arrivants, il faisait toujours les mêmes gestes, tandis que de l'autre côté, des hommes debout parlaient à voix haute, on aurait dit qu'ils se tournaient vers nous, nous regardaient de loin, ils s'inclinaient les uns vers les autres, je suppose qu'ils disaient, qui sont ces gens ?, et justement, qui étions-nous pour oser venir jusque par ici, des morts de faim, des parents pauvres vêtus de vêtements multicolores ou ravaudés comme des bohémiens, qui surgissent dans des fiançailles, un mariage, un baptême, se montrent, se font remarquer un instant puis se retirent d'un côté, se taisent, essaient de ne pas attirer l'attention ? il semblait qu'il n'était pas possible de disparaître, de trouver un endroit dans cette salle où se rendre invisible – et cette situation devait se répéter sans cesse, plus tard, quand après avoir gravi, un jour, la hauteur de saint Signe, après avoir franchi le seuil du Djemaran, j'allais me retrouver complètement seul et démuni, comme ceux-là l'avaient été un temps, arrachés de leur pays, transférés, déracinés, selon l'expression –, des gens dont la présence inattendue faisait soudain surgir toute l'ordure et le marigot de la Quarantaine, d'Amanos, de Tiroh, des quartiers d'en haut ou d'en bas, avec Seto, Trvandah, Avo, Ganantch, Hapet, ma mère et mon père, je percevais soudain que je n'appartenais pas à ce monde qui s'était rassemblé là et au seuil duquel je me trouvais, dans la position d'un transgresseur de loi, mais encore à l'extérieur ;

dans l'angle de gauche éclairé par le halo des lampes, se trouvait une petite scène devant une piste de danse, puisqu'il s'agissait aussi d'un bal, et, de l'autre côté, des tables ; sur certaines d'entre elles étaient disposées, rangées avec soin, des pyramides d'œufs colorés et je ne sais combien de temps il fallait encore attendre pour que quelque chose se passe, mais déjà avait eu lieu un changement infime et bienvenu, de nouveaux venus étaient arrivés qui nous poussaient involontairement du côté des tables, on pouvait s'en approcher, Ganantch allait être le premier à faire deux pas et soudain, le mouvement commençait, le président arrangeait sa cravate, toussait plusieurs fois, quelques personnes faisaient tinter leur verre avec une cuillère, le tumulte s'éteignait peu à peu, le discours de bienvenue était bref, l'arménien, châtié, s'épiçait par endroits de mots ronds et bariolés de dialecte, qui d'un coup prenait une autre nuance, moins intime, moins savoureuse, peut-être parce que l'orateur voulait donner un ton noble à son discours et faisait un effort pour l'assumer sans y parvenir ; à la fin du discours, les applaudissements à peine démarrés s'interrompaient, on pouvait considérer que le programme avait débuté, c'est-à-dire que des gens apparaissaient, achetaient des œufs multicolores, se retrouvaient quatre par quatre, tournaient autour des tables de billard dont les trous avaient bien sûr été bouchés, mon père et Seto avaient acheté quelques œufs, ils étaient tous deux partenaires contre Ganantch et Avo, tandis que nous, Hapet et moi, devions regarder,

vous, vous êtes encore des mômes,

les femmes, elles, allaient plus loin se trouver des chaises pour s'asseoir et, pour la première fois j'entendais dans la bouche de Seto, allez, venez on va les faire toupiner !

jusque-là, je croyais que ce qu'on appelait le « tournoi des œufs » consistait à cogner des œufs, ce que faisaient les enfants à côté de l'église, dans les rues d'en face, lorsque l'office du dimanche de Pâques venait de se terminer, les plus malins essayaient de rétrécir autant que possible la dépression formée par le pouce et l'index pour affaiblir le coup, d'autres s'efforçaient auparavant d'emplir de cire les œufs colorés vidés de leur contenu, pour garder la coquille résistante, toujours en rêvant de succès, mais la supercherie se dévoilait finalement, l'important n'étant pas le nombre d'œufs brisés, mais la victoire ; lorsque j'allais rendre visite à tous nos parents, mes poches étaient déjà pleines et, ce jour-là, surtout ce jour-là, manger cet œuf, parfois très durci, d'un blanc presque grisé, devenait presque un acte répugnant tant il se dégageait une odeur désagréable de ces œufs souvent trop cuits bien qu'extérieurement jolis ;

à présent, il fallait faire tomber ces œufs, avec un petit élan presque imperceptible, de la surface du tas formé en haut de la table, et les faire rouler s'exprimait, dans le patois de mon père et de Seto, par un mot étrange qu'on ne peut oublier une fois qu'on l'a entendu, qui reste dans la gorge, qui gargouille jusqu'à ce qu'il trouve alentour de quoi condenser une constellation de voix, de couleurs, de plaisir et de jouissance ; le mot n'est pas seulement, comme il le semble, un amas de sons, ni seulement le nom donné aux objets du monde par des hommes ancrés solidement dans leur langue, c'est aussi l'image de la ville et des toits, parfois plats, parfois escarpés, étalés sur leur colline, toujours un peu inclinés, pour que tombe la neige, et c'est dans la direction de ce paysage qu'allaient les œufs, là-bas, ils se rassemblaient près du centre du jeu, l'un d'entre eux devait en heurter un autre, ou plusieurs, un homme, un vrai, devait en tamponner quatre autres ; quand venait leur tour, Seto et mon père gardaient leurs œufs dans leur poing, comme s'ils les durcissaient, les chauffaient, complètement indifférents aux regards de l'entourage et aux conseils des voisins qui s'échangeaient au-dessus de la table, les conseillers étaient toujours nombreux, eux savaient toujours mieux, comme partout dans le jeu de la vie, ceux qui le suivent de loin ou le frôlent sont prêts à prodiguer largement leurs avis ; Seto et mon père tentaient de donner à l'œuf qui devait rouler une trajectoire qui leur semblait indispensable, avec l'assurance propre aux hommes d'expérience et surtout avec une fougue intérieure, on pourrait dire une foi intérieure, un respect scrupuleux des règles du jeu, j'allais dire du rite, ils vérifiaient si l'œuf qui roulait en avait bousculé trois ou quatre autres, de quel côté, par la pointe ou l'assise et il n'était pas difficile de les imaginer debout, à côté de leurs frères, de leurs pères, leur petit bonnet sur la tête, regardant, apprenant le jeu puis, l'ayant oublié, en ayant eu soudain la nostalgie lorsque Bedros Effendi leur avait rappelé,

venez faire toupiner les œufs, c'est pour les filleuls de l'association et les filleuls, c'est pour notre pays, notre peuple,

et, en faisant gonfler sa voix, les yeux au-dessus des lunettes,

qu'est-ce que vous croyiez ! que nous allions laisser ces sauvages détruire nos maisons !

et eux avaient obéi à Bedros Effendi, des hommes forts comme les anciens tu n'en trouveras pas, il n'y en a plus, ils avaient courbé la tête avec le profond respect dû à un homme instruit, et, à présent, dans le jeu, ils scrutaient l'oscillation d'un œuf contre un autre, l'a-t-il touché ? ne l'a-t-il pas touché ? lorsque l'œuf qui roulait, après en avoir touché deux autres, allait se cogner à un troisième, à un quatrième, mon père et Seto riaient comme des gamins, on aurait dit qu'ils se lançaient les miettes incompréhensibles de paroles d'une mélodie entrecoupée « on a amené de Choughl un porc... Oh ! fiston, ils s'amusaient, eh ! eh ! mon chevrier... ». l'un faisait signe de l'œil à l'autre, « ô compère... » les garçons rigolaient, on aurait dit qu'au cours du jeu ils redevenaient ces adolescents qu'ils n'avaient jamais cessé d'être, comme ceux-là, ceux-là,

les nouveaux, Avo et surtout Ganantch, avaient tendance à faire tournoyer les œufs comme s'ils jetaient des assiettes en l'air ou donnaient un coup de raquette à une balle, les œufs allaient fréquemment se cogner aux bords de la table où, soit ils se brisaient, soit, en oscillant, ils s'éloignaient du centre du jeu ; souvent les deux frères criaient, touché ! prétendant l'avoir vu, ils voyaient le choc des œufs, ils comptaient – 1, 2, 3 –, ils s'emportaient, le vacarme s'amplifiait, Seto lançait un regard menaçant puis, comme s'il se rappelait soudain quelque chose, surtout je pense pour calmer l'atmosphère, il appelait Hapet pour qu'il roule un œuf de son côté, lui cédant son tour, puis il m'en mettait un autre dans la main,

fais toupiner ceux-là pour entrer dans le jeu, mais tout doucement,

sa voix, douce comme le fin galet rebondissant à la surface de l'eau de Choughl, la touchant une, deux, trois, quatre fois, ceux-là sont des chiens enragés, et allez ! et allez ! on dirait qu'il y a le feu ;

Ganantch haussait les épaules tandis que l'œuf réchauffé dans ma paume, préparé pour moi, dont je ne voulais pas me séparer, roulait, ralentissait, glissait à peine sur la pente, instable, il tournait sur lui-même, demeurait désespérément loin des autres, sa surface rouge brillait sous les lumières colorées, il vibrait comme une joue pleine d'un rire contenu, ma main avait encore conservé son mouvement comme si je n'avais pas encore lancé l'œuf, comme si je ne l'avais pas touché et qu'il avait roulé tout seul, je n'avais pas bougé de ma place, j'attendais encore qu'il avance un peu, espérant que, comme l'auto de Ganantch, il s'élance à nouveau vers son but alors qu'il était resté immobile, je me rendais compte que, peu à peu, le bruit de fond s'était amplifié, on aurait dit que, comme des yeux, des centaines de voix se précipitaient, allaient s'envoler, en redressant la tête je remarquais le sourire grave mais ironique de Seto, le même sourire qui s'affichait sur son visage au dernier instant de ses prises de vue, doucement ! de la main, il me suggérait de sourire, ce qu'il avait l'habitude de faire avec tous ses clients,

derrière lui ce n'était pas l'agitation de la ville mais une foule qui avait grossi, s'était densifiée, un mélange de noir, de rouge, de vert, de gris remuant, se décomposant, se dispersant, une partie se dirigeait vers le buffet, l'autre se préparait pour le bal, un orchestre avait pris possession de la scène, le violoniste faisait aller et venir l'archet sur les cordes, le percussionniste faisait résonner quelques coups sur son tambour, celui-ci disposé non entre ses hanches et son bras mais entre ses jambes, l'accordéoniste faisait monter et descendre ses doigts sur les touches, essayant sans cesse de redresser la tête ;

près de la piste de danse, ma mère et madame Trvandah, assises devant une table, buvaient un soda en mangeant des pépites et des pistaches, regardaient quelques couples qui déjà s'étaient levés, attendant impatiemment la musique, des hommes tentaient d'inviter des femmes, exclamations – je ne veux pas… la prochaine fois… attends donc un peu ! – le bruit des chaussures se diffusait dans la salle tandis que l'orchestre s'était formé, à présent les musiciens étaient cinq, au centre le kanon*, à droite entre le tambour et le kanon* s'était faufilé le grand oud* et, soudain, démarrant à un signal invisible, un coup de tambour lançait la musique qui n'offrait encore aucune mélodie précise mais un groupe de sons cadencés, hésitants, qui semblaient ne s'être pas encore trouvés, ne formaient pas le début d'un air, il semblait que les joueurs de oud* et de kanon* n'étaient pas entrés dans le jeu, le premier tendait ses cordes, le second essayait de trouver l'emplacement des doigts sur son instrument, les sons arrivaient, se heurtaient, un manque d'harmonie manifeste flottait encore, pendant ce temps, profitant de cette pause, une espèce de serveur répandait de l'eau de ci de là, les femmes reculaient, l'espace s'agrandissait, s'humidifiait, se rafraîchissait, la musique reprenait, dansante, obscure, indécise, à ce moment-là, un air européen très connu, en partie sur un rythme de tango, s'enroulait sur lui-même, quelques couples expérimentés tournaient au bord de la piste à une vitesse redoublée, accéléraient, se transformaient en des figures mouvantes, déformées, des silhouettes rapides, des formes décomposées, à mesure que la musique se développait, vibrait avec fougue, que le rythme devenait plus ardent comme si, dans l'espace, ondoyant, un long, très long ruban reptilien s'enroulait sur lui-même, sautillant, s'éparpillant, les entourait, les contenait, les isolait dans un temps de sourires, de rires, de soupirs, de cris et de plaisir dont nous étions exclus, incapables bien sûr de comprendre ou de goûter ce jeu de la danse ;

les jambes croisées l'une sur l'autre, madame Trvandah rapprochait sans cesse sa tête de ma mère, murmurait des choses, portait la main au bracelet à son poignet, vérifiant son existence, dans le vacarme elle se couvrait une oreille, cependant sa voix était montée et plus le bruit s'intensifiait, plus elle semblait crier, apparemment elle avait commencé à médire des cuisses de l'une, de la taille de l'autre, du décolleté d'une troisième ; c'était la même chose dans nos fêtes de quartier, les femmes assises regardaient ceux qui dansaient comme au spectacle, elles observaient leur façon de se serrer, de rapprocher leurs visages, leurs gestes, faisant toutes sortes de suppositions ; à cet instant, un photographe aurait sûrement immortalisé toutes les expressions humaines, de même que, le lendemain, les langues cancanières allaient mettre au jour de nouveaux liens, de nouveaux scandales, tandis que les danseurs enchaînaient mélodie sur mélodie, changeaient de pied, de rythme, de visages et de cavalières, tantôt se rejoignaient, serrant la main ou la taille de leur partenaire, tantôt se regardaient les yeux dans les yeux, madame Trvandah allait sûrement dire, – mais c'était impossible de l'entendre dans le brouhaha et le remue-ménage –, le lendemain même aux femmes venues pour le café, à l'improviste,

où est-ce que ceux-là ont appris ces danses à la mode alors qu'ils sortent à peine de la merde ?

un silence,

qu'est-ce qu'on a à voir avec ces gens-là ? rien !

si Seto avait été là, il se serait insurgé – ta langue pend encore derrière eux ! – mais il n'était pas dans le coin ; tous les quatre poursuivaient leur jeu plus loin, ils allaient continuer jusqu'à en être fatigués, jusqu'à ce que l'ambiance change ;

avec dans ses doigts, une grosse pépite qu'elle n'avait pas encore portée à ses lèvres, madame Trvandah était silencieuse, essayait de rester silencieuse, réfrénant en elle un désir de chanter qui flottait dans son gosier mais ce n'était pas le lieu pour chanter, c'était le moment des charlestons (je crois que c'est le seul nom de danse qui était parvenu à son oreille et était devenu le symbole de la danse occidentale comme le surréalisme allait être l'équivalent du nouveau et du bizarre) tandis que ma mère cherchait dans son sac quelque chose qui, naturellement, ne s'y trouvait pas, dès le lendemain et toute la semaine elle allait regretter mille fois d'être venue dans un lieu pareil, elle n'était pas contre la danse, il y a amateur de danse et amateur de danse, mais, mais… le monde, ça change et c'est toujours pareil, disait-elle à voix haute, tandis que les couples s'échangeaient comme dans un ballet, ils passaient d'un air à l'autre, haletants, fiévreux, ralentissant parfois le rythme, ils se séparaient puis se rejoignaient à nouveau, ils sautaient sur la piste, fous, déchaînés comme s'ils couraient après quelque chose qui leur échappait sans cesse, n'était-ce pas ça la danse ? une composition de mouvements sans but, une façon de montrer son corps et d'y échapper que celles-ci, Trvandah et ma mère, rendaient pour moi ambiguës, scandaleuses et désirables ;

le son de l'accordéon venait sans cesse couvrir celui du violon, le tambour faisait résonner l'espace, ils semblaient se livrer à un concours, essayer de se distinguer, en s'efforçant de faire de plus en plus de bruit, mais qui s'en souciait ? j'avais l'impression que l'oud* et le kanon*, là-bas, en face, avaient cessé de jouer tant leur crincrin était inaudible, comme si ils avaient été portés et mis là pour la décoration, l'un sans doute un vieux compatriote, l'autre un de ses amis, à savoir encore des parents pauvres des instruments et des musiciens, brillants et de premier ordre, qu'on avait appelés pour qu'il ne soit pas dit qu'on les avait discriminés,

eh ben ! ils ne savent pas ce que c'est que la fatigue !

marmonnait madame Trvandah, puis, plus fort, – et les autres sont encore à la table des œufs ! – oui, Seto et les autres continuaient à faire toupiner les œufs, de plus en plus concentrés à mesure que la musique, la danse, le rythme devenaient bruyants, jusqu'à ce que l'accordéoniste commence à donner des signes de faiblesse, quelques notes lui avaient échappé, le musicien s'essuyait le front de la main gauche, la mélodie se dispersait de même qu'une partie des danseurs, comme si une espèce de pause s'installait ; le serveur réapparaissait, tournait autour de la piste, la carafe à la main, il répandait de l'eau avec sa main, s'approchait de la scène ; il régnait une atmosphère bruyante, des bruits de cuillères, de verres, de conversations flottaient, s'atténuaient, quelqu'un criait, une vague de parfums en décomposition arrivait, mêlée aux odeurs de nourriture et d'œufs, comme si soudain la réalité revenait ; les estomacs criaient famine, autour des tables étaient assis les effendis, leurs épouses, l'une un éventail en carton à la main, l'autre un morceau de pain dans la bouche, on entendait plus loin les exclamations des joueurs d'œufs, Seto, en roulant les mots comme s'il chantait, répétait « l'âne du chevrier… », il semblait invectiver les garçons, la voix de Ganantch, – allez ! il lui a touché le cul, je te dis ! – les cris de – il l'a touché, il l'a pas touché ! – se répandaient d'une table à l'autre et, comme les garçons adossés au mur de l'église, côte à côte, se disputent – il s'est fendu !… je l'ai touché !…c'est à moi –, criaient-ils, là aussi, c'était la même chose ou presque, ils pouvaient jouer et se disputer jusqu'à l'aube ainsi qu'ils le faisaient dans leur pays, pendant des jours et des jours ; lors des fêtes de Pâques, disait Seto, durant ces jours-là, il n'y avait pas de travail dans les champs et les jardins, la neige couvrait les toits, les routes et ceux-là montaient, paraît-il, sur le toit, organisant un jeu sous le soleil frisquet, en bas, les pères s'asseyaient dans la salle du tonir*, ils se suspendaient aux lèvres d'un achough* venu de la ville et resté chez eux, écoutaient pour la millième fois la même chanson, la même histoire, ils ne s'en rassasiaient pas, comme ici aussi, ces danseurs qui vidaient des bouteilles de bières dans leurs verres, y ajoutaient une banane, c'était la mode, attendaient que la mousse baisse un peu, sifflaient leurs verres, une ligne de mousse subsistait sur leurs lèvres, puis ils commençaient à montrer des signes d'ennui, toussaient, bougeaient sur leurs chaises, les anciens tenaient leur verre d'alcool qu'ils savouraient, ils prenaient un morceau de mezzé*, mâchant lentement, en faisaient durer le goût, ils avaient le temps puisqu'ils étaient sortis du désert, ils connaissaient le suc enfermé dans un morceau de tourchi* ou de viande, comme si, pour eux, cela était la sève de la vie qu'ils devaient accueillir en l'absorbant lentement, très lentement ;

le sommeil avait commencé à me gagner quand je remarquai que le serveur était revenu, donnait un verre d'alcool à chaque musicien, le violoniste avait posé son instrument sur ses genoux, le percussionniste son tambour à terre, ils portaient le verre à leurs lèvres où l'alcool blanc lançait un reflet, rendaient le verre au serveur qui était planté là, comme le diacre Hovhan exhortant l'assistance à écouter la parole sainte avec crainte et tremblement, il attendait que le joueur de kanon*, qui, lui, était du genre à siroter sa boisson, vide le sien et cette pause aurait pu durer si l'un des notables, que je n'avais jamais vu, s'étant levé de sa chaise, je croyais qu'il allait prendre la parole, n'avait fait signe au violoniste qui, apparemment, jouait le rôle de chef d'orchestre, – ça ne se fait pas de s'arrêter ainsi, il fallait que la musique reprenne –, l'accordéoniste faisait de nouveau des essais sur son instrument alors que le violoniste lui faisait signe de la tête, l'oud* avait déjà émis quelques notes tandis que le joueur de kanon* changeait de place, essayait d'avancer sa chaise, le violoniste élargissait le cercle vers la gauche et, à ce moment-là, alors que s'ébauchait une forme de mélodie, entrait le tambour, à petits pas légers, et, de la même façon que les doigts d'Aram parvenaient très bien à évoquer une sorte de danse de la perdrix permettant à Benon d'inventer l'espace de la musique, on aurait dit que quelqu'un était déjà entré, avait commencé à esquisser quelques pas de danse dans une pièce vide et, cette fois ci, ce n'était pas du tout la peine que se lèvent les aghas en veston, cravates ou nœuds-pap, les *madames* assises sur les chaises avec leurs châles achetés au souk Tavil, cette fois ci, personne n'allait courir vers la piste, ils étaient assis, peut-être fatigués et le tissage à franges de la musique, comme une broderie ondulée d'oreiller, avait commencé à se diffuser, la rumeur de fond avait presque cessé, je m'étais effondré sur l'accoudoir du fauteuil quand je me suis aperçu que je ne savais pas depuis combien de temps Seto et mon père avaient abandonné le jeu, ils étaient même venus s'installer à notre table avec leur alcool ambré, avaient apporté des mezzés* et écoutaient cet air de danse qui ressemblait à quelque chose venu du pays ; parfois le violon entrait mais il semblait différent, le son était plus fluet, était devenu plus grinçant, je devais apprendre plus tard qu'Élie le Sébastiote, disciple du joueur de kamantché* Roupen, essayait de faire ressembler ses sons à ceux d'un instrument absent, de reproduire ses nuances, tantôt larmoyantes, tantôt métalliques, il s'efforçait de créer cette illusion, lorsque l'oud* et le kanon* faisaient des enjambées sonores par-dessus le tambour, de petites, très petites enjambées, ils esquissaient une sorte d'aller-retour syncopé, si différent, si étrange, Seto levait de temps en temps la tête de son verre, regardait le oud*, puis se tournant vers mon père,

et ton oud* ? qu'est-ce qu'il est devenu ?

mon père était silencieux, les yeux grands ouverts il fixait le plafond, où les lampions avaient projeté des bandes colorées, il me semblait qu'il dormait là les yeux ouverts, où qu'il se trouvât il pouvait s'endormir, la question de Seto restait en suspens, mais c'était une révélation en soi, je n'avais jamais su que mon père avait joué du oud* ou même qu'il savait jouer, à la maison il n'y avait pas même une trace d'instrument, un truc quelconque pendu au mur à côté duquel on place des branches d'olivier, comme celui qui se trouvait dans la chambre d'Arakel et que Benon voulait absolument sinon se procurer, du moins accorder à l'occasion de la fête du quartier, il voulait écouter sa caisse, prêter l'oreille à ses vibrations, comme il aimait à le dire, écouter son souffle, sa respiration puisque pour lui, la musique, comme le temps, était le souffle de Dieu qui avait été donné à l'homme et un peu à lui, et l'instrument de musique avait une âme, bien sûr, – si tu n'en joues pas, il meurt, si ça se trouve, il est mort et tu ne le sais même pas – il poursuivait par un juron à voix basse, Arakel demeurait imperturbable, – ah bon ! c'est toi qui va ramener à la vie ce qui est crevé ? qui tu es toi ? Lazare ou le Christ ? – comme Benon, mon père continuait à se taire ;

les tralalas, les lalalas, les hahas, les youyous formaient une sorte de fond sonore, avec des rythmes changeant sans cesse, un paysage où les flancs des montagnes se superposaient, se fondaient, calmes, ondoyants, se déstructuraient, se défaisaient, l'époux et l'épouse venaient juste d'entrer dans la cour, ils allaient danser face à face, les applaudissements avaient commencé à intensifier leur cadence, lorsque soudain les poutres s'étaient mises à fumer, à s'enflammer, les composants des maisons en bois éclataient, se brisaient, les clous rouillés éclataient comme des balles, se dispersaient, diffusaient le cercle du feu, les lolos, les dildoumbas et les youyous se fondaient en un cri très ancien, multiséculaire dont le récit n'avait gardé qu'un moment de terreur, c'est exactement ainsi qu'avait débuté le vieil incendie qui avait jeté la foule affolée de tous côtés, puis ailleurs, de plus en plus loin ;

tu dors encore,

c'était le souffle de ma mère que je sentais sur mes yeux, elle avait posé sa main sur la mienne, comme quand, sur la scène, Zevart me chatouillait la paume, alors que le rideau n'était pas encore tiré, l'institutrice de maternelle, mademoiselle Takouhie, n'avait pas donné le signal, nous attendions que le pick-up démarre cet air de danse ; ce devait être une photo que monsieur Vahé avait tirée depuis la salle, de sa partie antérieure où, soi-disant déguisés avec des costumes de danse arménienne, des couronnes en papier sur nos têtes, nous formions une ronde, apeurés, intimidés, regardant sans les voir les spectateurs, assis côte à côte, Samson, Dobri, mon père, Mamas, Seto, madame Trvandah, ma mère, Vartouhie, Antika ; Zevart continuait ses taquineries, le rideau était ouvert, non, j'étais réveillé, c'était un air semblable à la mélodie du pick-up ; un air que mon père marmonnait entre ses dents, surtout quand, pour arroser son cheval, comme il disait, il allait vers l'écurie annonçant de loin sa venue ;

à ce moment-là, commença tout doucement à se former dans ma tête l'image que j'avais vue, des années auparavant, ce devait être dans le kemp, il y avait six-sept personnes, le fez sur la tête, chacun avec un instrument à la main, à gauche mon père, à côté ce devait être le mari de ma tante, devant lui, un grand instrument sur les genoux, à droite, je crois, un joueur de oud* aussi mais le reste de la photo avait complètement disparu de mon esprit, c'était un reste des années de bamboche de mon père, en face, assis en position frontale, un homme, un kanon* ou un santour* sur les genoux, j'ai pensé un instant que c'était le même homme, ma mère devait dire par la suite que l'oncle était un bon joueur de kanon*, peut-être juste comme celui qui jouait à présent sur la scène, il était facile de penser que c'était lui, non, ce ne pouvait être lui ; à présent, j'essayais de le dévisager, ses yeux, son menton, une ressemblance ? peut-être était-il boiteux, celui-ci avait posé son instrument sur les genoux, ses pieds reposaient au sol, ses doigts tiraient les cordes métalliques, coupantes, faisant vibrer un son, et, sur la tête, ni chapeau ni fez mais une couronne de cheveux blondasses, autour d'une tonsure ; à présent ce semblait être son tour, on lui laissait le temps de jouer et ces sons grêles, fins mais scintillants, tombaient comme des billes de verre sur une surface brillante semblable à la neige gelée sur les toits à Pâques, peu à peu, une cadence s'était installée, l'oud* était entré là-dessous avec le tambour comme s'ils portaient le rythme, le laissaient sautiller, gambader, jusqu'à ce que soudain la mélodie soit devenue précise, de droite, de gauche, des voix – une autre ! une autre ! – criaient-ils comme s'ils avaient reconnu quelque chose que la musique annonçait, peu à peu le début de l'une des chansons les plus aimées de leur ville prenait forme, s'installait, mon père bougeait sur place, Seto faisait encore un mouvement de la tête comme pour dire, allez ! personne ne quittait sa place, mon père changeait de position, les coudes sur les genoux, la tête pendante, une quasi position de nouveau-né, celle qui allait être la sienne sur son lit de mort, lorsque nous allions prendre conscience que sa respiration rauque s'était interrompue, s'était arrêtée, son corps soudain contracté sur un cri muet ; mais cela, c'était plus tard, beaucoup plus tard, presque dans une autre vie, jusque-là,

la musique avait déjà envahi l'espace, de chaque côté de la salle les phrases musicales se fuyaient, comme pour une surprise préparée à l'avance, autour de la piste de danse, les gens s'étaient séparés en deux lignes, deux rangées de choristes échangeaient, se répondaient, l'une applaudissait lorsque l'autre lançait des mots d'une longueur inattendue et soudain, Seto Emmi enlevait son veston, déboutonnait son col, madame Trvandah n'avait pas eu le temps de lui dire quelque chose que déjà son mari s'était élancé dans l'espace déserté, avait sorti son mouchoir de sa poche arrière, son corps était entré immédiatement dans la cadence comme s'il s'y était déjà abandonné depuis longtemps, qu'il vivait avec elle et, quelques pas en avant, en arrière, en avant puis en arrière, avec la prudence d'un homme qui entame un rite solennel, Seto tournait sur la piste, le violon hésitait parfois dans le cours de la mélodie, s'arrêtait soudain, les voix rauques ou sonores des chanteurs se taisaient, laissaient l'oud* et le kanon* conduire le danseur dans un lieu invisible, où on entendait à peine les applaudissements, les exclamations, les cris, les notables qui répétaient le refrain de la chanson ; à présent, ce n'était pas Seto le photographe qui était là mais quelqu'un qui, avec de petits pas avant et arrière, emmenait les aghas et leurs dames, remuant les bras et les fesses, sur un cercle, en une seule fois il les ramenait à leur lieu d'origine qui ne connaît ni temps ni espace, attristant madame Trvandah et mon père qui n'avait pas du tout le cœur à se lever et à prendre la main du danseur comme le veut la règle de la farandole ; maintenant, Seto tirait un groupe, l'emmenait à sa suite, pénétré d'un rythme tyrannique, presque barbare, qui jaillissait de ses pieds, de ses jambes, d'un élan de son corps même, complexe, prompt et spontané, les épaules mouvantes, libre comme les montagnes paisibles, sa tête à l'aura lumineuse, le regard en avant, en arrière, la main droite dans l'air indiquant le ton et la cadence, retenu, recueilli, presque pensif, lançant de temps en temps un « hey ! », un « hop ! », un « heyhey ! » qui n'est ni un cri ni une exclamation mais ce son tellurique qui flotte, perdu, dans l'effroi et la jouissance des hommes et qui trouve étrangement son chemin vers le souffle de l'esprit, celui du langage articulé ; à chaque coup de tambour retentissaient « Tamzara » et ses youyous, la scène semblait presque irréelle, de celles que l'on ne voit qu'une fois et qui ensuite semble lointaine, presque un épisode redoutable et rédempteur qui se raconte autour du feu ; dans mon sommeil, les vibrations de la mélodie allaient poursuivre leur cours sans fin, Seto avait passé un mouchoir à fleurs autour de son fez, la pampille noire allait et venait dans l'air, voltigeant, un autre mouchoir flottait, s'enroulait comme un drapeau blanc, se déployait et, ce que je peux appeler un rêve allait continuer à défiler sous mes paupières durant des années pendant les moments d'insomnie, à apparaître sous d'autres images enserrant mon front, comme un motif musical en rappelle un autre ou est l'une de ses variantes inversée ou développée, l'un de ses avatars, mais le modèle d'origine roulait comme un œuf rouge de Pâques, tournait sur lui-même, ce jeu flottait, brumeux, sur une toile de fond de cheveux, de nuques, d'yeux et de sons.

Nous nous étions à nouveau entassés dans la voiture, cette fois-ci, c'était Ganantch qui conduisait, d'un « en avant, enfants de la patrie », il avait fait bouger la machine de sa place avec une manivelle, nous foncions dans une rue déserte, eh, doucement ! j'entendais la voix de Seto Emmi tandis que – je vous fais passer par la mer pour que vous voyiez ça – disait Ganantch, apparemment ennuyé par la soirée, peut-être aussi pour montrer quel chauffeur il était, ce devait être sa danse à lui, faire crisser ainsi l'auto dans les virages, ce n'était pas Tamzara mais la vibration infernale du feu, du métal, des boulons grinçants ; ce devait sûrement être une nuit d'avril, le vent arrivait de face, madame Trvandah avait déjà fermé sa vitre mais, de notre côté, surtout par la vitre de Ganantch, parvenait un peu d'air froid, malgré cela, la surface de la mer conservait son éclat sombre, calme, tranquille, tout le monde était là, chacun replié sur son silence, serré, sans l'enthousiasme de l'aller quelques heures auparavant, au large, il y avait les lumières des pêcheurs, des bancs de nuages, un croissant de lune, la route était complètement libre et la voiture pouvait filer à sa vitesse maximum par le boulevard désert au bord duquel des camions semblaient abandonnés ; de toute évidence libéré de toute pression, Ganantch parlait tout seul, personne ne lui répondait, la voiture était bruyante, les portes tremblaient comme lorsqu'un bateau pénètre dans une zone de tempête, j'entendais la respiration sifflante de mon père, l'haleine de Seto dégageait une odeur d'alcool, je me tournais à nouveau vers le rétroviseur de Ganantch où se balançaient une croix et un médaillon de la Vierge et de Jésus enfant passés au même anneau ; je crois que ça avait été le premier acte de madame Trvandah quand les garçons étaient venus avec la voiture, l'avaient garée devant la maison, brillant de tous ses feux, toute rouge, allaient dire les langues cancanières puisque ceux-ci étaient des Rouges, comme la plupart des gens des bidonvilles, et madame Trvandah avait couru dehors, avait lancé des youyous comme pour saluer une fiancée devant les voisins, avait tourné autour de la voiture au point d'exciter leur jalousie, Avo avait ouvert la portière pour que sa mère puisse s'asseoir, allez, conduis ! s'était-il moqué et elle, bien sûr, avait sorti de sa poche ce talisman, cette amulette contre le mauvais œil, l'avait suspendu comme pour baptiser l'auto, avait prié, avait embrassé ses fils, – qui aurait dit que nous aussi aurions une auto ! – elle l'avait répété plusieurs fois ici et là jusqu'à ce que cela passe au rang d'expression « l'Auto rouge de Ganantch[1], laisse le péquenot ébahi ! » et jusqu'à arriver aux oreilles de ma mère, ma mère, là, derrière moi, qui était sur le point de s'endormir, elle qui n'avait pas l'habitude de veiller jusqu'à ces heures tardives, surtout dans ce bruit, dans cette promiscuité,

1 Ganantch veut dire vert.

ensuite, les jours suivants, quand on raconterait notre équipée en détail, grandiose, semblable à un film lors des rencontres de femmes, elle allait dire, – j'ai regretté d'y être allée, comme si on était des moutons, on est déjà parti une fois comme ça du pays vers Mersine et maintenant, qu'est-ce qu'on avait besoin de le faire ? pourquoi est-ce qu'on s'est assis dans cette auto pour se retrouver redevable à Trvandah ? Agop ne pense jamais à ces choses-là, tout ça parce que Seto est son ami, il se mettrait en quatre pour lui, enfin ! ce qui devait arriver est arrivé ! –

près du port, une locomotive étalait presque sa forme sombre dans la rue, Ganantch la contourna tout juste, d'ordinaire il fulminait mais il regardait sans cesse dans le rétroviseur, maman, tu dors pas ! ouais ! comme si c'était possible ! réagissait madame Trvandah, nous montions déjà le long de la ligne de tramway vers le grand panneau signalant le dispensaire du docteur Krikorian d'où soudain surgit la masse molle d'un camion aux phares éteints, Ganantch braqua de justesse à droite, s'érafla sur le mur d'une maison – ça fait rien, demain on la repeindra – mais nous étions déjà passés, à ce moment-là, Seto qui, apparemment, suivait attentivement, a émis une sorte de hoquet, puis « mordieu de... ! »...

je n'avais jamais entendu de sa bouche ce juron de mon père, interrompu, – toi, tu vas nous conduire à une catastrophe ! – tandis que la voiture poursuivait sa course folle, toute secouée, on aurait dit que le rythme de la danse n'avait pas cessé, elle longeait la ligne irrégulière des maisons, des trottoirs que les phares dessinaient dans la nuit, creusant le volume de la colline, révélant parfois un balcon, un arbre, les ombres émiettées des feuilles fuyant sur les murs qui ne m'étaient jamais apparus ainsi, parfois des odeurs de bétail, parfois des gens s'enfuyant, des images qui débouchaient des phares comme des formes surgies des forges de l'enfer et le grommellement de Seto, de nouveau, devenait une sentence dite à haute voix,

tu es le démon ou quoi !

au coin de Photo Vahé, les néons de la pharmacie Radio étaient restés allumés et éclairaient la petite place où, à gauche, la rue où nous devions pénétrer, était noire.

9

Les chemins de Choughl sont ensanglantés, hélas ! hélas !
Seto

Il faisait complètement noir et je doutais avoir vu cette photo dans la maison de ma tante ; la pièce unique ressemblait à tout sauf à une maison, disait ma mère, et, lorsque j'entrais, je devais me pincer le nez, c'était à la fois une chambre, un salon, une salle à manger et un atelier avant que Tathéos y ait déménagé sa boutique ; ensuite c'était devenu une espèce de réserve où toutes sortes de boîtes s'entassaient à côté et sous l'unique lit métallique ; c'est pourquoi je n'avais pu voir cette photo sur l'un de ses murs, à côté du calendrier compatriotique et du drapeau tricolore, peut-être avait-elle été là un temps avant de disparaître sans laisser de traces, mais je ne doutais pas qu'elle eut existé, c'était une réalité indéniable que sa disparition rendait plus rude, cela ne pouvait se confondre avec un quelconque sentiment de « déjà vu » qui ne permet pas toujours de jouir pleinement du moment ou de la scène, mais donne juste un sentiment d'évidence ;

le mari de ma tante avait existé, mais il n'était plus là depuis longtemps, qui sait dans quel bourbier il s'était enfoncé ?

le saligaud !

disait ma mère quand on y faisait allusion, surtout lorsque je lui posais la question – qu'est devenu cet homme ?

l'expression de son visage se durcissait et « saligaud » semblait avoir une signification que je ne percevais pas et qu'elle ne devait naturellement pas m'expliquer, il fallait deviner d'après le ton de sa voix ou son silence et, dans cette situation, reconstituer, à partir de nombreux signes, l'épisode, la séparation de ma tante d'avec cet homme, dont on ne devait jamais prononcer le nom, mis sous le boisseau, comme si le prononcer allait le ramener en ce monde, d'où le frère et la sœur l'avaient banni ; cependant, je savais que le père de Tathéos avait été l'ami le plus intime de mon père et la photo en témoignait au-delà du nécessaire ; ils se seraient trouvés à Port-Saïd et, là-bas, mon père aurait insisté pour que ma tante l'épouse, qu'elle ne reste pas seule, – il paraît que ta tante était très belle, elle avait beaucoup de prétendants, ils avaient eu peur qu'un Arabe vienne l'enlever –, toujours cette peur du rapt, et mon père était dans son rôle, celui du dernier frère qui transmet sa sœur à l'époux qu'il a choisi et n'était-ce pas le point de départ de la photo ? un jour de noce, Port-Saïd, l'époux musicien ? un assemblage idéal, peut-être trop bien arrangé ;

non, ta tante n'avait pas eu de chance, avec son mari et son fils, chacun dans son genre, le mari jouait de l'oud*, à droite, à gauche, oud* ou kanon*, je ne sais pas exactement, puis il a agrandi son affaire, on l'appelait dans les cafés, les casinos, les bistrots mais il paraît qu'il jouait très bien, ton père disait que c'était un très bon musicien, est-ce que je l'ai entendu jouer ? par quel hasard ? moi, je l'ai pas entendu, est-ce qu'il est convenable pour une femme d'aller dans ce genre d'endroit ? les gens de Gürine du camp d'Alep disaient que ta tante ne voulait pas se marier mais, à cette époque, il n'y avait pas de fille célibataire, je vais te dire quelque chose mais ne le répète pas, ta tante avait un amoureux au pays, on l'avait emmené comme soldat à la guerre, c'est ce qu'on disait, on les emmenait, on les tuait en chemin, – ça n'a pas été le cas pour mes oncles maternels, on avait besoin d'eux sur le front d'Izmir et, par la suite, ils s'étaient cachés, d'ailleurs n'était-ce pas le souci de chacun, si tu trouves un endroit, reste-z-y –, finalement on avait emmené ta tante à Alep, elle avait attendu, elle avait cru qu'un jour ou l'autre son amoureux ou son fiancé réapparaîtrait, il y avait beaucoup de cas comme ça, si elle se mariait et que l'autre arrive, qu'est-ce qui se passerait ? la honte ; d'ailleurs c'était arrivé, une femme avait perdu son mari lors de la déportation, puis elle s'était remariée et voilà qu'on avait entendu parler du mari et, un jour, cet homme était venu frapper à la porte, qu'est-ce qu'ils allaient faire ? divorcer de l'un, se jeter au cou de l'autre ? des choses comme ça, les dirigeants, les curés n'y comprenaient rien, – à cette époque, c'était Garoyan –, l'évêque avait réfléchi, réfléchi, que dire ? l'un était l'ancien, l'autre le nouveau : « prenez garde à ne pas ridiculiser la nation » ! et voilà tout ! et combien d'autres ! comme si nous, nous étions un peuple pur, balivernes ! et il le sait bien ! nous sommes ni plus ni moins que les autres, ce microcosme où se mêlent Arabes, Chiites, Syriens, Druses, Kurdes ;

c'est comme ça ! apporte-moi un verre d'eau que je me lève pas,

elle faisait la grimace, l'eau devait avoir un goût de plomb, ce n'était pas étonnant, la cruche allait du robinet à la glacière, l'odeur de nourriture se communiquait à l'eau potable ; la dernière petite cruche en terre cuite s'était cassée peu avant la mort de mon père, Antika s'était signée – que crève l'œil de Satan ! – elle y avait vu un mauvais présage et d'ailleurs, presque aussitôt la gorge de mon père s'était obstruée, aucun liquide ne passait ou très difficilement, à petites gorgées, jadis, quand il levait haut cette cruche, au-dessus de ses yeux, le jet d'eau quasi suspendu dans l'air semblait presque jaillir de la lumière pour pétiller dans sa bouche, la réjouir jusqu'à satiété, mais la cruche avait disparu ; une fois cassée, nous ne l'avions pas remplacée, elle semblait un objet très ancien que mon père avait acheté quelque part au cours de ses vagabondages et apporté ici, il lui attribuait la faculté de filtrer l'eau, de garder glacée l'eau pétillante ; le col étroit, le reste du corps déjà vert à cause de l'humidité, devenu friable, c'était un vestige de ces temps qui m'étaient inconnus comme le poignard à lame recourbée, les fez, les châles multicolores qu'on mettait à la taille, le chalvar* et les bottes, qui après avoir été conservés un temps dans la malle, s'étaient perdus ;

si tu en crois Trvandah, ta tante est restée dans la maison d'un Kurde durant l'exode à Sivas, il y en a beaucoup qui ont été les femmes des Kurdes, il faut que tu le saches, elles y allaient contraintes et forcées, mais quand les Turcs se sont retirés, les Anglais sont venus, les ont rassemblées et amenées à Alep et ton père a tenu absolument à ce qu'elle se marie, tout cela pour mettre fin au scandale, tu vois où la roue de la fortune s'est arrêtée, à Alep…

ah bon !

Port-Saïd, c'est plus tard, ta tante avait entendu dire que ton père était par-là, elle est allée jusqu'en Égypte, d'ailleurs beaucoup de gens avaient atteint Sour, Saïda, Jaffa, jusqu'en Palestine, avec toutes les variétés de désordres, de misère, de maladies ; jusqu'à ce que la route de l'Arménie soit ouverte, les kemps de ces endroits-là étaient pleins et ton père est allé jusqu'en Arabie, je ne sais pas exactement, il racontait rien, comme s'il avait un secret ; d'ailleurs, ils s'étaient mariés dans le kemp de Port-Saïd, à cette époque il n'y avait ni lois ni règles, ni fiançailles : il te plaît, allez ! s'il te plaisait pas, on te forçait, c'était mieux que de rester seule, au moins ils avaient quatre mains, d'après moi, ta tante avait gardé une dent contre ton père, il paraît qu'elle disait, tu m'as mariée de force,

mais pas devant ma mère, à les voir de l'extérieur, frère et sœur étaient en très bons termes, oui, auprès de mon père, ma tante était toujours réservée, toujours correcte et convenable, même quand elle percevait son haleine chargée d'alcool, elle ne se permettait pas de faire une réflexion, du moins extérieurement,

elle ne cessait de parler contre moi, ma très chère belle-sœur, et tout ça sous prétexte que ton père s'était marié sans son autorisation, mais ça, c'était faux, du théâtre, tu parles ! en me mordant c'est lui qu'elle mordait, ça c'est sûr, c'était une femme amère, elle s'était aigrie, mais à sa place, qu'est-ce que tu aurais fait ? que Dieu éloigne une telle calamité de la tête de chacun ! et son fils ! au moins son fils a trouvé une femme, une épouse qui s'occupe de sa nourriture, de ses vêtements, on dit que c'est un joueur, tu parles d'une affaire ! c'est bien tout ce qu'il sait faire ! au début, il faisait des chemises, il s'en est pas sorti, ta tante l'a mis à la boutique et lui est allé ouvrir des salles de jeu, c'était interdit, si le gouvernement l'avait attrapé, il l'aurait jeté en taule et lui, il aurait crevé comme son père, non, son père est mort de faim dans la rue,

dans la rue ?

peut-être à l'asile, est-ce si différent ? c'est la même chose, tous les hommes ensemble, dans le même poulailler, comme dans le kemp, élève tes gosses, surveille-les, marie-les et à la fin, va à l'hospice, l'œil sur le chemin, ils vont venir ou pas ? mais qu'est-ce que son fils devait faire ? il était tout petit à l'époque et il n'a pas grandi sous la coupe de ta tante, elle, elle courait au travail et lui, toute la journée, seul dans les rues, il suivait toutes sortes de sales types ; ton père, Seto, qu'est-ce qu'ils ont pas fait pour prendre le gamin en main, le faire rentrer dans le droit chemin, qu'il apprenne un métier, soi-disant il a appris la chemiserie, d'abord il vendait des boutons sur éventaire puis avec une charrette, il a acheté une machine à coudre, il travaillait à la maison, tu sais, dans cette chambre minuscule, mais il restait pas en place, d'ailleurs, qu'est-ce qu'on lui donnait pour ce travail ? au début, dimanches et jours de fête, ils jouaient aux cartes dans la maison, ton père aussi, ton père avec eux, il était jamais en reste, c'est pour ça qu'on a jamais eu de « chez nous », je lui disais, Hagop ! achetons un terrain, construisons une maison, non, il avait pas du tout l'esprit à ça, ou la maison lui plaisait pas ou le terrain était trop petit, prétextes ! enfin ! ensuite, peu à peu, Tathéos a laissé tomber le travail, la Singer était encore neuve et voilà ! il est devenu joueur, il a ouvert une maison de jeux clandestins, il mettait quelqu'un au bout de la rue pour faire le guet et pour pouvoir se tailler dès l'arrivée de la police, mais il y avait des indics et en premier lieu les perdants ou leurs femmes, beaucoup ont fait faillite, se sont retrouvés sans le sou, sans rien, il y en avait même qui voulaient le descendre, ce Tathéos, combien de fois ton père est allé faire le médiateur, allez ! c'est un garçon de chez nous, ta tante faisait tourner la boutique, les créanciers venaient la voir et elle fermait tout, à son idée pour qu'on ne sache rien, mais tout a été étalé au grand jour, ils ont à peine pu sortir la charrette de la boutique, ta tante s'est enfuie, puis elle est morte, tu es déjà allé dans cette boutique, non ? tu la connais, c'est un trou à rats, mais, à ses yeux, dire que c'était une perle, c'est peu dire ! c'était « Marvels »*, les magasins des* Chirinian, des Kasatli ; quand elle en est partie elle n'avait pas un sou en poche, j'allais dire, c'est bien fait, mais on ne dit pas du mal des morts.

Le saligaud,

je savais qu'elle avait quelque chose au bout de la langue,

du jour au lendemain, ta tante a mis son mari à la porte, il était plus grand qu'elle, un peu enveloppé, gros et gras, qu'est-ce que tu croyais ! il paraît que ça avait été un bel homme en son temps,

je ne sais pas dans quelle mesure tout cela correspondait à ce que j'avais vu, dans quelle mesure je pouvais échapper aux défauts d'une description d'ensemble, est-ce que ces mots ne venaient pas d'une impression que condensait l'évolution des années, réduisant l'homme à une sorte de prototype ? par la suite, il avait dû maigrir peu à peu, en passant par la maladie, les stades de l'infection, une lente désagrégation, ses pieds et sa bouche sentaient, paraît-il,

et ça,

coupé de son contexte, le mot s'alourdissait de non-dits, les masquant en même temps, peut-être sans le vouloir, cette putréfaction, c'est une telle chose qu'on ne peut les garder à la maison, un jour, les docteurs lui ont coupé une jambe, au genou, ils ont dit – il pourrit –, on l'a laissé des mois à l'hôpital, à Feren-Chebbek, je ne suis pas allée le voir, ton père n'a pas voulu, d'ailleurs ta tante n'y allait pas non plus, elle disait – je n'ai pas le temps –, elle travaillait chez des Français, faisait la lessive, le ménage, la cuisine et le soir, elle apportait à manger dans une gamelle pour son fils qui devait avoir six-sept ans,

la blessure ne s'était pas refermée, sur ce, le docteur Sayélian aurait dit – madame Martha, écarte les lits –, toujours la même histoire, une séparation prématurée d'avec l'homme ou un retour au célibat, à un impossible célibat qu'elle, comme ses semblables, semblait avoir accepté si facilement, s'y réfugiant même parfois,

et ta tante l'a chassé, si tu veux, c'est ça l'histoire,

mais n'était-ce pas ma mère qui disait qu'un jour qu'ils passaient, mari et femme, par Mar Mkhayel, peut-être Khalil Bedevi, ce qui n'est bien sûr pas la même chose, je ne sais si le lieu avait quelque importance dans son esprit, ils avaient entendu soudain quelqu'un crier au loin, Agop ! Agop ! elle, elle voulait se retourner, voir qui appelait ainsi, mais mon père, menaçant, – va ton chemin ! – il avait reconnu la voix,

était-ce un dernier cri désespéré que leur lançait cette voix qui essayait de s'accrocher et cédait devant le récit ?

il parait que, de temps à autre, il venait, essayait de nouveau de s'accrocher mais ta tante, un bâton à la main, avait agressé l'estropié.

peut-être marchait-il avec des béquilles au bord de la route, il tentait de porter ce corps qui sans doute avait dû s'alourdir car, lorsqu'il trouvait une chaise, il faisait un effort pour s'asseoir comme Sarkis le Volontaire qui avait laissé son pied sur le champ de bataille d'Arara et qui, depuis la maison de vieux d'en bas, montait les escaliers jusqu'à la boutique d'Hagop le Nain, s'arrêtait devant les maisons, arrangeait ses béquilles, reposait son pied valide sur le sol, blaguait avec les épouses, les femmes, refusait quand on l'invitait à entrer, peut-être se méfiait-il de ces visages souriants ou alors de lui-même ? d'ailleurs, n'était-ce pas le plus terrible, cette crainte de soi-même et Sarkis le Volontaire préférait s'asseoir sur la chaise du ravaudeur et regarder le va-et-vient des charrettes, des vendeurs à la sauvette, des écoliers et des inévitables femmes qui devenaient de plus en plus effrontées, de plus en plus aguichantes ;

D'après Trvandah, Martha aurait dû prendre quelqu'un d'autre, c'était toujours une jolie femme, elle avait un peu grossi mais restait gracieuse, elle aurait dû attendre sept ans que la prélature lui en donne l'autorisation et sans doute l'aurait-elle donnée, pour cause de maladie, mais ta tante n'a pas voulu et elle avait raison, aurait-elle dû prendre un amant ? misère ! misère ! mais en avait-elle un ? qui en aurait voulu ? les hommes sont pas si bêtes et, que je te dise une chose, ils sont tous les mêmes, bonnet blanc et blanc bonnet,

elle n'entrait pas dans les détails, je ne pouvais lui demander ce qu'elle savait réellement de toutes ces choses, elle-même, avait-elle rencontré quelqu'un d'autre que mon père ? j'étais toujours devant la même frontière, il y avait une autre vie au-delà de l'intimité, celle qui était vécue avec d'autres et que les paroles ne pouvaient que suggérer, seulement de loin, de très loin, non en raison de leur illégitimité originelle mais du fait même qu'elles s'adressaient à des gens totalement inconnus de moi ; et, à présent, elle pinçait les lèvres comme ce soir où Arevik avait essayé de piéger mademoiselle Anna qui, apparemment horrifiée et un peu hystérique, avait dit quelques instants auparavant, – oh ! je sais ce qu'ils veulent tous, coucher avec toi, entrer en toi, déverser ce qu'ils ont dans le ventre puis se détourner et commencer à ronfler et toi, il te reste plus qu'à compter les ombres au plafond – ; toutes avaient ri d'un rire impudique et maintenant, elle qui, à ce moment-là, s'était moquée puis réfugiée dans un monologue parallèle et silencieux, se taisait ;

sous prétexte que nous sommes des femmes, on ne peut rien faire seules ? enfin, bon an mal an, la tante s'était retrouvée responsable de Tathéos, d'ailleurs, heureusement qu'elle n'en avait gardé qu'un, un autre était en route, elle a fait tant et si bien qu'elle s'en est débarrassée, elle aurait dit au docteur Sayélian, jamais plus jamais ! et oui, elle l'a fait passer, un garçon suffisait, on aurait envoyé les autres à l'orphelinat, le Nid d'oiseaux, si leur association distribuait de l'argent, certains n'hésitaient pas à tendre la main, ils le prenaient même s'il n'en avaient pas besoin, il y a beaucoup de gens cupides, ta tante n'était pas de cette espèce, sache-le, vraiment ce côté-là me plaisait, elle avait de la dignité, une dame du pays, elle restait une dame même quand elle était dans la mouise, un peu aussi qu'elle se prenait pas pour de la merde, comme s'ils avaient été les padischahs de Gürine, à la fin de la déportation, il n'y avait ni padischahs ni esclaves, nous étions devenus tous pareils, c'est pas vrai ?

et cet homme…

oh toi aussi ! tu n'as que ça en tête, c'était une espèce de coureur lubrique, il avait une maîtresse Dieu sait où, tu sais ce qu'est une maîtresse, oui, une maîtresse, il rentrait tard tous les jours… quand il rentrait, il se levait à midi, ta tante disait – il trouve toujours des excuses, d'ailleurs qu'est-ce qu'on peut attendre des musicots ! – ton père aussi un temps en tâtait, il chantait bien des chants turcs, d'après ta tante, s'il avait chanté au lieu de faire le charretier, il en aurait gagné des sous, mais où avait-il appris ? je lui ai pas demandé, qu'est-ce que j'en avais à faire ! nous on parlait turc, mais on avait de l'honneur ;

nous étions déjà fiancés et, un jour, qu'est-ce que je vois ! c'était le jour de la fête de mon oncle Kevork, je n'oublierai jamais, il avait apporté de l'alcool et son oud*, comme s'il allait en jouer, ce jour-là, j'ai senti qu'il allait y avoir beaucoup de problèmes et j'ai pris les devants, dès que ton père a vu ton oncle, il m'a fait un signe, et moi, je ne comprenais pas, il est allé poser l'oud* dans la pièce voisine,

tu sais que la famille de mon oncle était devenue catholique, l'évêque leur avait donné un grand terrain pour construire une maison, eux ils sont pas devenus des moins que rien comme nous, qu'est-ce que ça a changé ? qu'est-ce que ça aurait changé si la défunte Vergine était devenue catholique ? comme si nous étions les seuls vrais Arméniens, qu'est-ce que ça nous a rapporté ? rien, tu parles ! il faut pas trop écouter ceux qui disent –moi, je suis un Arménien ! – tous autant qu'ils sont, tout ce qui les intéresse avant tout, c'est ce qu'il y a dans leurs poches, le cœur vient après, nous qui parlions turc au pays, nous étions donc pas arméniens ? et comment ! mes oncles avaient mis ce monsieur Khoren dans leur poche et lui, il devait leur apprendre la danse arménienne, quelle danse arménienne ? va te faire voir ! qui tu es toi ! c'est à Ughaper qu'il faut demander ce qu'est la danse arménienne, elle, elle la dansait mieux que la Marie de Hadjarah, mais ça, c'était il y a longtemps…

bref, c'est pas le moment de jouer du oud*, mon oncle veut pas qu'on danse et qu'on saute, ma mère venait juste de mourir, nous étions en deuil, est-ce que c'était le moment de danser et de chanter ? notre famille a eu son lot de morts, va voir que mon oncle n'ouvre pas la bouche, Ughaper, elle, absente, d'ailleurs, c'était une sorte de sourde-muette, je me suis dit, c'est maintenant que je dois tenir les rênes de cet homme, après ce sera trop tard, voyons s'il veut l'oud* ou la femme, le rire la saisit soudain, elle se donne un air supérieur et son regard mi-clos l'emmène loin, très loin, vers l'image de mon père jouant du oud*, en ces années-là, lorsque former une mélodie, la faire résonner sous ses doigts, devait être une jouissance pour celui qui allait devenir mon père, un homme si différent de celui qui, par la suite, avait soit un juron, soit un bout de mélodie à la bouche qu'il allait siffler et ça, debout à côté de son cheval et donc, elle,

oui, c'est vrai que j'étais coriace, celui qui me prend, il me veut ou non ? aussi, je n'oublierai jamais, je l'ai pris à part, il y avait un jardin devant la maison de mon oncle, je suis allée sous l'arbre, j'ai dit, écoute Agop, – maintenant le rire me prend au souvenir de cette histoire du défunt –, si tu joues du oud*, tu poursuis ton chemin, et tu me verras plus, au début, ton père ne comprenait rien à ce que je disais, on aurait dit qu'il allait se mettre en colère, il a rougi, à cette époque il était jeune, 23-24 ans, moi d'ailleurs j'étais rentrée, à l'époque on pouvait pas rester longtemps seuls, on aurait parlé de tous côtés, j'avais encore 16 ans, voilà ce qui s'est passé, l'oud* a disparu, je sais pas à qui il l'a donné, je lui ai jamais demandé mais l'oud est parti, la boisson est restée jusqu'à ce qu'elle l'emporte, regarde Seto aussi buvait, l'homme viril est comme ça, mais il n'atteint pas à l'ivresse, comme l'autre, l'homme de ta tante, quand il arrivait à la maison, la bouche puant la charogne et se mettait ensuite au lit ;

les hommes de chez nous ne connaissent rien aux femmes, il s'agit pas de leur parler, de les regarder mais de lire dans leur cœur, on dirait que nous n'avons pas d'âme, que nous ne sommes rien, quoi qu'ils en disent, ta tante, elle, savait ce qu'elle voulait, elle était dure, entêtée, elle manquait pas de cervelle comme ta Trvandah ; un jour, retourne la voir, la pauvre, il y a tant d'années que tu y es pas allé, moi, j'y mets plus les pieds depuis la mort de ta tante, qu'est-ce que j'irais faire à la Quarantaine ? d'ailleurs j'y allais pas beaucoup, mais si tu trouves cette photo, apporte-la moi que je la voie moi aussi, ça me travaille, pour ton père, Seto devait l'avoir, si ce n'est pas lui le photographe, ce devait être un de ses confrères, à cette époque, il y avait beaucoup de photographes arméniens à Bourdj, d'après moi, le meilleur était Gulbenk, il y en avait aussi un autre, mais d'un très haut niveau, il était de Rodosto, il s'appelait Abel, on disait le studio Abel, un jour ma mère nous y a amenées pour nous faire photographier, je pense qu'à ce moment-là elle savait qu'il se passait quelque chose en elle mais elle nous le cachait ; l'homme a parlé et parlé longuement avec ma mère et nous, les deux sœurs, nous attendions à part, nous ne comprenions pas ce qui se passait, tu vois pas qu'il avait travaillé avec Djelal Bey[1], qu'il avait sauvé des orphelins et c'est depuis ce temps qu'il faisait des photos et ça à Deir-Zor, mais on est loin de Gulbenk et d'Abel, c'était vraiment très chic ! quant à Seto, çà, il ne pouvait pas se mesurer à eux ; quand tu étais petit, il disait toujours, ma chère, faisons un photographe de ce garçon, s'il avait pu il t'aurait emmené avec lui, il a dit qu'il aille auprès de Gulbenk durant l'été et toi, à cette époque, tu faisais des dessins, je ne sais pas ce qu'ils sont devenus, mais moi, je n'ai pas voulu, regarde, il a enlevé Avo et Ganantch du Mesrob[2], il les a mis à la mécanique et puis, un jour, après les événements, ils ont pris cette auto, sont partis, sur la route d'Alley ils ont eu un accident et sont morts tous les deux, tu sais bien tout cela.

1 Djelal Bey (?-1919) : personnage ambigu, nommé successivement préfet à Alep, Konya puis Adana, il fut réputé pour avoir fait preuve de « modération » durant le génocide arménien. Par la suite, il fut un fervent soutien de Mustapha Kemal.

2 Lycée catholique de Beyrouth.

10

Lorsque j'ai quitté ce monde
Hélas ! Hélas !
SETO

Cela, qui pourrait l'oublier ? ils avaient tant pleuré, toute la Quarantaine s'était dressée, la nouvelle nous était parvenue par un coup de téléphone chez Tchopour, on avait appelé – madame Hrip, madame Hripsimé ! –, mais ma mère n'était pas à la maison, d'ailleurs, monsieur Tchopour avait demandé – qu'est-ce qu'il faut lui dire ? dites-le moi, je transmettrai – il avait laissé son épicerie et était venu en toute hâte jusqu'à notre rue, mais déjà sur le chemin, on l'avait arrêté plusieurs fois, on l'avait interrogé, – qu'est-ce qu'il y a ? qu'est-ce qui s'est passé ? – et lui, qui n'avait pas sa langue dans sa poche, avait raconté tout simplement ce qu'il savait et chacun, en disant – mon Dieu ! mon Dieu ! – avait bien sûr commencé à faire des suppositions, à reformer l'événement alors que monsieur Tchopour, dans la boutique de Maritsa où il n'avait pas l'habitude d'entrer – ils étaient presque concurrents –, peut-être Pilibos n'avait pas encore le téléphone, qu'il considérait comme une dépense superflue et donc, monsieur Tchopour, vu la circonstance exceptionnelle, était entré et avait trouvé là mon père, – on a téléphoné de chez Seto, les garçons ont eu un accident – et mon père avait avalé son verre, sans aucun doute,

dans des moments comme ceux-là, ça lui était indispensable, il fallait qu'il boive, le frein lui permettant de garder une certaine mesure avait soudain lâché, il semblait qu'il supporterait mieux la douleur d'entendre une telle nouvelle avec ça, et, sans attendre ma mère, il était descendu à la Quarantaine, ma tante avait confirmé la nouvelle mais n'avait pas eu le cœur d'aller là-bas, elle allait dire – mon cœur se brise en mille morceaux –, c'est simple, dans de telles situations, elle préférait ne pas sortir de chez elle, pour l'enterrement, elle fermerait sa boutique mais elle n'irait pas au cimetière, – nous, on a vu de telles choses, de telles choses et ça… – ma tante voulait se ménager en invoquant une grande, une très grande douleur, c'est une fontaine de prétextes, disait ma mère, comme si elle portait la douleur du monde sur les épaules, enfin ! elle a peur que le mort l'emporte avec lui, mais si elle meurt, qui va la pleurer ? je sais pas, sa pimbêche de bru arabe ?

ainsi mon père était allé tout droit chez eux, dès le seuil de la porte, il avait entendu les lamentations, il était entré, avait trouvé Seto, on lui avait fait de la place, il s'était assis à côté de lui et, à ce moment-là, ma mère était arrivée, on ne m'avait pas laissé y aller, il fallait que je garde la maison comme s'il y avait quelque chose à garder, je savais qu'ils ne voulaient pas que je vois tout ça, ça, c'était leur affaires, leur chagrin ; la côte d'Alley était terriblement dangereuse, encore plus dangereuse maintenant pour eux que celle qui allait d'Albistan jusqu'aux rives de l'Euphrate, là où ils avaient cru avoir payé leur tribut, pouvoir reprendre leur souffle, profiter de leurs gains et de leurs fils, les regarder grandir, écouter leurs paroles, écouter surtout ce qu'ils ne disaient pas, ce qui grandissait sur le visage toujours agité de Ganantch qui ne savait pas parler normalement, il fallait toujours qu'il crie ou qu'il jure, il n'avait pas le caractère d'Avo, d'ailleurs il paraît que c'était lui qui conduisait, il y avait eu des témoins, l'auto était venue d'en haut, s'était écrasée d'un coup sur l'arbre au bord de la route, quand on appuie comme ça sur l'accélérateur, on ne voit pas qui arrive en face, il a dû se passer quelque chose comme ça, qui connaissait les détails de l'accident ? l'événement s'était produit en une fraction de seconde, les témoins avaient vu la voiture déraper et s'écraser puis faire un tonneau, les roues en l'air ;

ma mère essayait d'en dire le moins possible sur la catastrophe atteignant Trvandah, l'événement était à la fois si dur et si courant, ce n'était pas la peine d'en rajouter, de broder, depuis la multiplication de ces autos, combien, combien comme ceux-là… tout le monde savait ce qui se passait, comment ça se passait mais il fallait avoir le cœur bien accroché ; les femmes s'étaient rassemblées autour d'elle, elles connaissaient Trvandah de réputation, un peu aussi par ses saluts, sa voix, sa morgue, sa rangée de bracelets lorsqu'elle venait chez nous ; l'enterrement devait avoir lieu le surlendemain, Seto Emmi n'avait pas voulu qu'on garde ses fils à l'hôpital et qu'on les emporte de là au cimetière, non, ils devaient être transférés à la maison, cette maison qu'il avait fait faire pour eux, ils devaient partir de là, n'était-ce pas la règle ?

et le lendemain, le surlendemain, c'était la foule, de nombreux visiteurs, arabes, kurdes, tachnags, hentchags, de tous ceux qui étaient au courant ; dans les rues, la maison, on ne pouvait laisser tomber une aiguille, ceux qui connaissaient Seto étaient venus, ma mère critiquait un peu madame Trvandah pour les avoir exposés aux yeux de tous, si tu les avais vus dans leurs cercueils, leur visage n'avait pas du tout changé, oui, rien n'avait changé, on les avait mis dans le salon de la maison de Seto, tous les deux côte à côte, la même taille, d'ailleurs ils étaient très proches par l'âge et toujours ensemble, et cette mort simultanée avait aboli leurs différences, je ne dis pas leur personnalité qui n'était pas encore formée ou peut-être l'était-elle sans que je le sache, car c'était toute une génération qui disparaissait, comme disait le curé au retour de l'enterrement, celle qui, envoûtée par le charme de l'auto et de la machine, s'était jetée hors de la maison en toute hâte, avait mis le pied sur l'accélérateur, sans entraves, hardie, ivre d'enthousiasme et d'esbroufe pour dominer, soumettre son environnement, la ville et les montagnes, voler les plaisirs qui leur étaient refusés avec une folie confinant au suicide, elle n'avait eu le temps ni la patience de pousser, de grandir, de se réaliser, de dissiper la vie avec insouciance ; dans mon esprit, était resté d'Avo le regard aigu qu'il jetait à son père dans le rétroviseur et que j'essayais en vain de retrouver dans la photo pendue au mur chez Seto, qui était l'agrandissement d'une vieille photo, l'expression assez altérée ; et de Ganantch, son geste, quand à la sortie de la réunion, il avait donné une boîte d'œufs à Hapet et une à moi ;

à présent, autour de chacun de leur visage, il y avait des fleurs odorantes, des fleurs blanches un peu écœurantes, l'odeur flottante de sueur et de café rendait l'atmosphère insupportable, il valait mieux aller auprès de Hapet qui restait assis sur un tabouret au coin de la cour, il n'y avait rien à dire, déjà, quand nos parents se rencontraient, nous allions dans la rue jouer au tchellik* ou nous montions sur le toit et, de là, nous regardions les bateaux du port, ceux qui restaient au large ou partaient après avoir lancé leur sifflet, on essayait de distinguer leurs drapeaux, l'été, quand la nuit tombait, les lumières s'allumaient peu à peu sur les montagnes et les hauteurs du côté d'Echrefieh, alors que les baraques à un, voire à deux niveaux, étaient plongées dans la pénombre et semblaient un amas de cendres avec les piquets, les poutres, les bambous, les linges, les tôles, les lampes bougeant derrière les fenêtres qui paraissaient suivre la côte, au-delà du port, jusqu'au promontoire illuminé de Beyrouth ; Hapet aimait se tenir debout du côté du balcon sur la rue, là où restaient encore depuis les jours anciens les nids de colombes abandonnés depuis longtemps et semblables à des pièges, quand on appelait Seto Emmi, Seto le Colombophile ; mademoiselle Nerkiz ? non celle-là c'est une espèce de pute ! tu sais, à Bourdj, il y a une Alice comme elle, ce qui n'était pas une explication éclairante mais une autre parole incompréhensible, regarde ! c'est vraiment un beau morceau, cette Areknaz ! moi qui avais senti son odeur, m'étais frotté à ses vêtements, à ses doigts fins, je ne comprenais pas ce qu'elle avait de si attractif, avec son dos osseux et sa poitrine plate : pour moi, une parole de ma mère avait réduit en miettes son image qui, à présent, régnait en maître dans l'esprit de Hapet ; il s'allongeait sur le lit de Seto, il parlait à voix haute au sujet de quelqu'un comme s'il rêvait, quelqu'un à qui il devait envoyer une lettre, est-ce que je la porterais ? dans cette mijaurée, je devinais Areknaz et donc je ne répondais pas, il était assez grand, il la voyait tous les jours attendre le bus ; remarquant mon silence, il sortait une cigarette de sa poche, il les achetait à la pièce et les fumait en cachette, il commençait à compter les étoiles tandis que, venant de la mer, un vent salé soufflait et dissipait l'odeur vague, flottante, des choses en décomposition.

En bas, il y avait une rumeur incessante, le curé était venu, il devait bénir la maison, puis nous devions aller à l'église, ma mère avait sorti de je ne sais quel recoin de l'armoire sa robe noire (elle en avait toujours une qui était la même, je crois, depuis des années, à chaque enterrement et à chaque visite chez une famille endeuillée, elle la repassait, la mettait, c'était devenu une sorte d'uniforme comme notre habit noir d'écolier, je ne sais pourquoi noir ? quel deuil portions nous ? mais c'était ainsi) toute la Quarantaine était en deuil, quel monde ! disait ma mère aux gens autour d'elle, ayant brusquement retrouvé sa langue, quel monde ! l'église était pleine à craquer, au cours de l'office, les amis d'Avo et de Ganantch, impatients, avaient sorti leurs armes et les avaient vidées en l'air, contre quelqu'un de malveillant ou d'absent, les femmes restées sur le parvis de l'église avaient peur, – ça suffit, bon sang ! c'est pas le moment ! c'est une mascarade ! – criait quelqu'un, mais qui écoutait ? cependant, lorsque la foule amassée dans l'église sortit, les armes retournèrent à leur place, les garçons devaient porter les morts sur leurs épaules, ceux-là même avec qui hier encore et les jours précédents, ils s'étaient assis avec panache dans l'auto et l'avaient conduit sur la 100, s'étaient émerveillés devant le Rivoli, avaient enragé, jalousé Clark Gable qui, sur l'affiche, se penchait sur les seins rosés de Vivian Leigh, puis étaient allés jusqu'à Zeitounié, avaient profité des lumières colorées, des mélodies et des odeurs des cabarets, Ganantch avait voulu descendre, Avo, brusquement devenu raisonnable –assieds-toi donc, je te dis, ici c'est pour ceux qui ont les poches pleines, toi, qu'est-ce que tu as ? – la Vierge pendue au rétroviseur se balançait, l'auto n'avait pas roulé mais s'était élancée du virage de Saint Georges jusqu'à Bourdj, c'était l'heure de manger du foul* et du hoummous*, l'heure à laquelle soudain la ville se désertifiait, entrait dans une sorte de profondeur tiède, à demi-consciente, dans le plaisir et l'angoisse, dessinant sur les visages ensommeillés l'esquisse d'un bâillement ; c'était donc l'heure du retour, à la rencontre de la procession de ces ombres appuyées les unes aux autres que les maisons avaient formées sur la route ;

Seto aurait dit – vous les emporterez jusqu'au kemp de Madamah –, c'est-à-dire la ligne de tramway et, de là, en auto, – ils ont bien fait, le nouveau cimetière était loin, au-delà même du pont – Seto avait fait fermer les cercueils – est-ce que nous sommes des Arabes, pour exposer ainsi les garçons ? – le long de la route, tous les magasins avaient tiré leur rideau de fer, la tante se tenait debout, là, devant sa boutique close, bien sûr elle n'était pas dans le cortège de deuil mais elle avait mis un voile noir sur la tête, elle s'était signée au passage de la procession des chanteurs de cantiques, puis elle m'avait grondé pour que je ne les suive pas, que je reste à ses côtés, Husnik doudou, de nombreuses femmes avaient entouré Trvandah qui avait défailli plusieurs fois, plus loin devant, Tathéos était avec Seto et mon père, ils marchaient côte à côte, les mains dans le dos, jusqu'à la ligne de tramway où les cercueils étaient disposés sur les voitures funéraires, la foule qui les suivait s'était soudain dispersée ; leur devoir accompli, brusquement libérés de la pression de l'émotion, les hommes desserraient leur cravate et allumaient une cigarette, les femmes commençaient à se regrouper au bord du trottoir, à murmurer, à s'essuyer le nez et la bouche ; ils ne devaient pas aller jusqu'au cimetière, seuls ceux qui y étaient allés et encore seuls ceux qui étaient près de la fosse pouvaient avoir vu comment, – au moment où j'errais dans l'étroit passage entre les tombes, tantôt en m'appuyant sur les petites croix en bois, en métal, tantôt en sautant par-dessus les buissons, on entendait une rumeur, les chantres et le curé avaient interrompu la litanie de cantiques –, Seto Emmi s'était soudain senti tout chose, s'était écroulé là, comme s'il avait eu une crise cardiaque, qui pouvait résister à une pareille tragédie ? que Dieu éloigne cela de nous, ma mère n'avait rien à ajouter ;

ensuite, beaucoup plus tard, après l'annonce nécrologique où l'on déplorait la perte des deux garçons, quand l'annonce de la messe de repos de l'âme avait été officiellement imprimée dans le journal, ma mère avait remis sa robe noire, mon père avait noué sa cravate sur sa chemise blanche, tous deux s'étaient dirigés chez Seto, moi je n'avais rien à y faire, eux allaient participer à la seconde lamentation et au repas avec lesquels les morts d'Avo et de Ganantch deviendraient définitives ; au retour, mon père était entré dans le magasin de Khalil, chauve et ventru, pour jouer au trictrac tandis qu'Antika marchait derrière ma mère, soi-disant pour la consoler dans son deuil, – ça fait du bien de parler – elle, elle en avait tant vu qu'elle était devenue totalement imperméable à la douleur, indifférente, en un mot implacable et insensible ; ma mère avait sorti sa machine à coudre, avait commencé à la graisser, puisque la vie devait continuer, – qui leur avait dit de prendre l'auto, de partir seuls dans les montagnes ?

of, ofik !

et comme dans un jaillissement, elle semblait avoir adopté l'attitude de Trvandah,

sois une mère et résiste à ça ! eh oui ! qui était responsable ? ces gamins qui ne savaient encore rien de ce monde, qui ne pensaient pas même à se marier, qui donc leur avait laissé une auto entre les mains ? lui, il aurait dû s'en douter, il avait de l'expérience, il aurait dû deviner, il lui fallait éclater de fierté, moi ! moi ! voilà encore quelqu'un qui n'avait pas exercé sa paternité comme il aurait dû, est-ce que seulement un jour il leur a dit non ? non, il leur a donné tout ce qu'ils voulaient, il a dit – bon, d'accord ! – allez, voyons ! il aurait dû les tenir en bride, c'était Seto le responsable, au début des événements en 1958[1], il avait eu très peur, ses fils devaient passer chaque jour sur Hadjen, à côté du champ de Sahaguian pour aller à Polycarpos par le pont, à pied c'était dangereux, à Hadjen ils montraient aux caïds hentchags leur insigne, celui de la milice tachnag à ceux de Bourdj-Hamoud, personne ne savait qui était en face de soi, ce qu'il était, si tu habitais en haut, tu étais jaune, si tu habitais en bas tu étais rouge et puis c'est tout, les neutres, les indifférents, c'est-à-dire les gens douteux qui ne s'occupaient pas du destin de la nation, s'étaient déjà enfuis ou s'étaient réfugiés dans la montagne, soi-disant en villégiature ou bien de l'autre côté, chez des parents ou des amis ; les deux garçons jouaient avec le feu chaque jour, – pourquoi tu viens de ce côté ? pourquoi tu vas de l'autre ? il doit y avoir quelque chose ! –, si on les avait contrôlés, si on avait découvert leur jeu, qu'est-ce qui se serait passé ? ils auraient été dans la merde, un côté ou l'autre les aurait descendus, jetés à l'eau, c'était des espions, ils faisaient circuler des informations ; de sorte qu'ils avaient arrangé une auto et ils faisaient de longs détours, parfois ils ne rentraient pas de la nuit, jusqu'à l'arrivée des Américains qui ont occupé le port, ont commencé à tourner en jeep dans les quartiers, à parler aux filles, de la nourriture plein les poches, des radios japonaises, des chemises et des brodequins militaires ; à cette époque, tout a été sécurisé, ils ont installé Chéhab[2] puis ont tout laissé et sont partis, donc,

la voiture était superflue, l'essence chère, Seto aurait dû dire, vendez-la ! non, il fallait qu'il se fasse voir, c'est d'ailleurs comme ça que ça se passe, à la minute où tu as une auto c'est fini, tu es pieds et poings liés et la catastrophe s'était abattue sur leurs têtes,

ce qui était fait était fait, les garçons avaient été sacrifiés et Seto était resté dans les affres de la douleur,

il y avait eu un autre moment semblable lorsque, contrairement aux suggestions de Hadj Nahim qui avait fait signe à son copain Abou Avo, – dégage ! – il y avait dans l'air une odeur de poudre, de guerre, Seto avait continué à descendre sur la place, soi-disant pour chasser quelques clients alors que les cafés et les boutiques étaient fermés, il n'y avait sur

1 Sur fond de crise politique libanaise, il y eut, durant les années 1957-1958, une confrontation armée entre Arméniens hentchags et tachnags qui ne s'acheva que par l'intermédiation du ministre de l'Intérieur libanais, Raymond Eddé. Les gens de la colline sont tachnags.

2 Fouad Chéhab (1902-1973), homme d'état et militaire libanais, président de la République entre 1958 et 1964.

les trottoirs âme qui vive, il était resté là comme un gardien et, soudain, il avait entendu une fusillade, il n'avait eu que le temps de ramasser son trépied, et, chargé de son matériel, de tourner l'angle du restaurant Libarid ; déjà la racaille apparaissait du côté du café de l'angle supérieur, une escouade se répandait vers les bijouteries, une autre était passée au cinéma Métropole, comme pour prendre en tenaille la gendarmerie ; il avait couru en catastrophe jusqu'à la maison en passant par le quartier des prostituées et devant les portes et les volets se fermant derrière lui, il avait donné son nom aux miliciens, traversé la ligne de défense, à peine avait-il pu reprendre son souffle dans le jardin, je pense qu'il devait être très perturbé, le teint tout jaune, il avait soulevé la cruche, avait bu, avalé l'eau, à ce moment-là il avait dû prendre conscience qu'il était vivant, que lui vivait et qu'eux n'étaient plus là et, au virage de l'église, au même endroit, lorsqu'il avait salué ses voisins, ceux-ci avaient marmonné n'importe quoi, soi-disant leurs condoléances, sans accorder beaucoup de foi aux paroles et au rite, puis, en s'agitant, ils étaient partis et Seto avait dit à mon père,

nous avons tout perdu, ils sont partis, il ne va rien rester d'eux, d'ailleurs, il n'était rien resté,

comme s'il ne comptait pas Hapet, ou qu'il l'avait effacé de son esprit, et donc,

leur nom aussi devait être effacé.

11

Quand je suis entré dans la chambre noire…

J'effaçais, je recommençais, en cachette, dans le cahier de dessin d'écolier, oui, j'avais commencé à dessiner, nous faisions plus de la calligraphie que du dessin, nous coloriions des lignes calligraphiées et ornementées avec des crayons de couleur, si nous avions pu, bien sûr, acheter ces crayons rares, ma mère, elle, utilisait avec parcimonie le crayon qui lui était indispensable, parfois elle coupait une tranche dans un pain de savon, c'est dire qu'elle était loin de pouvoir acheter la boîte de crayons que monsieur Baladourian ou Photo Vahé exposaient à côté des autres stylos, derrière leur vitrine fermée à clef ; les jours de fête, pendant les vacances, je jetais un coup d'œil à la fenêtre de monsieur Khoren, le directeur de l'école, puis aux rideaux de madame Jeannette pour passer sans me faire remarquer ; si elle m'apercevait de l'intérieur, si elle n'était pas avec je ne sais quel « cousin », elle pouvait crier, vaurien !, son juron affectueux, elle entamait souvent ainsi n'importe quelle conversation avec mon père, et à moi, – que ton pied se brise ! que tu restes là-haut ! – tandis que, tout essoufflé, je grimpais les marches instables, pourries, de l'escalier en bois, en cachette, jusqu'au toit terrasse, comme pour le plaisir d'une action interdite, qui me faisait oublier ma peur d'une possible chute ; en bas, la treille de chez Arevik avait tellement poussé qu'elle semblait avoir recouvert la rue, la maison de Negar de Sivas et, au-dessus, le deuxième étage de l'usurier Haïg, à côté, la cuisine orientée vers la vallée des Simonian, près de l'arbre à poison ; j'ouvrais le cahier, je devais dessiner la maison couverte de tuiles de madame Alice, peut-être aussi la portion de mer s'ouvrant au-dessus du balcon de Nano, et, au-delà des caroubiers d'en face, les ruines du bâtiment rouge écroulées dans leur mystère ;

j'avais vu une fois comment, dans la boucherie d'Artine, le peintre Oksen, entre deux verres d'alcool, avait fait surgir un radis sur un papier avec quelques coups de crayon ; autour de lui, les gens avaient tendu le cou, s'étaient étonnés, étaient restés bouche bée, comme s'ils assistaient à une apparition, ce qui, d'ailleurs, n'était pas très éloigné de la vérité, Artine, les yeux exorbités, était ébahi – si tu pouvais, tu l'attraperais – disait-il avec une tournure enfantine, colorée, héritée d'Erzeroum ; bien sûr, il n'allait pas tendre sa main ensanglantée par la viande, il allait hocher la tête – mon vieux ! si tu avais été un homme, tu aurais pu en faire ton métier, vous en vivriez, vous resteriez pas dans cette vallée de vieux ! – Oksen haussait les épaules, il se moquait que sa maison soit un trou sur la côte de ce qu'on appelait l'hospice des vieux, il ne répondait pas, il continuait, pour démontrer sa maîtrise, son talent, à ajouter deux feuilles sur la queue du radis, avec une telle précision, j'allais dire un tel réalisme, qu'on aurait dit qu'il décalquait une image existante, le légume de l'assiette de mezzés* et celui sur le papier étaient non pas semblables mais identiques d'autant que la main rapide d'Oksen parvenait, par petites touches, à donner du relief à la surface, à rendre palpables la rondeur et le volume du légume – bravo ! tu es un véritable artiste, mais les poches vides ! – concluait Artine qui, à présent, attendait qu'Oksen finisse cette œuvrette et recommence à peindre le plafond ;

je suppose que pour Artine Effendi, malgré son commentaire, il ne s'agissait que d'un tour de main, une sorte de passe-temps qui ne remplissait pas le ventre de son auteur, qu'est-ce qui peut sortir de bon de tout ça ? je crois que pour lui, le seul métier digne de ce nom était la boucherie, le carnage, selon ses propres termes, qui était le métier de sa famille depuis des générations et qui commençait le matin par l'abattage des animaux, puis l'écorchement pour finir, à midi, par le découpage avec un grand couteau semblable à une hache et, puisque pour les gens l'essentiel se rapportait à leur estomac, quelle que soit la situation politique du moment, tantôt calme, tantôt bouleversée, il n'y avait pas la crainte de la faim, sa boutique était restée achalandée durant les combats de 58, même si le nombre des observants du Carême ou celui des acheteurs à crédit avait augmenté, ils devaient manger, ils paieraient ensuite, mais quel ventre remplirait un radis dessiné sur une feuille de papier ? ce serait tout au plus un ornement sur un mur et même pas, puisqu'Oksen, Oksen l'artiste, comme l'appelaient par dérision les Rouges d'en bas, avait à peine rangé ses crayons dans la poche supérieure de sa chemise qu'il déchirait le papier en mille morceaux, le jetait, prenait son pinceau dans le seau pour blanchir le plafond à la chaux, à traits larges et épais, de même que Haïgaz faisait les décors devant ou dans lesquels se produiraient les acteurs et je n'y voyais pas le talent dont témoignait Oksen l'artiste et qui lui semblait propre ;

ce jour-là, j'avais admiré ce légume que je n'aimais pas mais qui était le plus apprécié de Seto et de mon père parmi les mezzés*, j'avais déploré qu'Oksen, non seulement n'ait rien dessiné d'autre, mais qu'il ait déchiré son dessin avec une telle application qu'on aurait dit qu'il voulait s'en débarrasser comme on jette une drogue dangereuse, pour éloigner un malheur ou une tentation ; il me semble qu'Oksen avait peut-être intégré le mépris du quartier, c'est-à-dire l'ignorance bouffie envers ce genre de choses dont il ne fallait pas attendre un avantage immédiat, il avait même compris que pour eux – ce qu'il décrivait d'un geste circulaire dans l'air, englobant toute la colline –, il n'était qu'un peintre à la chaux ; ceux-là, les gens du quartier, avaient besoin d'un peintre, ils étaient incapables d'envisager le superflu, d'aspirer à ce luxe que la couche supérieure de la société bourgeoise, comme monsieur Trad, ceux qui nous prenaient pour des incultes, selon Seto, aimait établir dans ses palais, faisant orner de fresques les plafonds des pièces entourées de miroirs, de fenêtres ovoïdes en trompe l'œil, de fleurs multicolores, de branches de laurier, d'olivier, de grappes de raisins tombant des coupes de fruits, par ci, par-là, des êtres symboliques ou imaginaires apparaissaient dans des cadres, que, par la suite je pourrais désigner par leurs noms, Bacchus, Aphrodite, Adonis, surtout Adonis (qui, je ne sais où, dans le nord du pays, aurait été enterré près d'une fontaine sacrée, d'un fleuve et où, une fois, Arevik était allée en pèlerinage et avait accroché un bout de tissu au Figuier du village de Zahra), sortis tout droit des fresques de Pompéi ; après être parvenu à ce degré de son art à l'aide d'on ne sait quel maître, Oksen l'artiste avait tout doucement descendu la pente pour arriver à la boutique du boucher où les mouches allaient, en tournoyant, se coller à la surface tout juste peinte ;

mais moi, j'aimais seulement peindre des lieux, ça me paraissait non seulement plus facile mais aussi plus intéressant, mes yeux pouvaient s'attarder sur chaque chose, comme au cours de la lecture mais sans les mots, sans la barrière qu'ils formaient, comme de plus près, plus profondément, caressant leur surface, ramenant les objets à leurs formes, alors que leur volume, leur profondeur, en un mot la perspective semblaient sans importance parce que totalement invisibles, mais n'était-ce pas ce qui allait devenir le point de départ d'un sentiment de frustration, qui pour le moment existait à peine, tant la ligne formait en elle-même une force, une sorte de prodige donnant à ce qu'on voyait non pas une présence mais une substance ?

parfois je découvrais réellement qu'à côté du toit rouge en tuiles de madame Alice, en dessous, on avait ajouté une autre construction d'où Metri faisait voler ses pigeons gris, car l'ancien cube en pierres, une construction traditionnelle qui allait peu à peu disparaître pour faire place à des bâtiments à plusieurs étages, avait été démoli, moi, je dessinais ce qui avait été, à la place du toit, je mettais la cannaie, mais on aurait dit que les roseaux poussaient sur l'avancée du toit, parfois aussi il y avait le palmier-dattier dont les jeunes essayaient, sans y parvenir, d'escalader le tronc pour voler des dattes ; le palmier se dressait tout seul, très semblable à celui, élancé, de Seto Emmi avec son grand bouquet de branches mouvantes, mais celui-ci était plus court et ses fruits étaient jaunâtres, irritant la langue, âcres ; cependant, au-delà de tout ça, derrière les feuilles, il y avait des maisonnettes imaginaires avec des murs bien proportionnés et des fenêtres cintrées, les montagnes et leurs lignes plissées, les pins qui pouvaient avoir n'importe quelle forme, comme ceux que révélaient les phares de l'auto de Ganantch trouant la nuit, et qui, de là, projetaient mille et une images féeriques et terrifiantes, de même qu'en rêve, j'escaladais des escaliers longs, sans fin, d'où, de chaque côté, des fenêtres invisibles reflétaient soudain des paysages, découpés, fuyants, avec la vitesse d'un projecteur de cinéma.

Le moment le plus agréable était celui où, face à la nuit, face au violet lointain, montaient des jardins arrosés, des parfums d'herbe, de terre assoiffée et depuis les toits se répandaient les odeurs de pommes de terre sautées et de pâte de tomates ; du port, un navire en partance émettait son sifflet, le répétait, le dernier plus long, plus inquiétant, déclenchant en moi une nostalgie envers tous les partants (peut-être pas de la nostalgie mais l'impression du lent délitement de quelque chose de vague) dont les noms, semblables à la silhouette des cheminées à l'horizon lointain, ne demeuraient plus que sur l'enveloppe des lettres ; la sirène arrivait jusqu'ici, au bord du mur où je voguais d'un côté de la page à l'autre, on aurait dit que la feuille m'emportait par-delà les traits qui ne se voyaient pas et il semblait que l'image était là, invisible aux yeux mais là, en elle-même, de même que les papiers de Seto plongés dans l'eau faisaient surgir des contours et des formes ; de tels paysages ne me restaient pas en tête, ils n'y sont pas restés, ils se sont dissipés comme des mots entendus dans un rêve, est restée l'impression, la sensation d'une chose manquante, sauf l'une d'elles qui est restée fixée devant mes yeux, est-ce parce qu'elle avait cessé d'être secrète et que je l'avais partagée ? j'avais vu ce moment avec les yeux d'une autre, qui n'était pas vraiment une étrangère puisque il s'agissait d'Arevik ; un jour, j'avais trouvé un grand carton, ce devait être le reste d'une boîte, je l'avais découpé ; sur sa surface blanchâtre j'avais formé, avec un crayon de charbon pour détruire la blancheur ou plus exactement pour la rendre rugueuse, car la surface était glissante et très lisse, une maisonnette paysanne flanquée d'un puits, d'un banc ; il restait encore beaucoup de vide jusqu'à l'horizon mais cela suffisait, la courbe des montagnes se déployait au loin ; au-dessus, un ciel gris, ainsi que se présentait le paysage depuis le toit quand je relevais la tête et regardais vers le soleil, en bas, le bord de mer jusqu'à Antilias ; j'avais décidé de le montrer à Arevik avec l'enthousiasme de qui a accompli un exploit ou une découverte, un peu aussi avec la crainte que ça ne lui plaise pas, qu'elle ne remarque pas ce que moi j'avais distingué derrière ces lignes de crayon,

on ne fait pas ça comme ça, si tu veux être peintre, tu dois prendre des crayons de couleur, de l'aquarelle,

elle n'insistait pas, le cahier à la main, elle examinait le dessin à travers ses longs cils recourbés, elle savait mieux que moi que, pour nous, avoir de l'aquarelle était un luxe, une fantaisie, disait ma mère chaque fois que je voulais quelque chose qui n'était pas indispensable, nous devions vivre avec peu, et même avec le peu du peu, toujours à tirer le diable par la queue, parfois avec des dettes envers la tontine ou Haïg l'usurier, surtout quand il fallait régler le loyer impayé à madame Ghanmé ; celle-ci venait, s'asseyait juste en face de ma mère, c'était notre propriétaire palestinienne aux cheveux frisés qui avait trouvé refuge à Damas, avec sa voix enrouée par les cigarettes épaisses d'« Oum

Kalsoum », râlant toujours au début contre son mari qui ne travaillait pas, puis, plus agressive, protestant que nous, les locataires, ne payions pas notre loyer à temps, qu'elle avait quitté en vain la Palestine, vendu ses terres et acheté ici cette maison, voilà... soit vous payez, soit vous partez ! son œil sur la machine à coudre, peut-être n'avait-elle pas vu dans la maison en entrant, une main sur le gond de la porte, quoique ce soit ayant plus de valeur, soi-disant essoufflée, elle examinait tout autour d'elle comme pour vérifier si quelque chose avait changé ; en dépit de la différence de générations, de la sécheresse du visage fripé de l'un et des grosses joues et des lèvres violettes de l'autre, Haïg l'usurier et madame Ghanmé se ressemblaient par leurs attitudes, leur façon méprisante de parler, comme s'ils étaient les variantes d'un même modèle ; seulement, la propriétaire aimait boire le sirop ou le café, interroger ma mère en créant une illusion d'intimité féminine, puis elle sortait, examinait la maison de haut en bas, lançait un banal « au revoir ! », elle montait à l'étage supérieur pour répéter le même rituel mais là-haut, la voix devenait plus coupante et impérieuse, de toute façon, elle ne pouvait pas augmenter le loyer mensuel – qu'est-ce que c'est que ce pays, bon dieu ! – elle pestait avec le ton de madame Jeannette, contre la loi, contre celui qui la faisait, contre la malchance, le destin, les responsables et les intermédiaires, – 24 livres libanaises ! 24 livres ! qu'est-ce que c'est donc ! des broutilles ! des broutilles ! – tandis que les voisines d'en haut restaient coites, déconcertées mais toujours sûres que la tempête passerait, s'en irait et qu'elles resteraient ; moi je sais ce qu'elle a dans la tête, disait ma mère, toujours attentive aux mobiles et aux prétextes, – qu'on mette la machine au clou et que je travaille comme une bête pour m'acquitter, pourquoi elle a pas voulu de la radio ? pourquoi donc ? qu'elle aille faire travailler son mari, celles-là sont comme ça ! elles prennent un mari qu'elles dorlotent, elles vendent leur pays aux Juifs, pour de l'or anglais, comptant, puis elles vivent chez elles avec les loyers... mais ton père aussi (ici elle faisait une pause, sa voix descendant d'un degré), s'il avait un travail convenable, on se retrouverait pas entre les mains de telles mégères, allez !

elle ne jetait même pas un coup d'œil à Antika avec qui à présent elle prenait soudain un air de ressemblance, et pourtant aucun rapport entre elles deux ! mais que tu aies un mari ou non, l'important c'est qu'il soit à tes côtés, que tu puisses t'y adosser, mais s'il dit – moi, je pars – et qu'il va boire ou jouer, tu te retrouves encore seule face à un monde de besoins et d'obligations ; c'est pourquoi elle baissait à nouveau la tête sur sa machine, l'aiguille courait sur la surface fleurie du tissu et donc…

la boîte d'aquarelle, c'était désormais comme estiver ; pendant longtemps, Zahlé, Dhour-Choueir avaient été des lieux inaccessibles, n'en étaient restées que leurs photos de groupe avec les dates ; là c'est Vartouhie, là Mamas, là c'est Arménouhie, etc. par la suite, lorsque je lui rappelais que durant les années du Djemaran, au début, cédant finalement à l'insistance sourde de madame Gassia, on avait acheté ensemble une boîte d'aquarelle, dans un passage au-dessous d'Azarieh, là où un chef scout ami de Djanik avait une boutique et où était exposé un large éventail de fournitures pour l'écriture et la peinture, sa réaction avait été différente : – nous étions encore sans le sou, mais pourquoi ceux-ci doivent-ils le savoir ? – avec un accent de mépris et de respect envers « ceux-ci », ce qui, dans notre langue, concernait les Arméniens vivant au-delà de la place Debbas, le Hripsimiantz, Artine Effendi, ses patrons et les natifs de Gürine de Seto, « ceux-ci » qui ne manquaient de rien, du moins c'est ce qu'il semblait, qu'est-ce qu'on a de moins ? puisque nous nous étions mis en route, nous devions continuer sur notre lancée, ne jamais montrer que nous n'avions rien, nous devions bien masquer ce sentiment de honte, n'était-ce pas vrai ? étions-nous des mendiants ? d'ailleurs dans notre école, à la fin de l'automne, lorsqu'on distribuait de l'huile de foie de morue aux élèves nécessiteux, parfois même à tous indistinctement, avec une précision comptable apparente, elle vivait un moment de doute, d'inquiétude jusqu'à ce que le directeur, notre voisin, – Madame Hrip, si vous n'en prenez pas, qui va en prendre ? – ma mère hochait la tête, et au moment de me faire boire le breuvage dégoûtant – eh ! au moins tes dents ne tomberont pas comme les miennes ;

elle avait sorti son porte-monnaie, avait payé la boîte d'aquarelle qui, une fois passé le premier enthousiasme quand il avait été possible d'étaler librement les couleurs avec le petit pinceau, allait devenir l'occasion d'une déception durable ; les fleurs, les fruits, les cieux et la mer extraordinaires n'allaient jamais avoir l'éclat et la présence pleine de vie qu'ils avaient face à moi quand je m'enfonçais, me fondais dans leur couleur qui semblait surgir de l'espace, étincelait d'énergie, vivait avec une profondeur inaccessible comme s'il ne s'agissait pas que d'une qualité mais d'une substance métallique et fluide, comme une coulée de lave, qui provenait de la lumière ; la boîte d'aquarelle devait rester durant des années dans la malle héritée de l'armée anglaise, ses bords allaient se rouiller, ses petits cubes de couleur allaient sécher, se ratatiner, se fendiller comme les doigts de Nano, mais je devais la garder, je devais lui rappeler sa répugnance envers toute forme de gaspillage quand ma mère, un jour, en maugréant, allait vouloir la jeter, j'allais m'opposer comme j'avais essayé de résister, en vain, à Zannig… en attendant,

cette maison, tu l'as vue quelque part ?

qui sait ? je l'avais vue, elle était peut-être quelque part, soit du côté des jardins des richissimes Chahrouri où il y avait des maisons semblables peintes en jaune ou en rouge foncé, soit de l'autre côté de la colline, que nous appelions l'Amérique, ou même au-delà du fleuve ; n'y avait-il pas des constructions qui se cachaient dans les orangeraies ou les cannaies, au milieu desquelles le train apparaissait, s'avançait, s'arrêtait dans la petite gare ? moi, j'avais effacé les jardins, gardé, comme un échantillon, l'arbre avec des branches surgissant, s'élançant comme les pins de Sioufi, à l'ombre desquels nous nous réfugiions avant de descendre dans les grottes ;

dommage ! si seulement monsieur Galents n'était pas parti en Arménie !… qui est-ce ? eh oui ! d'où le saurais-tu ? il était de la même ville que ton père, je suis allée quelquefois à son atelier, il voulait un modèle, est-ce que je suis un modèle ? et alors ! est-ce qu'elle n'était pas belle ? elle était très belle, une fille allant encore à l'école, – je devais rester immobile durant des heures, je n'ai pas voulu mais il t'aurait pris comme élève dans son école, toi, tu ne sais pas –,

et, avec l'accent d'une conteuse, elle prenait une longue inspiration avant de commencer,

il dessinait des choses admirables, votre madame Gassia, c'est rien à côté de lui, il n'en aurait pas même voulu comme modèle, c'est lui qui a peint la Vierge de Saint Signe ; si tu y vas, assieds-toi devant, regarde-la bien, ici il n'y a pas de musée où tu puisses aller et ce qui se trouve au musée, ce sont des pierres rapportées de Jbeil, les Français ont emporté avec eux toutes les plus belles,

je ne connaissais pas le musée alors que les peintures de Galents, à travers les yeux d'Arevik, me semblaient les plus belles choses au monde, avec lesquelles la Vierge de notre quartier n'avait aucun rapport, avec sa tête au contour un peu épais, au sourire presque éteint, reposant, lasse de l'humanité, comme Antika, et surtout le corps presque écrasé avec un Jésus qu'on aurait cru tout juste libéré de la sève de vie, une auréole au-dessus de la tête, aux couleurs assombries par l'encens et la poussière, œuvre de qui sait quel Narach Oksen et dont l'un des aghas du quartier avait fait don ;

lors de l'une de leurs séances alcoolisées, j'avais questionné mon père au sujet de ce peintre, qui était-ce ? il ne savait pas ou hésitait,

y avait un barbouilleur, c'est celui-là ?

Seto avait posé son verre sur la petite table, avec une espèce de lenteur solennelle, sa chemise à manches courtes révélait un bras presque totalement glabre, sur sa peau blanche, au-dessus du coude, une croix noire tatouée, un souvenir de Jérusalem dont mon père avait l'identique, mais sur le poignet droit ; il s'était essuyé les lèvres du revers de la main pour ne pas faire échapper un juron, c'était la façon de Seto de se contrôler,

un barbouilleur ! mais enfin, tête de bois ! Harout est un peintre, un peintre ! si c'est trop compliqué pour ta petite tête, ne dis rien ! en plus, un garçon de notre ville, de notre quartier, si je te disais qu'à Alep nous étions comme des frères, ce serait encore trop peu,

puis il se tournait vers moi, mettant entre parenthèses, bloquant ce lointain passé, comme une fenêtre s'ouvrant soudain et se refermant laisse apercevoir un espace intérieur auquel jamais nous n'accéderons :

ici, il avait un atelier, il bossait, personne n'avait une main comme la sienne, Dieu lui avait donné ça, qu'est-ce que c'est que nos photos à côté de ça ! à côté de lui ? de la merde ! les Arabes en étaient fous, il gagnait bien sa vie et ça lui suffisait, mais il a dit je vais aller dans notre pays, il est parti et moi j'ai perdu l'occasion d'avoir un maître et son patronage ;

Arevik était penchée sur l'image, elle avait encore rapproché son regard du carton, avait-elle brusquement trouvé quelque chose d'important à dire qui rendait son grain de beauté sur la joue plus vibrant et le rose de ses lèvres plus brillant ? exactement comme quand elle approchait sa tête de Nechan et que la lampe de l'atelier éclairait son visage, laissant ses cheveux dans l'ombre, transformant son apparence en une apparition inattendue,

mais pourquoi n'y a-t-il personne ici ?

oui, c'était juste, il n'y avait personne, ni sur le seuil de la porte ni dans le blanc entourant la maison, j'avais voulu que la maison, l'arbre soient isolés, tout seuls, sans aucun mouvement perturbant, mais de telle façon qu'on aurait dit qu'il s'agissait d'images rangées dans un album, réduites à des stéréotypes, une sorte d'énumération visuelle d'où les visages étaient absents,

tu aurais pu au moins dessiner une femme, un homme sur le banc, ça aurait été bien, je ne sais pas, au moins deux fiancés,

dans sa voix s'esquissait une nuance rude, un peu animale et querelleuse, celle qui apparaissait au cours de ses disputes avec Marie et que j'attribuais à de la rage contenue, de la méchanceté ou de la jalousie,

mais à présent, plus douce, tentant de me prendre par les sentiments, presque rêveuse, prête aux louanges, s'étant peut-être aperçue que quelque chose avait changé sur mon visage,

tu la connais, non ? cette maison de campagne de Jeannette, en haut, oui, dans les hauts de Deir-El-Amar, un jour on est allés là-bas, dessine les costumes bariolés des paysans de là-bas avec leur chalvar*,

sa voix avait retrouvé son ton coupant, impérieux, persuasif, qui n'admettait pas de réplique et à cause duquel, si elle parvenait à faire faire à Nechan ce qu'elle voulait, elle le poussait dans le même temps à une sourde résistance,

des images aussi vides, ça ne va pas,

elle me tendait le carton,

si tu dois peindre, qu'au moins il y ait quelque chose dans le tableau, quelque chose à voir, combien de fois t'ai-je montré notre image,

oui, entre les deux fenêtres, au-dessus du divan où elle s'allongeait quand elle se disait fatiguée, je pensais que son indisposition était d'autant plus préoccupante qu'elle renonçait alors aux talismans et fétiches de ses « hommes de la ville » et qu'elle s'en remettait à la puissance de celui qui, là, en haut, bénissait le pain et le vin,

copie ça, il y a là-dedans tant de choses, tant de choses !

et, en vérité, il y avait beaucoup de choses, les visages des personnages étaient ce qu'il y avait de plus difficile, et surtout, ils avaient de telles couleurs, de telles mimiques, de telles expressions que de l'œil au papier, les lignes se courbaient brusquement dans l'espace, se perdaient, comme les hirondelles traversant l'espace et que nous ne pouvions atteindre, Zevart et moi, quelle que soit la pierre que nous jetions du toit, elles n'étaient pas seulement très haut, mais elles tachetaient l'air, elles le découpaient avec leur zigzag et leur vol imprévisible, c'est pourquoi il était plus agréable de regarder l'image, de seulement la regarder, cette image pour laquelle, par la suite, j'allais voyager jusqu'à Milan, afin de me retrouver face à face avec « La dernière Cène » de Léonard, rendue méconnaissable par la moisissure et les restaurations, une fresque en péril ; cela paraissait avoir si peu en commun avec la reproduction d'Arevik qui, malgré ses couleurs crues, exagérément accentuées, continuait à garder pour moi son rôle de prototype, dont j'avais essayé de percer le secret, de l'imprimer dans mon esprit telle quelle, fortement, sans en oublier le moindre détail, au point que parfois je la voyais sans la regarder, comme des formes géométriques tournant dans l'espace, formant une seconde image complètement invisible, mais de là jusqu'au papier le chemin était trop long, ma main se heurtait à je ne sais quel obstacle, tremblait, la ligne déviait brusquement, s'éloignait de l'image tandis que mon regard demeurait au fond de la perspective embrouillée ; plus Arevik me conseillait – doucement, doucement, il n'y a personne qui court derrière toi ! – plus ma main, comme ma langue, se nouait, il m'était impossible de comprendre « doucement », de trouver cette lenteur qu'Arevik avait dû simplement apprendre – on apprend tout très doucement – et, comme tout novice, je croyais qu'il n'était pas nécessaire de patienter, de maîtriser la main, d'accorder l'esprit et le corps, je voulais toute chose immédiatement, sans préparation, il suffisait de voir, de bien regarder, de se laisser pénétrer par ce qu'on voit, s'approprier ses parties afin que cette chose regardée advienne, se manifeste ; comment comprendre que l'image était une façon de vivre le temps, qu'elle détruisait quelque part ? et c'est pourquoi il était difficile de dominer la main, comme le musicien qui maîtrise ses mains en semblant les alléger, les vider, en s'abandonnant presque à leurs mouvements mécaniques, en se libérant de leur pesanteur ;

sur la place, les jours de fête, il y avait beaucoup de gens avec le costume du village de madame Jeannette, ils venaient, ils marchandaient, – non, non, c'est pas grave, yallah ! – ils se plantaient devant Seto Emmi comme s'ils voulaient montrer leur costume de fellah, le tarbouche, la large ceinture, les bottes « yéménites », comme disait mon père, eux aussi savaient que maintenant, ces choses-là avaient de la valeur les jours de fête, puisque les frères de Jeannette travaillaient comme nous en pantalon dans les champs, ils creusaient autour des plants de vigne mais le père, comme Abou Tanios, avait un chalvar, large comme une queue de mouton, l'arrière pendant, qui donnait à l'homme l'aspect d'un agneau paissant, quand il creusait et retournait la terre autour des figuiers avec sa bêche ; ceux-là parlaient une langue différente mais parfois, par leur costume, leur façon de parler, ils étaient très semblables aux hommes errant dans les histoires de ma tante, Khelok et Guermir, dont j'étais familier, presque intime, cependant, je n'étais jamais parvenu à me représenter leurs visages, tandis que Seto, d'un seul coup, qui semblait si facile, d'un clic, plantait ces paysans dans l'espace, leur poignard passé à la ceinture, vêtus de courtes vestes à fils dorés, à franges ou en velours rouge, si droits, si véridiques et éternels, comme s'ils nous regardaient depuis l'au-delà et que désormais, plus aucun danger ne les menaçait, aucune destruction qui puisse défaire leur physionomie, se dressant face au temps, lui résistant sans rien céder, le méprisant.

Durant un temps, penché sur le papier blanc, j'allais me donner de la peine, j'allais essayer de poser là la courbe manquante, effacer, recommencer à nouveau le travail depuis le début, comme par la suite, quand madame Gassia, avec un fort accent qui pouvait être celui de sa langue inconnue, du moins c'est ce que j'imaginais, allait suggérer, la règle toujours à la main, prête à tomber sur les doigts, que je recommence, un ordre presque silencieux qui était un hochement répété de sa tête, perchée sur un cou long et fin, tandis que ses cheveux, teints en noir corbeau, descendant sur la nuque, flottaient souvent sur le col d'un vêtement aux couleurs voyantes, les muscles de sa gorge vibraient, se crispaient, empêchaient la parole de sortir ; manifestement, elle craignait de former des phrases complètes comme si, pour elle, les paroles n'étaient pas plus importantes que les quelques mouvements d'œil et de sourcil contraints et forcés, le jeu de ses lèvres minces, déployant une élégance de noble peintre qui ne pouvait venir, je le pensais, que de l'étrangeté entourant sa personne ; elle était apparue un jour, venant de Roumanie, avait-on dit, et, comme pour ses semblables, le collège n'était rien d'autre qu'un lieu de transit, une salle d'attente, jusqu'à ce que Georges Mardiguian et Antchan interviennent, assurent le visa rêvé pour l'Amérique, au moins, là-bas, elle trouvera un mari, disait ma mère, pour qui, je ne sais pourquoi, une artiste restait toujours célibataire et était néanmoins considérée digne du mariage, alors que ceux-là sont pires que nous, puisque, d'après elle, (et en dépit du fait que mon père n'avait jamais fait l'effort de devenir propriétaire du moindre trou, d'un poulailler, d'un baraquement) nous, au moins, nous sommes installés, alors qu'eux, ceux qui ont fui de là-bas, doivent tout recommencer du début et doivent accepter n'importe quel travail et n'importe quel endroit, ainsi, madame Gassia devait s'estimer heureuse de sa chambre à l'internat et de sa fonction à l'école ;

c'était le temps de l'aquarelle : approcher le pinceau du papier était le début de l'inquiétude, d'une angoisse irrépressible qui, de ma poitrine, de ma gorge, passait dans mes doigts et qui, désormais, n'avait plus aucun lien avec la lenteur recommandée par Arevik ; une inattention, une brusque palpitation, un trouble intérieur suffisaient pour faire dévier le pinceau de son cours, le faire glisser, transformer le toit en colline ou en une tache ineffaçable ; il n'était plus possible désormais de corriger une erreur sans laisser de traces, comme s'il fallait sans cesse rectifier une imperfection antérieure, remplir un vide, revoir sans cesse l'ensemble ; fixer ce qu'on voyait, s'en laisser pénétrer, s'y immerger n'empêchaient pas la faute, l'égarement de la main ; j'imaginais qu'il fallait conduire l'image mentale depuis les yeux jusqu'au bout des doigts pour que celle-ci s'y épanouisse aisément, juste au contact de la surface du papier ; jusque-là, il restait toujours la même difficulté : la main, la main hésitante, agitée, celle qui ne trouvait pas le point de départ, l'épaisseur régulière de la couche de peinture, l'alliance juste de l'eau et de la matière ; plus je composais la peinture dans les petits creux de la boîte d'aquarelle, tenant lieu de palette – comme l'or de la fonderie, quand Nechan s'y penchait avec la gravité de celui qui vérifie une opération mystérieuse, attendant l'inflammation interne qui allait illuminer son visage –, plus j'avais l'impression qu'il était impossible de pénétrer dans le monde des couleurs, de leurs nuances infinies, de leur chaleur et leur abondance, de leur froideur et leur acidité, proche du cédrat, leur velouté et leur légèreté fuyaient mes doigts, les couleurs se mêlaient, devenaient grises et sales ; le dessin d'un bouquet étalé sur le papier, puisque nous devions souvent peindre un bouquet de branches dans un vase, était dépourvu de ce que j'avais fixé du regard, de cet agencement nerveux et enchevêtré qu'au début du cours, les mains de madame Gassia, longues, nerveuses, un peu ridées, donnaient à ces branches d'acacia parfois tordues, parfois toutes droites, aux arums et à des fleurs aux formes plus étranges achetées chez le fleuriste qui lançaient dans l'air le vert sombre de leurs tiges et de leurs rameaux, leurs ombres rouges ou blanches, leurs rayons et leur rythme ; de leur éclat et de leur sève, de la fraîcheur dotant de vie les rameaux fraîchement coupés, de leurs lignes, de leurs couleurs fines ou abondantes, il ne restait rien sur la surface du papier ; comment était-il possible de donner à cette blancheur l'ondoiement imprégné de lumière dans l'air, non pas le léger flottement des nuages sur le bleu du ciel que l'imagination pouvait esquisser comme un lambeau, mais une transparence, un mouvement de flamme dansante que forme et couleur étaient destinées à rendre et y parvenaient sur le mur d'Arevik ? ce qui apparaissait semblait aussi inaccessible qu'intensément présent et captivant, comme si ce n'était pas moi qui le fixais mais l'espace même, déployé par l'arum et son pistil jaune et que mon esprit percevait sur les couronnes de fleurs des cortèges mortuaires ;

les après-midi, quand je montais sur le toit, je ne sais pourquoi je choisissais cette avancée de balcon qui s'ouvrait sur les montagnes où le soleil dardait ses rayons transperçant le crépuscule ; j'avais un pinceau, je le trempais dans l'eau, je l'enduisais de peinture, je pensais que par un geste libre, vigoureux et unique, comme le faisait Oksen, je pourrais transcrire la ligne continue passant de la mer au ciel, du bleu glauque jusqu'à l'espace ouvrant au large, qui partait du vert des jardins du littoral, se mélangeait au gris des maisons dispersées où j'aimais noircir la fumée bruyante de la locomotive, puis la même ligne s'épurait peu à peu, se densifiait, devenait une composition de rose et de violet s'arrêtant brusquement dans la nuance de bleu couverte d'orange du ciel, c'était un voyage, un mouvement rythmé qui souvent ne s'accomplissait pas ; quelque part, le pinceau se tordait, s'enroulait, ralentissait, déviait, la peinture s'épaississait, s'encrassait, la couleur s'intensifiait et, de nouveau apparaissait la saleté, jaune et dégoûtante, comme le dessin que la sueur formait aux aisselles de madame Negar ; ma main errait ici et là, crispée par son élan, se figeait, le pinceau demeurait appuyé, presque collé au papier, le liquide s'écoulait de ses poils, se répandait et surgissait la peur, la peur ancienne, ancestrale, si semblable à l'effroi de pisser ou de répandre son sperme durant le sommeil et les rêves ;

pourquoi ne pas suivre simplement les traces ébauchées, libérées de tout contour achevé ? non pas composer une forme mais jouer avec la nébuleuse incertaine apparue, la répandre, la dissiper, la transformer ou la détruire ; à cette époque, j'admirais les couleurs pour elles-mêmes, les unes dans les autres, je rêvais peut-être de rubans sinueux, je croyais que c'était cela dessiner, peindre c'était rêver, une forme de rêverie, une divagation instable, informe, grâce à quoi je me promenais, j'errais dans leur profondeur, leur plénitude puisque, négligeant tout contraste, toute règle d'harmonie, je préférais la qualité sensuelle, l'extériorisation de la couleur, son feu d'artifice, ce qu'on appelle la résonance musicale ; je jouissais des nuances de vert ondulantes, ondoyantes, claires, sombres, vives et agressives, comme dans la chambre de feuillage avec Zevart ou dans les eaux d'Antilias ; les couleurs n'étaient pas du fard ou du vernis mais la surface même de la matière, son apparence, cette présence autosuffisante qui se donnait et que mon œil caressait de la même façon qu'une peau aimée incarne un autre monde ; il était possible de m'en approcher, de l'épaissir, de la rendre réelle, plus réelle que les yeux des poupées d'Areknaz, de découvrir par elle une autre visibilité, plus forte, plus transparente que la lecture ; mais il n'était pas possible d'oublier la voix gutturale, s'étoffant d'un coup, sortant enrouée de son mutisme ou d'un monologue, qui lançait dans l'air sa règle d'or :

composition ! composition !

rugissait-elle, j'étais emporté par ses critiques, les coups irréguliers ou les aspersions du pinceau dont les gouttes tombaient sur le papier, au lieu de suivre le contour du ventre de la cruche posées sur la table qui, à côté de son bec, dans l'ombre d'un buisson, se transformait en une lèvre contournée, si jolie qu'il semblait inutile de la dessiner, ou de reproduire le visage du modèle, de cet heureux modèle qui était un élève très malhabile, et qui, ainsi assis sur la chaise, vivait le bonheur du désœuvrement, faisait de temps en temps de l'œil à l'un ou à l'autre, tirait la langue dans le dos de la maîtresse, comme s'il lui léchait le dos depuis la nuque jusqu'aux reins et aux jambes, semblables à des baguettes de tambour qui, malgré l'appétit inépuisable de leur maîtresse, ne prenaient pas un gramme de gras ; parfois madame Gassia – diplômée de l'Académie de Boukrech, comme on disait au début de la fête de fin d'année en insistant sur sa condition de spécialiste, d'artiste – se dirigeait vers le garçon ou vers la fille qui, incapable de demeurer immobile, avait tendance à s'affaisser, à se recroqueviller, à se décomposer, perdant le maintien qui devait être le sien, qui sait en souvenir lointain de quel portrait classique et qu'on devait capter (ce qui se traduisait par un geste des doigts crispés comme si donner du relief était une manière de prédation) ; puis, en se dandinant sur ses hauts talons, madame Gassia, que certains appelaient Assia comme pour la décapiter, allait s'approcher une fois de la fenêtre, regarder vers le terrain de sport, les branches de dattier se balançant dans l'air devant lesquelles se dessinaient sa haute silhouette, une poitrine improbable, avec, à la taille, toujours une épaisse ceinture en cuir repoussé, rapportée des Balkans, qui, pour nous, je crois, aurait été la chose la plus exotique en elle, n'eut été son accent unique et ineffaçable qui non seulement altérait les mots par le sceau d'une langue inconnue (comme les nôtres elle mutilait tous les « kh » en « h »), mais les émiettait, les détruisait de l'intérieur, les rendait méconnaissables, on aurait dit qu'ayant assimilé toute l'essence de la peinture, c'était l'art du silence que vivait madame Gassia, elle tentait de nous l'enseigner, nous qui étions si éloignés et de la peinture et du silence ; elle marchait entre les pupitres, le regard tantôt sur nos têtes penchées, tantôt sur la lumière de l'après-midi, avec la pénétrante acuité de qui mesure son intensité, comme le faisait Seto qui n'avait nul besoin de tourner la tête vers le soleil mais qui plissait simplement les yeux, comme s'il appréciait la compacité de la lumière avec les cils, il la comprenait puis, se retournant, il fixait le visage face à lui ; tandis que madame Gassia allait regarder et observer par-dessus nos épaules, allait commencer à miauler comme un chat enfermé dans un espace étroit, prêt à tout déchiqueter, elle allait agiter sa règle dans l'air, faisant trembler les deux joncs à son bras, allonger sa main à la peau légèrement fripée, portant une bague avec une pierre violette scintillante, les ongles rouges, elle allait approcher la règle de son œil, comme si elle mesurait quelque chose de loin, qu'elle faisait des comparaisons entre les objets, – proportion ! proportion ! – allait-elle dire, presque en criant, elle allait cueillir la salive au bord de ses lèvres avec un mouvement serpentin et imperceptible de la langue ; à nouveau, je ne parvenais pas à deviner ce qu'elle voulait dire, le buste légèrement penché, elle allait répéter le même mouvement, celui de rapprocher la règle de ses yeux, son pouce allait et venait sur toute la longueur, comme les lèvres de l'harmoniciste sur son instrument, puis elle allait commencer à tirer des traits, à faire des corrections avec son crayon bien taillé, qui ressemblaient plus à des formes géométriques qu'aux contours d'une personne assise ; de petites traces s'épaississant peu à peu, se croisant, semblaient tout barbouiller, tout mettre sens dessus dessous, mais, petit à petit, dans le gribouillis, apparaissaient la joue, les orbites, les cils et le profil de l'œil, si ressemblant au visage du modèle ; l'art de la ressemblance, cette faculté de reproduire une surface, une expression et de se cacher derrière elle, était, bien sûr, impressionnant, il indiquait la professionnelle qui était passée au-delà de l'autocensure de Narach Oksen, du sentiment de honte ou de déni ;

parfois, elle s'arrêtait près d'un banc, d'une épaule, elle rectifiait la mauvaise position d'un bras, la corrigeait, je savais que le bout de sa règle allait s'enfoncer dans mon dos, toujours pour redresser ma tendance à courber le dos comme si c'était cela, cela qui éloignait ce que je dessinais de l'essentiel, des reliefs, des proportions, de la complexité des chiffres symboliques, de ce qu'on appelle l'harmonie, qui, bien sûr, était totalement étrangère à la langue pratique et domestique de Seto, plus absconse, plus inaccessible ; le trait, la couleur, la forme ne me donnaient désormais plus le même plaisir que quand, sur le toit, seul, pieds nus, j'ajoutais au paysage (ou à un visage imaginaire, toujours flou ou voilé), de ci de là, des choses qui n'existaient pas, simplement pour utiliser une couleur, d'abord pour voir l'ondulation lente, sinueuse des filaments de la matière et leur dissolution dans l'eau transparente, comme la décomposition de la sombre pâte de mûre dans le jus chez Arevik, ensuite pour être porté par sa densité et son éclat, de même qu'avec Zevart j'aimais répéter le mot nouveau que nous avions appris, surtout quand ça nous rappelait un mot interdit et, peu à peu, ce mot se décomposait en un groupe de sons éclatés, en une sorte de « langue des oiseaux », de roucoulement qui nous ravissait ; c'était cela, ce gargouillis, qui, un jour, après le miaulement de madame Gassia, devait soudain résonner à mes oreilles alors que le bout de la règle venait de frapper deux fois mon pouce et je n'allais pas avoir le temps de décider ce qui me blessait du coup ou de la voix,

tu n'es pas doué du tout !

la phrase s'était enfoncée dans mon esprit et il n'allait pas être nécessaire de me la rappeler, de me moquer de sa prononciation mutilée, comme nous avions l'habitude de le faire quand chacun des mots de la dame, de ses fractions de mots même, passaient de bouche en bouche, nous nous amusions des nuances sonores de ces fragments formés involontairement ; eh oui ! je n'étais pas doué, absolument pas, qui sait ? je n'avais ni talent, ni œil, ni goût, madame Gassia en avait décidé ainsi, elle l'avait écrit de son écriture épaisse et malhabile dans le livret scolaire et je crois qu'elle ne s'était pas trompée puisque jusqu'à maintenant je ne suis pas capable d'esquisser ne serait-ce qu'une image élémentaire ; ma mère avait haussé les épaules, tu ne l'es pas ! tu ne l'es pas ! toujours prête à admettre les remarques de l'instituteur, son respect envers eux réduit à de l'indifférence, alors qu'Arevik, à la fois en guise de protestation et de menace, s'excitait – pauvre de toi ! le collège est tombé entre les mains de cette Roumaine ! –... d'ailleurs, dans son esprit, le collège avait commencé à entamer son déclin et cela lui permettait de répéter ce que j'avais déjà entendu mille fois – de notre temps, c'était comme ci, c'était comme ça, Aghpalian, Chant, Guzelian, on les a bien enterrés ! – avec son penchant à louer les gens qui, pour elle, étaient restés au fond du passé, mais n'avaient jamais vraiment disparu, elle évoquait tous les absents, les directeurs ayant émigré en Australie ou en Argentine

est-ce à ce moment-là ou beaucoup plus tard ? à cause des remarques de madame Gassia ou de Seto ? (chaque chose n'est-elle pas un palimpseste, chaque chose n'a-t-elle pas déjà été écrite une première fois ?) le trait et l'aquarelle allaient perdre leur attrait et leur aura, j'allais peu à peu cesser de jouer au jeu des couleurs, désormais les gouttes n'allaient plus asperger la page et je ne devais plus composer des esquisses dans l'espace, des êtres fabuleux, des paysages de bord de mer, des grottes, des stalactites et des stalagmites, je n'allais plus construire ce jardin rêvé d'arabesques et de rubans, ce tapis suspendu au mur que nous n'avions jamais eu malgré l'activité de tapissière de ma mère et de Vartouhie, il n'y avait sur nos murs, en tout et pour tout, que quelques photos d'où nous regardaient Elmone, Flora ou Vergine avec peut-être leur vérité pitoyable ; les découpes de couleurs n'étaient ni des signes, ni des images, ni même des fenêtres au-delà desquelles s'ouvrait un autre monde ; le pinceau ne devait plus suivre une courbe spontanée, une courbe de vie, comme on dit, et, plus tard, j'allais aimer flâner dans les rues de villes inconnues poursuivant un visage, un événement, une idée qui allait offrir l'imprévu et que je pourrais fixer sur la pellicule ; je n'allais pas, à l'instar d'un joueur invétéré comme Tathéos, jouer à un jeu comportant un mystère profondément enfoui, ce que par la suite j'allais entrapercevoir, métamorphosé mais devenu soudain reconnaissable, sur les peintures de jeux de cartes où la main du peintre avait transposé le combat de la vie et de la mort entre les mains de ceux qui tiennent les cartes, l'avait transféré dans le contraste des couleurs euphoniques et attirantes ; peut-être que mes vagabondages dans la ville étaient une variante du même acte, une étape de la même rêverie, une nuance de la même couleur ; je crois qu'on ne change pas, simplement les images originelles enfouies en nous deviennent plus nettes et plus prégnantes jusqu'à ce qu'elles se précisent, qu'elles se renforcent, deviennent contraignantes et oppressantes dans notre esprit, faisant de ce que nous voyons un palimpseste et, finalement, avec la résignation, apportent un sentiment d'indifférence ; d'abord en hésitant, puis entraîné par le geste, j'allais déchirer tous mes dessins, j'allais oublier mon échec fait de peur, d'enthousiasme, de vénération et de crainte devant un long travail et au mot « dessin » allait venir s'accrocher la grimace des lèvres soigneusement peintes en rouge de madame Gassia ; je déplore de ne pas l'avoir photographiée avec sa lèvre supérieure couverte d'un épais duvet blond, avec ses joues osseuses, son demi-sourire intelligent et apparemment méchant ; je sais que celui-ci se dessinait sous de beaux yeux cernés de khôl, aux battements de cils rapides, presque théâtraux tandis qu'à la main, elle tenait une branche d'acacia odorant avec des fleurs jaunes qu'elle essayait de disposer dans le vase.

Peut-être qu'effectivement, si l'allusion était juste, Seto Emmi avait voulu que j'aille en apprentissage auprès de monsieur Gulbenk pendant l'été, de même qu'une autre année j'allais travailler auprès de Djanik puis en d'autres endroits mais finalement je n'étais resté nulle part ; est-ce qu'il considérait que lui n'avait rien à enseigner ou bien voyait-il un autre niveau pour moi ? à une autre occasion, ma mère avait dit,

tu as oublié, c'est toi qui le voulais, tu voulais vraiment être photographe, ton père n'a pas voulu, il a dit – c'est pas un travail ! – bizarre ! comme si Seto laissait sa famille mourir de faim !

longtemps j'ai pensé que la mémoire de ma mère conservait tout, tous les détails d'un événement, d'un épisode tels qu'ils avaient eu lieu, cependant, peu à peu, je remarquais que là, il n'y avait aucun ordre chronologique, on aurait dit que les faits avaient déjà été inscrits quelque part, côte à côte, l'un avant l'autre, après l'autre ou l'un dans l'autre (là où toutes les liaisons étaient possibles, tous les enchaînements acceptables) et moi qui étais à la recherche de cet ordre, je ne percevais pas que, dans des circonstances différentes, ce qu'on appelait la mémoire se renouvelait, qu'elle reformait les données selon une règle dont il était impossible de percer l'énigme ; simplement, soit c'était mon père qui n'avait pas voulu, soit c'était elle ; un jour, c'est moi qui voulait devenir photographe, un autre, c'était Seto l'incitateur et entre ces deux jours, l'approximation, disons le changement de point de vue, jetait un doute en moi, les événements n'étaient pas tels que je l'avais cru, ni lors de la première narration, ni lors de la seconde, on peut penser que peut-être les deux étaient exactes, l'attrait de l'appareil de Seto ne m'avait pas seulement fasciné mais avait pu me rendre fou d'image, Toto, me disait-il, et le désir que j'avais de toucher l'appareil, de vouloir absolument fourrer ma tête sous le tissu noir, lui le comprenait comme une forte attraction et en lui s'éveillait, je le suppose, le sentiment le plus puissant pour un père, transmettre à son héritier la tradition et le secret de son métier qu'il pense avoir soutirés à la vie par l'expérience ; cela signifiait, bien sûr, qu'il aimait ce métier dont il n'avait pas réussi à donner le goût à aucun de ses fils et que cependant lui-même n'avait pu avoir hérité ;

à présent, pouvais-je comprendre ?

Durant un temps, il m'appelait sans cesse auprès de lui, une chose informulée dans sa voix, – une émotion ? – rendait son bégaiement plus sensible, un très léger handicap, semblable au bruit des galets dans les vagues de la mer qui se retire,

viens là ! que je regarde tes yeux, tout est à sa place ?

je m'approchais mais toujours prudemment pour qu'il ne m'attrape pas par surprise, comme mon père ; il pouvait me saisir soudain, m'immobiliser par un contact dégoûtant et, selon leurs coutumes, ils devaient s'interpeller les uns les autres – c'est descendu ? non, c'est pas descendu ! tu n'es pas encore devenu un homme ! – leur oreille tendue encore une fois vers une poussée vitale qui semblait ne pas venir, un peu inquiets, un peu moqueurs, en tout cas énigmatiques, surtout énigmatiques, lorsque Seto devenait brusquement sérieux : si ça tarde, montrez-le à un docteur ;

Seto Emmi adoptait soudain une attitude de médecin, son visage devenait sévère, sur son front apparaissaient des rides semblables à deux fentes, le vert de ses yeux tournait au noir quand il se penchait et qu'il examinait un œil, inclinait la tête – derrière, la treille dessinait un mouvement analogue – puis il examinait l'autre, je croyais qu'il allait trouver dans mes pupilles quelque chose de caractéristique qui soit l'indice du photographe, le trouvait-il ou non ? on aurait dit qu'il y avait encore le temps, qu'il fallait attendre mais le plus important était de voir bien et net, c'était une question de vision, il conseillait comme un avertissement – ne regarde pas le soleil en face ! – avec un tel ton qu'il semblait qu'on devait détourner la tête comme devant une chose sacrée et, au moment d'une éclipse, noircir un papier et regarder au travers ne suffisait pas, ce n'était pas une bonne chose, je deviendrais aveugle,

ne fais pas trop attention à ce que dit cette institutrice, quel est son nom déjà ? mademoiselle Alice ? mademoiselle Alice, la fille de notre boulanger Papken, ils sont de Hadjen, elle est sage mais elle ne ressemble pas à son père,

je ne sais comment elle aurait pu ressembler à son père, monsieur Papken ou Poker Papken avait la réputation d'un joueur de poker américain, c'était l'un des plus fidèles clients de Tathéos, on le disait capable de mettre sur la table son gain de la journée et de jouer à découvert, de sorte que qui se serait approché d'une jolie fille comme mademoiselle Alice, dont la dot était allée et venue plusieurs fois sur la table de jeu ? il lui restait la fonction d'institutrice et surtout un chemisier impeccablement blanc sous lequel Missak essayait d'apercevoir le soutien-gorge de la demoiselle, sinon plus, pour que, le soir, dans son antre ou dans ses rêves, il en rêve et en jouisse ;

mais celle-là, qu'est-ce qu'elle y connaît ? si elle savait quelque chose, elle aurait trouvé un mari !

puis, me donnant une petite tape sur la joue, – tirer des traits est une chose vaine, mais c'est l'œuvre de Dieu –,

comme s'il voulait dire vous serez ruinés, lui qui n'avait pas vu une main pareille à celle de Galents et moi, dans sa voix, j'avais entendu une intonation d'émerveillement, d'étonnement, qui pouvait indiquer un encouragement réconfortant plus qu'une tentative de découragement ; beaucoup plus tard, des années après, j'allais constater que, dans plusieurs de ses photos, il ne dédaignait pas tant que ça le trait et l'intervention de la main, notamment lorsqu'il avait fallu agrandir la petite photo de mon père, rendre net son regard trouble, assombrir l'iris et, remarquant mon inépuisable curiosité envers la petite boîte disposée dans son sac,

quand tu grandiras, il y aura des appareils meilleurs que celui-ci, tu te serviras de ceux-là et, d'un seul coup !

il souriait,

tu tireras sur l'oiseau !

il fermait l'œil gauche qui s'enfonçait, c'était exactement ce qu'il faisait lorsqu'il prenait une photo et c'est cette même expression qui apparaissait sur son visage quand il approchait son œil du viseur du fusil de chasse, il prenait sa marque, il attendait que les deux pigeons en vol tournent, dansent dans l'air, qu'ils planent, comme s'il avait un instant d'hésitation et, à ce moment-là, son doigt devait appuyer sur la gâchette, faire feu et abattre précisément d'abord l'un, puis l'autre, qui ne tombaient jamais dans l'hippodrome, mais en dehors, sur les baraquements de Tiro ou encore plus loin, dans les marécages du littoral d'où les rapportaient les chiens de chasse, si on ne les avait pas déjà volés ;

je ne sais ni où, ni quand – en Syrie, en Arabie, chez les bédouins d'Égypte – il avait appris ce jeu dangereux aux conséquences sanglantes, que les Français avaient officialisé en faisant réaliser pour cela un terrain spécifique, de l'autre côté du pont, juste au milieu du kemp, plus exactement c'était le kemp qui s'était formé autour de ce champ, comme s'il avait trouvé un centre à son étalement, à son éparpillement, c'était un belvédère fermé dont l'entrée était payante, une scène pour les tireurs, où ceux-ci devaient concourir comme des chevaux de course : toutes sortes de gens douteux, des caïds, des ivrognes, des drogués, des contrebandiers fréquentaient le lieu, pariaient sur l'un ou l'autre des tireurs, perdaient de l'argent, s'emportaient, se battaient jusqu'au meurtre ; Seto avait arrêté ce jeu depuis longtemps, de même qu'il avait abandonné les monts d'Albistan, là-bas, chaque balle, chaque fusil volé à un gendarme crevé était une vie, le prolongement d'une vie ; cette image de l'œil se rétrécissant, se rapetissant, s'assombrissant soudain était demeurée dans ses paroles ; à cette époque, cette expression me semblait puérile, puisque il y avait toujours un oiseau caché dans la boîte noire qui, cependant, ne s'était jamais envolé ; mais n'était-ce pas ce que nous faisions lorsque nous visions l'œil du chat s'avançant sur les toits, sans forcément réussir – celui qui réussissait était un caïd ! tu frappes l'oiseau me disais-je à moi-même, d'un seul coup, comme lui derrière son appareil, mais cela, dans le fond, n'était-ce pas les limites de son métier ? non pas une avancée lente et durable, des essais d'ébauches, mais une sorte de coup mortel, une immobilisation avec un coup décisif qui détruit tantôt la proie, tantôt le chasseur ;

il se tournait vers ma mère comme si elle représentait une foule dont il devait quêter l'approbation, comme si la question concernait l'habileté et le niveau de réputation,

si vous ne voulez pas de Gulbenk, je parlerai à Vahé.

12

Quand je suis entré dans la chambre noire, j'ai vu des images et la lune,
Je me suis penché, j'y ai retrouvé ma douleur
SETO

Il lui avait parlé et Photo Vahé était de l'autre côté de la vallée, il n'était donc pas nécessaire de parcourir un long chemin – de toute façon, il ne reste pas à la maison ! – d'ailleurs n'était-ce pas la préoccupation de ma mère ? durant ces trois mois, j'aurais joué au baby-foot dans les clubs, arpenté les rues sur une planche à roulettes, vagabondé sur les toits et dans les champs, les garçons du quartier avaient étendu leur territoire du bas du chemin de fer aux rives du fleuve et, avec eux, je serais allé chasser les oiseaux avec ma fronde, voler des concombres dans les jardins, il fallait que j'échappe aux ordres des uns et des autres – apporte-moi mes cigarettes ! j'ai fini mon soda, remplis m'en un quart ! – et elle n'aimait pas que je joue aux cartes avec Nano ; au moins là-bas j'apprendrais quelque chose, mais je devais marcher au bord de la route jusqu'à la pharmacie Radio en face de laquelle, au coin des deux rues, sur le calicot de façade, était écrit, avec des grandes lettres rouges et noires et en trois langues, « Photo Vahé », en dessous, le logo Kodak, à côté, le numéro de téléphone en caractères beaucoup plus petits mais c'était déjà en soi un motif de fierté ; quand il donnait sa carte au client, la voix de Vahé s'amplifiait, s'enflait, il voulait dire, voilà, j'ai le téléphone, qu'est-ce que vous croyiez ! la place de son magasin n'avait pas d'équivalent dans la topographie de la colline et attirait non seulement notre quartier mais également celui des catholiques, les Maisons Blanches, Saint Jacques, Jétahoui et, au-delà de Fassouh, Mar Mitr, Kelekian ; là-bas, dans les petites rues, il y avait sans doute des photographes ordinaires, c'est-à-dire sans prestige, mais pour cette population bigarrée et polyglotte, Photo Vahé était différent, représentant un peu la nouvelle génération du métier qui avait introduit dans la banlieue la qualité et la nouvelle technique des photographes de la ville et, en tant que telle, cette boutique, surtout à ses débuts, avait un caractère de luxe, de chic, dernier cri, pour ma mère, avec son abondance d'éclairages électriques, ses étagères en verre et surtout son lourd téléphone noir ;

je restais souvent un long moment devant la boutique, lorsque je devais aller chez ma tante, il y avait toujours une nouveauté que j'admirais, quelques appareils Kodak, des boîtes de films, des fournitures de papeterie, des albums de photos, des portraits dans de petits cadres ; après la fête de fin d'année, c'est là qu'étaient exposées les photos des classes de terminale et de maternelle, au centre, le directeur, les diplômes dans une coupe en osier, les élèves en rangs, parfois on voyait même les premiers de la classe auxquels le directeur remettait un présent, habituellement un livre du genre de Robinson ou Gulliver, puis il y avait des photos de mariages, de baptêmes, parfois même d'enterrements ou plus exactement des spécimen d'entre elles, parce que monsieur Vahé était aussi à mi-temps photographe ambulant, les Arabes, de Sioufi jusqu'à Djemeyzé, faisaient appel à lui pour photographier l'ensemble d'une cérémonie et, si la fête avait lieu le samedi après-midi, c'est-à-dire à l'heure de pointe, sa mère venait le remplacer à la boutique, madame Akabi, un petit bout de femme, une boule de chair et de langue, le sosie de madame Trvandah mais en plus calme et plus réservée, elle s'asseyait devant la caisse, buvait son café, elle me faisait exécuter à la lettre les consignes de monsieur Vahé – nettoie les vitres, il y a de la poussière ! balaie par terre, n'oublie pas le trottoir ! – et surtout il fallait nettoyer, sans disperser la poussière de partout, ce qu'on appelait la pièce intérieure, différente de la chambre noire qui était juste à côté et où je n'étais pas autorisé à entrer ; quand j'avais fini tout ça et que je voulais m'asseoir sur le tabouret pour regarder la rue, elle me trouvait aussitôt des tâches domestiques dont le nombre augmentait au fur et à mesure ; ça énervait ma mère – je l'ai envoyé là-bas pour travailler, pas pour faire le larbin – allait-elle dire en récriminant à Seto,

la pièce intérieure n'avait pas de fenêtre, il y avait un demi-divan à côté de la porte, une chaise qu'il fallait essuyer tous les jours, des rideaux qu'il ne fallait pas toucher, mais je savais que derrière leurs plis, il y avait sur les murs des images de différents paysages grand format, tout à fait semblables à ceux dont j'avais remarqué les traces dans les photos d'Elmone, de Vergine : à côté d'un pan de rideau tiré, la façade d'une maison quelconque, une marine, un bouquet sur une table, alors que dans le studio de Vahé, comme il l'appelait, en ajoutant un « é » au début du mot, il y avait le mont Sannine, un cèdre isolé et un bois enneigé, la forteresse maritime de Saïda, des ruines de Byblos, les variantes des cartes postales qu'on vendait à Bourdj, qui apparaissaient derrière l'une ou l'autre des personnes se faisant photographier ; quand un client, un père de famille, entrait pour se faire photographier avec les siens, monsieur Vahé le recevait avec son fils en instance de départ, il fermait immédiatement la porte de l'intérieur, je suppose qu'il devait allumer les projecteurs, il plaçait ses modèles devant le rideau, il se mettait derrière son appareil arrimé sur un trépied, bien plus petit que l'appareil à coiffe de Seto et appartenant à une génération beaucoup plus récente, lorsque l'humanité était passée de la plaque de verre à la pellicule, il jetait un coup d'œil comme s'il allait composer une scène et cherchait le cadre ;

il avait tout un groupe de femmes et quand se présentait l'une ou l'autre d'entre elles, l'œil gauche de monsieur Vahé se rétractait, le droit brillait d'une flamme inhabituelle, ses mouvements, d'ordinaire onctueux, restaient calmes, contenus, tantôt pour se moquer de son interlocutrice, tantôt adoptant un ton juvénile, il témoignait soudain d'une neutralité, d'un flegme étonnants, – comme le Dr Guerguérian quand il examinait la gorge de mon père, apparemment satisfait de se retrouver devant un spécimen très rare d'une maladie – ; il fallait garder la porte fermée au moment de la photo, parfois il la verrouillait de l'intérieur, il poursuivait la conversation initiale, tantôt quelques ordres, tantôt un semblant de cri ou une voix enrouée, puis plus un bruit, aucune bribe de conversation, du moins je ne l'entendais pas, d'ailleurs ma place n'était pas devant la porte, mais, soudain, de la petite radio installée dans la pièce intérieure, on entendait Pat Boone, Nat King Cole, Frank Sinatra, Petula Clark et d'autres chanteurs qui chantaient leurs amours nostalgiques, *I don't stop loving you, loving you*, monsieur Vahé savait par cœur leurs paroles ou du moins en partie et il avait l'habitude de les chantonner à mi-voix quand il était dans la chambre noire ; jusque-là, je devais faire attendre les autres clients ou satisfaire leurs demandes, certains insistaient en arabe, ils voulaient le Monsieur, où était le Monsieur ? il fallait qu'ils le voient et, comme dérangé dans son travail, monsieur Vahé criait de l'intérieur, peu après, la femme qui se faisait photographier sortait en arrangeant ses cheveux, derrière elle, monsieur Vahé dont le visage, à ce moment-là, paraissait fatigué, les muscles relâchés, les boutons de son éternelle chemise blanche à moitié défaits – ce sera prêt dans deux ou trois jours – disait-il à la femme en se penchant sur son carnet où soi-disant il notait le nom ; comme c'était souvent les mêmes, il aurait dû les connaître depuis longtemps ; au début, j'avais l'impression que pour ces femmes, peut-être ces jeunes filles, se faire photographier était un aspect de la vie quotidienne, non pas un événement mais des actes accompagnant l'évolution, la transformation de leur visage, de leur corps qui allaient être rassemblés dans les pages d'un album, comme les mannequins de mode que l'on voyait prendre diverses attitudes pour faire valoir leur beauté ; était-ce cela qu'elles voulaient et qui semblait ne pas avoir de fin, car il y avait toujours une nouvelle photo à prendre avec une nouvelle tenue ? bien sûr, monsieur Vahé aurait pu aller chez elles, les photographier tranquillement dans leur environnement naturel, mais il n'était pas si souhaitable, apparemment, qu'un photographe vienne ainsi sans motif avéré… qu'allaient dire les gens du quartier ? alors que le studio de Vahé était une sorte de lieu public où elles pouvaient rester une heure, une demi-heure devant l'objectif, bavarder, savourer le plaisir d'être ainsi regardées, mangées de loin, puis partir, tandis que le photographe se tournait vers l'autre, le client insolent qui, manifestement, avait dérangé une opération qui exigeait du temps, de l'attention et une ardeur enthousiaste et chaque fois, il ne cessait de répéter que ce travail était un travail difficile, que ce n'était pas aussi facile qu'il le semblait, ça demandait du temps, les clients étaient exigeants, ils pouvaient ne pas payer le prix demandé et puis il y avait l'honneur de sa boutique, de son nom, il n'aimait pas le travail bâclé, c'est pour cela qu'on le recherchait ; libéré de la contrainte de balayer, de nettoyer, je pouvais contempler les filles et les femmes qui tournaient dans l'atelier, soi-disant pour acheter un cadre, offrir un album à l'occasion d'un anniversaire, elles trouvaient de nombreux prétextes, disait madame Akabi en marmonnant, elles se penchaient sur le comptoir, déployant leur large décolleté au profit de ceux qui regardaient par-dessus, elles portaient leurs mains à leur cou faisant soi-disant un mouvement pour couvrir l'ouverture de leur chemisier, ce qui attirait d'autant plus l'attention de notre homme, elles faisaient tous leurs efforts pour tourner la tête à ce jeune homme de petite taille mais de bonne mine – on dit qu'il est pas contre, allez ! allez ! on dit qu'il court après les jupes des filles, il est du genre libidineux, complaisant, accommodant avec tous, s'il voit l'eau il devient poisson, s'il voit un trou il devient souris, l'incarnation type de ce dicton, et Parounag Effendi qui croit encore que son fils est une chose charmante qui va trouver une fille dans un lieu honorable, eh ! il n'y avait pas que des Arabes, en quoi les nôtres étaient-elles inférieures ? pourquoi elles y goûteraient pas ? le feu aussi a son attrait, le mâle aussi a du goût, tiens ! cette Araxie, la bru d'Elbis, et d'autres comme Nevart, son dernier fils est de lui, c'est évidemment pas celui du mari gâteux, qu'est-ce que tu croyais ! et le mari, il s'en fout ! eh en plus ! dirait madame Trvandah, le mari est d'accord, il ne dit pas un mot – ;

dans ces quartiers, qu'est ce qui pouvait rester secret ? la différence n'était pas si grande d'avec les kemps ; qui pouvait penser faire ce qu'il voulait, vivre comme il voulait ? et celui qui y pensait pouvait-il le réaliser ? tous n'étaient qu'un, unis, collés les uns aux autres, encaqués, entassés les uns sur les autres, côte à côte, comme dans une photo de groupe où l'objectif enserre tous les sinistrés dans le champ d'un regard, on aurait dit qu'ils prenaient plaisir à cette promiscuité pleine de tentations, à cette transparence visqueuse, épaisse, grâce à laquelle chacun était visible de tous, audible de chacun, avait perdu son moi, son individualité, son désir qui, cependant, bien sûr, continuait à résister quelque part, à faire de temps en temps, hors de la frontière invisible, des incursions qui devenaient événement, fait, épisode extraordinaire, des choses dont ils étaient privés dans la médiocrité de leur existence d'où était expulsé l'extraordinaire, qui n'appartenait qu'au passé ;

la nouvelle passait de femme en femme, des anciens clients aux nouveaux, comme par le téléphone : c'est ainsi qu'un midi, ce n'est pas madame Akabi qui entra, son cabas de marché le long de sa robe jaune, mais le père de monsieur Vahé, – son contraire aurait-on pu dire, un homme large d'épaules, corpulent, portant, été comme hiver, un veston et une cravate, chauve, le nez rouge, des touffes de poils aux oreilles – que madame Akabi appelait « mon Parounag » et on imaginait alors un autre Vahé ; à présent, ce Parounag avait à la main une sorte de cravache et, sans autre forme de procès, il se tenait devant la porte de la pièce intérieure – ouvre la porte, c'est moi ! il attendait quelques secondes, répétait – ouvre, que je te règle ton compte ! le loquet ne bougeait pas, il hésitait encore, reculait de quelques pas, je pensais qu'il allait revenir et donner un coup de pied, mais, pris de rage il tournait la poignée de la porte d'un mouvement imprévu, bruyamment, en ébranlant le sol de ses pas lourds et se ruait à l'intérieur ; au même instant, la porte de la chambre noire d'à côté s'ouvrait, un fin rai de lumière rouge se découpait, disparaissait derrière la porte qui se fermait – qu'est-ce que tu veux ? tu es encore tombé sur la tête ? monsieur Vahé toisait son père de haut en bas, avec un regard un peu arrogant – laisse nous donc travailler ! il se taisait pour éclater soudain – y en a assez maintenant de cette fausse virilité ! ses petits yeux cillaient rapidement et un rouge léger avait atteint le haut de ses joues ; demain, tout le quartier allait être au courant de l'incident, les hommes riraient, monsieur Parounag, toutes affaires cessantes, juste après l'épisode de l'atelier, allait courir chez lui, derrière la boutique de Simon, attraper madame Akabi par le bras, lui foutre une belle raclée – tu m'as fourré dans un vrai guêpier, je t'ai écoutée, j'y suis allé, je me suis ridiculisé devant mon fils –, cependant, les femmes – quoiqu'il en soit, cette boutique est un endroit ignoble, pouah ! et ben Hrip ! comment tu peux envoyer ton fils là-bas ! – allaient décider de détruire la réputation de Photo Vahé, sans vraiment pouvoir mettre leur décision à exécution : comme il n'y avait pas d'autre photographe dans le coin, monsieur Vahé allait rester l'incontournable photographe du quartier, elles-mêmes feraient appel à lui, et celui-ci allait vite se marier et le nombre des femmes fréquentant l'atelier allait peu à peu diminuer sans disparaître totalement.

Toutefois, pour moi, monsieur Vahé était le maître du secret de la chambre noire dont, en dehors de l'obscurité et de la lumière rouge en émanant parfois, je n'avais rien vu et qui, de ce fait, formait un espace attirant ; plusieurs fois par jour, il entrait là-dedans, il n'avait pas d'heures régulières, il prenait des précautions, d'abord il réitérait l'interdit – n'ouvre pas la porte pour rien –, ensuite, lorsqu'il sortait, il cillait des yeux comme s'il hésitait dans la lumière, et fermait immédiatement la porte ; au moment de sortir, il s'essuyait les mains avec une serviette, répandant dans la boutique une odeur chimique mais vague, indéterminée ; dans mon esprit, cette odeur était plus liée à l'obscurité qu'aux matières chimiques, dont les petits flacons vidés étaient rangés dans la grande armoire sur le côté de la boutique ; on pouvait entendre de l'extérieur le bruit de l'eau coulant dans l'obscurité, s'arrêtant, puis derechef le murmure d'un évier qui se vide, ce devait être les eaux évoquées par Seto, d'où apparaissaient les images pour devenir un visage, un paysage, la forme d'un objet, comme si, pour accéder de nouveau à la lumière, tout cela devait passer par l'obscurité et, je ne sais pourquoi, la chambrette où se réfugiait monsieur Vahé, me faisait penser à l'appareil de Seto ; il y avait toujours une métamorphose, une image sortant de rien, qui recréait celui qui se tenait debout là et qu'on avait prié de ne pas regarder directement l'objectif ; devant la porte close, je me sentais si proche de son secret qu'il me semblait le caresser de loin comme Arakel caressait les signes cabalistiques de son Évangile ;

il arrivait que monsieur Vahé s'absente de la boutique ; cette porte close était une sorte de tentation ; j'avais l'impression que si j'entrais, si j'allumais la lumière rouge, allait apparaître la vérité toute nue, j'allais enfin voir comment les images surgissaient dans le noir ; n'étais-je pas un enfant ? n'étais-je pas semblable à celui qui casse son jouet pour voir ce qu'il y a à l'intérieur ? devant la porte fermée, je me retenais soudain, je savais que j'allais franchir une frontière, que j'allais commettre une faute, maître Vahé pouvait arriver brusquement derrière moi, peut-être que quelque part, en face, dans la pharmacie Radio, discutant avec mademoiselle Aspirine Bayer, il suivait ce qui se passait dans sa boutique et ma mère elle-même me répétait sans cesse qu'il fallait frapper à la porte avant d'entrer, puis qu'il fallait attendre, on ne savait jamais, il pouvait y avoir quelqu'un, quelqu'un qu'il aurait mieux valu ne pas rencontrer, finalement, je n'étais pas un garçon des rues, un sale gosse qui entrait et sortait de partout et n'était-ce pas pour cela qu'une fois, une seule fois, ma mère m'avait giflé quand, sans avoir auparavant donné mon nom ou appelé, sans signaler ma présence, j'avais à peine passé le seuil de la chambre de Jeannette, qu'en un regard j'avais embrassé la vision de son corps nu, la cigarette à la main, tournée vers quelqu'un qui m'était inconnu et elle s'était rendu compte instantanément de mon apparition ; mais à cette époque, j'avais au moins une excuse, ils n'avaient pas fermé la porte, ils avaient dû penser – qui, à cette heure chaude de l'après-midi, monterait à cet étage élevé ? alors qu'à présent la porte était fermée comme un livre verrouillé dont la lecture n'est pas autorisée, la parole de monsieur Vahé l'avait scellée et donc je devais rester là, comme si j'avais donné ma parole et que je devais la respecter ; je me tournais vers la place puis j'ouvrais la porte de la pièce intérieure pour nettoyer avec un plumeau la poussière accumulée sur la chaise et le divan, je protégeais l'appareil photo avec sa housse noire, je jetais toujours un coup d'œil à son objectif attirant mais il était impossible de rien voir, rien, si ce n'est l'intense obscurité que créait le cache de l'autre côté ; peut-être que jamais je n'avais ressenti aussi fortement la sensation d'être enfermé, on aurait dit que j'étais dans une boîte, non seulement enfermé mais comprimé à l'intérieur d'une boîte dans laquelle des images se formaient, cependant elles ne pouvaient s'ouvrir à la lumière, comme les rêves que l'œil intérieur saisit à la vitesse d'une apparition, mais ne peut conserver ; l'atmosphère de cette pièce était désagréable et j'attribuais cela à l'humidité, au manque d'air, à cette sorte de gris foncé qui était la couleur dominante du lieu, peut-être aussi à toutes ces paroles qui se prononçaient, aux attitudes qu'on prenait, aux gestes et aux poses qui se déroulaient là et qui étaient le milieu de monsieur Vahé où dominait sa conversation ornementée mais choisie avec les femmes, une façon particulière de bavarder et de plaisanter dont la signification n'était pas très claire ;

par la suite, quand j'aurais l'occasion de voir de près quelques-unes de ses nombreuses photos sur papier brillant, j'allais comprendre sa façon de photographier, très rapidement, en série, – de la pacotille – comme disait ma mère pour ce genre de travaux, on aurait dit qu'il était toujours enclin à prendre son sujet par surprise, à le mettre dans une position inattendue, c'est-à-dire sur la défensive, on avait l'impression qu'à l'instant où il prenait la photo, il était dans une position de défi qu'il recherchait, voulait pour elle-même, une jouissance de voyeur qui devait aussi avoir un côté rude tant l'image semblait être la déchirure d'un voile recouvrant un corps ; peut-être que de ma part, ça ne peut aller au-delà d'une hypothèse, toutes ces femmes qui le pressaient (mais n'était-ce pas exactement ce mot qui était utilisé, comme une rengaine dans les blagues grossières que les jeunes aimaient répéter, en tirant une part de plaisir, finalement eux aussi auraient voulu prendre au photographe le goût de cette chair qui semblait se donner voluptueusement, – vas-y Vahé, presse-lui les nénés ! –) lui, de son côté les écorchait sur le papier avant de les déchiqueter il n'y avait, dans les photos de Vahé, rien de magique qui m'attirât, qui me saisisse, pas un moment qui n'ait eu son précédent, qui ait été une création, il était possible de reconnaître ces hommes, ces femmes, ils étaient ainsi, la véritable reproduction de la réalité, beaux d'une beauté naturelle et exempts de ce que l'esprit doit former et qui, bien qu'appartenant à la surface de l'image, semble en même temps un don du ciel, celui que peut-être voyait Seto Emmi, quand il posait son trépied à l'ombre du palmier, qu'il filtrait et qu'il épurait, qu'il équilibrait l'ombre et la lumière, leur lutte millénaire dont l'un des résultats ne pouvait être que l'image.

Je n'allais pas être photographe, c'était clair, on avait tiré cette conclusion de ma courte expérience,

c'est pas ta place ! qu'est-ce qu'il en sait ton Seto Emmi ! même si tu vas auprès de Gulbenk, ce sera pareil !

pour ma mère, ce travail semblait relié à un monde dont il fallait que je reste éloigné et qu'elle considérait comme celui de vauriens, d'escrocs, de salauds, de cochons, dont nos rues ne manquaient pas ; je suppose qu'elle était très gênée non par la légende formée autour de monsieur Vahé – des choses comme ça, il y en a dans la couture, dans la coiffure, un garçon propriétaire de son commerce attire comme un aimant toutes les traînées arabes ou arméniennes – mais par la gestuelle, par la façon d'approcher l'appareil de l'œil, regarder par le trou, et surtout de déclencher un déclic, ce qui fait de tout photographe un polisson qui capte et s'approprie la grâce d'un visage, sa beauté, son originalité, son essence ; est-ce qu'en elle travaillait encore la peur atavique qu'un visage perde son âme quand on le photographie, qu'on le duplique, qu'on le multiplie, le visage, c'est-à-dire son apparition, était-ce un masque que la photo recouvrait et sous lequel n'y avait que la destruction ? elle qui ne refusait pas, qui n'avait jamais refusé de poser devant un objectif, qui avait même rassemblé et conservé toutes ses photos ou presque, grâce auxquelles il serait possible un jour de recomposer l'évolution de son visage ; apparemment, elle ne voulait pas que j'en sois le photographe, sous divers prétextes, elle me défendait de passer de l'autre côté ; mais n'était-ce pas ce que nous allions faire ensemble, lorsque je prendrais la liasse pour regarder les transformations de sa vie et de la nôtre, comme si elle n'était plus la nôtre, désormais ?

peut-être qu'à ce moment-là elle était devenue si étrangère qu'elle admettait le dénuement et l'abandon ;

cependant la photographie allait continuer à exercer son attrait sur moi ; où que je visse une photographie, il fallait que je la regarde, que je l'examine, celui qui possédait un Kodak, un privilège, allait devenir un être exceptionnel à mes yeux, comme Djanik qui s'était procuré un petit appareil accroché à l'épaule mais, que, par économie, il n'utilisait presque pas, le transformant en une espèce d'ornement ne servant qu'aux rassemblements scouts et j'allais le regarder avec admiration, respect et un peu d'envie tant cet appareil soulevait des sentiments différents, incompatibles, intimes et stimulants, et les cristallisait à la vitesse d'un éclair ; plus tard, quand j'allais plus ou moins comprendre la technique – le contact d'une matière sensible par la lumière et la conservation de l'image avec des sels d'argent –, la photographie n'allait pas perdre son aura, comme allait l'être l'épisode de l'aquarelle, elle allait attiser mon imagination vers son mystère qui se trouvait au-delà des murs de la chambre noire, dedans ou dehors, une sorte de point de tapisserie impalpable et immatériel sur lequel le désir projetait sa lumière, ouvrait la promesse d'une profondeur délicieuse, se nourrissant peut-être de pensée et de méditation mais avec le corps plein de sève, préparant bien sûr l'abstraction et la jouissance des ténèbres ; cela allait m'engloutir, m'occuper, me déraciner, j'allais dire m'exiler au point de faire de moi l'adepte ou la victime d'une grande liturgie.

13

L'œil est la lampe de ton visage.
Seto

Je m'étais retourné comme quelqu'un qui voit une image ancienne, c'est lui qui m'avait arrêté ; il n'était pas à sa place, sous le palmier, mais dans le passage en arcades du Grand Théâtre, avant le débouché sur la place Maaradi, son éternel trépied à l'épaule, le sac dans lequel il devait y avoir sans aucun doute la boîte noire, pendu à l'autre bras et moi, j'avais mon cartable à la main ; j'avais eu du mal à le reconnaître, ça faisait longtemps que je ne l'avais rencontré, il me semble que même si je l'avais rencontré, je ne l'aurais pas remarqué, d'ailleurs, depuis la période de la maladie de mon père, on aurait dit qu'il nous évitait, tantôt il disparaissait durant des mois, tantôt il apparaissait comme s'il voulait continuer la conversation de la veille mais il écourtait sa visite, peut-être la trouvait-il inconvenante en l'absence de mon père, il était silencieux, songeur, presque toujours compassé, surtout quand ma mère était seule et qu'il pouvait, finalement, être obligé de prononcer des paroles intimes pour s'excuser, pour dire pourquoi il avait laissé ma mère en tête à tête avec Trvandah aussitôt après l'enterrement, pourquoi il avait fui, avait disparu, comme s'il avait voulu se recueillir dans ce deuil, alors que ma mère n'avait pas dit une seule fois, Seto n'est pas venu, chacun a sa peine, – quand tu en enterres deux d'un coup est-ce que tu penses aux autres ? non, et même s'il était venu, qu'est-ce que ça aurait changé ? tout au plus, il allait s'asseoir en face de moi, tout penaud, comme un coupable, à présent, qui va boire avec lui ? ils ont bu et sifflé tant de verres que ton défunt père en est arrivé là où il voulait, qu'est-ce que nous sommes ? rien – ;

en dehors de ça, je savais seulement qu'il existait ; peut-être est-ce ainsi que cela se passe souvent, nous installons les gens dans notre esprit, nous en formons une image immobile, inanimée, abstraite, nous ignorons leur vie, leurs doutes et leur dépérissement quotidien, nous cessons de remarquer la déformation du corps, les changements du visage, le tremblement des mains, la désarticulation de la mâchoire, la très légère étrangeté de la parole qui, en apparaissant soudain, conduisent à une connaissance réelle, du moins il semble qu'ils y aboutissent, alors qu'à présent, inévitable, il était là, face à moi,

désormais, il avait ôté son fez et, sur son crâne, une raie partageait en deux ses cheveux plus longs qu'à l'accoutumée, d'ailleurs, je n'avais pas pu regarder sur son front la trace du couvre-chef qui devait avoir disparu depuis longtemps et je n'avais pu non plus fixer ses yeux, j'allais me rendre compte ensuite que j'avais à peine remarqué les parties de son corps au-dessous du cou, je ne sais s'il avait perçu ma tendance à esquiver la conversation en face à face : je parlais latéralement comme un sourd, mon regard au-delà du trottoir, dans la direction de la papeterie d'Antoine où je ne devais pas aller, c'était tôt le matin, le rideau était à moitié relevé, les deux Jeeps du bataillon de gendarmerie remplissaient le boulevard du vacarme de leurs klaxons, une odeur de café venant des cafés voisins se répandait dans l'air, c'était lui qui m'avait reconnu,

je me disais bien que c'était notre sage Toto, où tu vas de si bon matin ?

on entendait dans sa voix l'intonation ironique, cette espèce de penchant au jeu et à la blague, peut-être était-ce moi qui lui attribuais cela, car, finalement, c'était ce que j'entendais quand il jouait aux cartes avec mon père ou quand il s'asseyait simplement pour parler, bavarder de choses et d'autres, parfois mon père essayait d'allumer la radio, il me faisait signe de trouver la station en appuyant sur les boutons de cette grosse boîte, il voulait écouter Radio-Ankara, non tant pour les nouvelles que pour les chansons, les mélopées dont le goût, on ne sait par quelle force magique, l'avait contaminé, lui avait peut-être été transmis par des groupes de musiciens de Sivas, et l'oreille de Seto, habituée non seulement aux mélodies arabo-égyptiennes des casinos de Bourdj mais aussi au turc de leur quartier, s'accommodait de cette situation ; parfois, lorsqu'il y avait des informations, il levait le menton, ils les commentait à voix basse, avec l'assurance de quelqu'un qui en sait beaucoup plus, de façon plus profonde et qui, donc, méprise les autres se contentant de racontars ; s'il n'était pas en train de boire de l'alcool, il sortait de sa poche sa boîte de tabac, il en prenait une pincée, il n'avait pas besoin d'en proposer à mon père qui tirait sur la cigarette fichée entre ses lèvres, aspirait cette substance qui allait se transformer en fumée, Seto tournait légèrement la tête, il suivait attentivement la retransmission, les nouvelles, les déclarations de Makarios au sujet de la question de Chypre, – il hochait la tête, juste comme à présent en face de moi – les jeux des grands États, la stratégie de Moscou, la tournée de la flotte américaine en Méditerranée, mon père sentait venir la guerre, les Anglais vont encore mettre le pied par ici, surtout que les Français se sont retirés, c'est bien ce qu'ils avaient fait dans le temps, en laissant les troupes de volontaires sous le feu des Tchétés[1] en Cilicie, non ? vieille histoire qui revenait toujours avec l'ancien ressentiment, mais à présent il n'y avait plus de peur, si ceux-là revenaient, au moins il y aurait un peu de travail, lui aussi réussirait peut-être à retrouver son ancien travail de garçon d'écurie ; Seto, en éternuant, – c'est ça, oui, c'est ça ! ceux-là sont encore des gamins – lui était toujours du côté des Rouges, ou, plus exactement – puisque notre pays est avec eux, nous aussi nous devons être derrière les jeux de Mikoyan – ma mère n'osait pas s'opposer, surtout en présence de ces deux-là dont l'un, son mari, pouvait, dans l'instant, lui lancer à la figure – la ferme ! occupe-toi de tes oignons ! – mais, finalement, un jour, elle n'avait pu s'empêcher de céder à la tentation, lorsqu'à nouveau il avait été question du rapatriement,

mais vous, pourquoi vous êtes pas partis ? tous vos chefs nous ont bourré le mou avec l'Arménie, ils l'ont encensée, ils sont partis aussitôt, soi-disant là-bas on distribuait des terres gratuites et eux allaient devenir des « Comtes Martel », les gens de votre quartier sont montés sur les bateaux avec tout leur barda et, sur les ponts, ils ont déployé les draps, ont écrit en rouge écarlate dessus, ils ont porté Staline aux nues et lui les a bien portés sous terre ;

Seto n'avait pas répondu et ma mère profitait de son silence, croyant peut-être avoir réussi à placer ce qu'elle avait à dire, à faire comprendre à cet homme que, si tu dis quelque chose, tu dois le faire, sinon… sinon tes paroles, c'est du vent, ils avaient d'ailleurs suffisamment trompé les gens, l'un partez !, l'autre, n'y allez pas ! on aurait dû éliminer toutes les grosses têtes de ce peuple pour qu'il puisse souffler un peu, se nettoyer, comme s'ils étaient encore dans les eaux de Deir-Zor, tous ces notables,

1 Bandes de miliciens turcs ou kurdes cautionnées par le pouvoir turc durant le génocide.

de la tête de l'Église jusqu'aux effendis de quartier, saleté, saloperie, capables de vendre leur foi, leur imam, leur femme pour, à la fin, singer la dignité paternelle,

et, dans un effort pour marquer sa victoire finale,

celui qui suit l'odeur du kebab se retrouve face à un âne mort,

d'où sortait-elle cette maxime ? des années plus tard, j'allais la lui faire répéter jusqu'à ce qu'elle admette l'avoir vraiment dite, oui, surtout qu'au même moment j'avais commencé à prendre des notes, tandis qu'elle, comme stimulée, encouragée par mon crayon, eh oui ! elle avait bien fait de le dire, qu'est-ce que tu croyais ! parce que nous sommes des femmes, nous ne savons pas parler ! oui, les mots ne lui faisaient pas défaut et surtout arrivaient à propos, à elle comme à Vergine ;

Seto cherchait-il une répartie ? sa main se tendait vers le verre d'eau – on dit que celui qui tombe à l'eau s'accroche à n'importe quel brin d'herbe – ses lèvres étaient scellées par le silence, il ne disait même pas,

ma chère Hrip !

toujours avec une ironie qui n'avait pas encore trouvé sa véritable couleur, on aurait dit qu'il hésitait, jusque-là, ma mère, soutenue par son assurance semblait avoir oublié l'insulte possible de mon père, celle qui pouvait jaillir soudain mais qui, là, ne fusait pas puisque mon père était occupé avec sa boîte, d'où il sortait une cigarette,

mais vous aviez quelqu'un en Amérique, ta Trvandah a dit qu'on vous avait invités, c'était pas ton frère ?

si ça n'avait tenu qu'à ma « fiancée », allez ! allez ! on serait partis !

et ?

en essuyant ses lèvres avec le haut de son poignet,

ni l'Amérique, ni l'Arménie !

une longue inspiration unissant deux pays si éloignés l'un de l'autre, les mettait à la même hauteur, méprisée ou interdite

on n'est pas venus jusqu'ici pour aller dans un autre pays,

il semblait que la voix, après un long vagabondage, fatiguée, avait atteint un point culminant qui, dans le fond, n'en était pas un, mais une situation en suspens, comme à présent, à côté de moi, quand il balbutiait, et il me semblait que, pour la première fois, il ne savait pas quoi dire à ce sage Toto, qui allait encore à l'école, le matin de bonne heure, son regard allait au cartable pendu à mon bras,

apprends ! apprends ! pour ne pas te prendre pour ce que tu n'es pas !

Au fond, dans ces paroles résonnait un accent qui m'était très connu, presque familier, celui qui était parvenu à mon oreille, au seuil de la maison, le jour où, son trépied à l'épaule, son sac à l'autre bras, pressé, comme s'il avait monté les escaliers de la colline sans reprendre haleine, ayant parcouru tout ce chemin, transpiré, il avait ôté son fez, l'avait posé sur la table, il s'était essuyé le front et les tempes de son mouchoir, le soleil de juin et la chaleur avaient marqué son visage, il était allé s'asseoir sur le tabouret situé à l'ombre la plus épaisse de la treille, avait regardé un instant, sans parvenir à capter son regard, mon père assis en tailleur sur la carpette qui épluchait des carottes pour son cheval ; il devait être assez assoiffé,

Allez ! va me chercher cette cruche, je parlerai après,

ses cils battaient rapidement, personne ne savait ce qu'il avait à dire et qu'il gardait au bout de la langue, il prenait la cruche qu'il tenait face à sa bouche mais loin de ses lèvres, il la tenait le plus loin possible comme les paysans arabes, il lui semblait qu'il s'approchait de je ne sais quelle source de leur ville, qui n'avait pas sa pareille, – je te jure, elle était unique ! – puis, pour profiter pleinement de la fraîcheur du liquide, pour la garder dans la bouche, comme pour intensifier ce moment, le long voyage de cette eau depuis la profondeur de la terre jusqu'à ce récipient en argile, il y avait ce jaillissement, – que ponctuait le gargouillement de la gorge – qui était l'émanation de la vie, sa fraîcheur, jeux et rires, comme lorsqu'avant d'entrer dans la mer, lui et mon père se jetaient dans l'eau, ils s'élançaient – splash ! –, ils plongeaient dans l'ondulation des vagues, au large de Dora puis, fatigués, nageant à moitié sur le dos, se laissant à moitié porter par le ressac, ils rejoignaient le rivage en soufflant, s'allongeaient sur le sable en parlant à voix haute, derrière eux un petit casino et, au-dessus, l'ombre d'un pin maritime, légère, scintillante, comme celle de la treille de notre jardin ; Seto, à présent, plaçait la petite cruche dans son récipient, l'inclinait légèrement pour qu'elle touche le morceau de glace, posait le couvercle comme s'il n'avait jamais vu cette boîte, reliquat de l'armée anglaise, et se tournait soudain vers mon père,

Agopik, donne-moi ce que tu me dois,

mon père ne comprenait pas ; à côté de la machine de ma mère, installée sur le coussin, Antika tendait l'oreille, dans sa main, l'aiguille restait sous le bouton, elle regardait ma mère qui était habituée à de tels moments, à de telles blagues, quand ils gagnaient cinq livres aux courses, ils se réjouissaient ainsi comme des gosses, c'était des gosses, yallah ! madame Jeannette donnait à mon père des numéros secrets inscrits sur un papier en lui conseillant – joue ça ! – à coup sûr, ces chevaux allaient arriver ce dimanche, elle en était sûre, mais il fallait aussi lui donner sa part, bien sûr, mon père donnait les mêmes numéros à Seto,

c'est ta chance,

les numéros secrets étaient rarement gagnants mais eux avaient confiance dans les relations de madame Jeannette tout comme Arevik dans les talismans du sorcier, d'ailleurs l'un des chevaux, à la dernière minute, n'avait pas couru, s'il avait couru, ils auraient été millionnaires ; ils espéraient, le sort les récompenserait un jour, du moins leur fidélité envers le jeu les récompenserait, soi-disant il lui devait bien ça, mon père hochait la tête, jetait la dernière carotte dans le seau plein d'eau, déchirait le bout du paquet de cigarettes, le secouait, en allumait une, épaisse et odorante, Seto ne pouvant s'accroupir à sa place, peut-être touché par une piqûre inattendue, se levait, s'approchait de ma mère,

belle-sœur,

Antika, plus tard, allait demander, mine de rien,

mais qu'est-ce qu'il vous est exactement pour t'appeler belle-sœur ? elle n'avait jamais compris la proximité de mon père et de Seto, à l'adresse de qui elle ne cessait de lancer des piques indirectes, je suppose que cela correspondait au rôle de grand-mère qu'elle avait endossé, cette amitié d'Hagop le Blond l'éloignait de son contrôle, de sa domination, de la passion, reliquat du matriarcat, qui ramenait tout à elle, à son autorité qui était, bien sûr, celle d'Erzeroum et c'est pourquoi ma tante n'appréciait pas du tout cette femme qui sentait, comme elle l'avait dit à ma mère en se pinçant le nez, alors que peut-être Antika aurait fait la même remarque si elle s'était retrouvée face à ma tante ;

ma mère avait relevé la tête, elle n'était pas très contente de l'interruption, elle allait encore se lever pour faire le café, elle allait dire, – augmente le feu –

ils veulent que le garçon aille au Djemaran,

au Djemaran ?

Antika ouvrait tout grand les yeux, ses narines avaient commencé à frémir, une odeur d'information nouvelle et diffusable, incroyable, était parvenue à son nez, qui donc de notre quartier pouvait aller à cette école ? – tiens, celle-là y est allée et puis elle est assise sur son cul ! allusion à Arevik, mais tant d'argent ? d'où prendre ces 250 livres libanaises annuelles, une montagne d'argent que ni elle ni nous n'avions vue, même en rêve,

une bourse !

pour Antika, cela équivalait à l'aide envoyée d'Amérique pour les indigents, qui ne lui était jamais arrivée, du moins c'est ce qu'elle disait, et même si elle lui était parvenue, elle l'aurait fourrée sur son sein ou l'aurait fait disparaître comme quelque chose n'ayant jamais existé, d'ailleurs de si petites sommes, à quoi auraient-elles pu servir ? c'était même pas de l'argent de poche, c'était encore une aide,

il est boursier ;

pour Seto, tout était arrangé depuis le début, et devenu une réalité irréversible, comme si c'était lui qui l'avait décidé, peut-être en sachant que mon père n'allait dire ni oui ni non, – ces choses-là, c'est pas pour moi – son réflexe naturel pouvait être quelque chose d'approchant, puisque l'école, l'étude, l'habillement, les cadeaux, les mariages, bref les relations sociales, les rites de la vie ne le concernaient pas, lui était loin de tout ça, il avait son pétrole lampant à vendre et son cheval, l'alcool et le sommeil, – le reste, je m'en fous ! –, comme disait ma mère à mon oreille, tentant toujours de rapporter sa description à des comparaisons exactes, c'est-à-dire courantes ; peut-être mon père était-il déjà au courant de la question et avait laissé Seto venir porter la bonne nouvelle, si c'en était une, à ma mère et, parce que tout cela avait quelque chose d'énigmatique, de fondamentalement inimaginable, Seto ressentait le besoin de commencer l'histoire par le début, par le moment où, au marché Sursock, il avait rencontré par hasard Bedros Effendi, Bedros Dzarouguian, de la maison de Tchello, l'ancêtre, étalant ainsi derrière l'homme un passé de héros résistant, comme les anciens photographes suspendaient au fond un tapis, une tenture peinte à l'huile et Seto Emmi était un maître de ce type d'aperçus qui laissaient sur moi cette impression que la vie de Gürine était là-bas, quelques quartiers plus loin, entre la place de Bourdj et l'horloge de Maarad, dans un labyrinthe bigarré et opaque,

nous avons parlé de la pluie et du beau temps, c'est un homme désintéressé, tout à trac il m'a dit – nos amis d'Amérique cherchent des candidats, et ça, pour l'année prochaine –, il m'a demandé mon avis et je lui ai donné le nom de celui-ci… j'ai vu qu'il le connaissait, je vous la fais courte, j'ai donné ma parole,

la machine de ma mère avait cessé de marcher, on entendait le murmure de l'eau s'écoulant du robinet dans le baril en métal servant de vasque et, venant depuis le jardin d'Aram, un large éventail de rayons de soleil se déployait dans la pièce, laissant dans l'ombre les têtes des gens assis, les gardant dans un silence soudain d'où s'élevait à nouveau la voix de Seto, interrogative,

ne me dites pas maintenant que vous êtes contre ?

c'était presque agressif, je ne sais pourquoi il pensait que ma mère allait s'opposer ; comment allais-je aller jusque là-bas ? ça, c'était le prétexte ; je crois que pour elle, être boursier c'était devenir comme Areknaz, un orphelin qu'on prend et qu'on élève, un peu pour lui-même, un peu aussi pour la paix des consciences ; tout ça allait devenir ouvertement une matière à discussion après le départ de Seto ; est-ce qu'on allait encore devenir orphelins ? on venait tout juste de s'en sortir, c'est-à-dire elle et un peu aussi les autres, et de plus, tout le monde allait dire qu'il a un père et qu'on le donne comme filleul, – madame Hrip, sans vouloir me mêler de vos affaires, c'est toi qui pense de telles choses ? tu ne m'as pas dit qu'il fallait se contrefiche de ce que disent les autres ! laisse-le y aller pour qu'il devienne quelqu'un, regarde ce que je suis devenue ! – Arevik avait déjà commencé à penser à ma rentrée, à me décrire le chemin du collège, comme si je devais savoir par cœur et à l'avance les lieux et les noms, la place Ryad-Sohl, l'imprimerie d'« Astag », le grand Sérail, Saint Signe, comme si allait s'ouvrir devant moi un nouvel espace de la ville, non pas géographique mais symbolique ;

l'argent du car ? non, ça, c'est pour vous, il a qu'à prendre un service*, Bedros Effendi a dit que la famille pouvait épauler l'association, on ne peut pas que prendre, c'est pas juste ?

il semblait que la décision avait été prise et que les faits qui s'ensuivaient étaient entrés dans leur cours normal,

s'il étudie, il deviendra docteur-avocat, il ne sera pas comme nous, tout le temps dehors, à trimer dans les rues, tailleur, bijoutier, boutiquier, maintenant ça vaut plus un sou, le temps d'aujourd'hui est à l'étude et le plus possible, jusqu'au plus haut ; les miens ne sont pas du tout dans cet état d'esprit, à eux, parle-leur de moteur, d'auto mais si ce garçon va là-bas, son esprit s'ouvrira, et, à mon intention, à la façon du directeur cultivé et moralisateur du cours élémentaire qui, à la fête de fin d'année souhaitait un bel avenir à ceux qui se lançaient dans la vie depuis la sixième année,

fais en sorte de ne pas nous faire honte mais ne parle pas de Bedros Effendi, si tu répètes tout ça, tu recevras un coup de pied au derrière et tu deviendras charretier,

ça, c'était un nouveau Seto, péremptoire, sachant ce qu'il voulait et ce qu'il ne voulait pas, despote ; mais connaissait-il sa responsabilité ? s'en rendait-il compte ? qu'est-ce qui l'avait rendu suffisant et le poussait à me tirer en avant, comme hors de la maison, une habitude, la trace d'un désir non réalisé ou une loi à laquelle il n'avait jamais pensé mais qu'il avait transmise involontairement, une sorte de transmission ambiguë ?

mais je pense qu'à ce moment-là, cette recommandation était dirigée moins vers moi que vers ma mère à qui il ne restait qu'à s'incliner, à dire – c'est la volonté de Dieu – mais elle n'était pas une femme si docile,

en tout cas, ceux qui vont là-bas se prennent pas pour de la merde, ils font les farauds,

l'ensemble des allusions de ma mère allait dans une direction extrêmement précise qui ne pouvait s'énoncer en présence d'Antika mais cette dernière avait compris, je crois, que la flèche était dirigée vers ses protégées, à savoir les filles Bezdiguian, celles qui, comme Arevik, étaient les adeptes et les porte-flambeaux de cette école, comme disait l'hymne du lycée,

on ne leur apprend même pas le Notre Père,

ma mère avait eu une hésitation, peut-être se rendait-elle compte pour la première fois qu'un événement essentiel mais difficile allait avoir lieu qu'elle ne pourrait empêcher, d'où sa réticence, l'incertitude de sa machine ; on aurait dit que tout s'était brusquement arrêté, il fallait que ça s'arrête pour qu'elle puisse, elle, réfléchir, adopter une position, affronter une situation qu'elle n'avait pas prévue, comme quand j'avais décidé de partir, de m'éloigner et qu'elle avait trouvé la façon de rester maîtresse de la situation, d'avoir Mekhag Haïgouhie près d'elle pour que, je suppose, elle n'aie pas de peine, que je n'aie pas de peine, avant de murmurer « comme ton père n'est pas là, fais ce que tu veux ! » malgré qu'elle l'ait déjà répétée, la phrase résonnait complètement différemment, comme totalement extérieure, presque comme l'extériorisation d'une réflexion – et c'était la même hésitation à présent, sa première variante, si l'on peut dire, qui se déployait, mais mon père était là avec une réaction inattendue,

comme si toi aussi tu ne manquais pas la messe !

il avait ôté la cigarette de sa bouche, il allait se lever, avait pris la bouteille d'alcool dans le récipient tenant lieu de glacière,

buvons un coup !

à ce moment-là, Seto, alors que la petite table n'avait pas encore été avancée, ses deux mains autour des genoux comme si c'était l'instant le plus décisif de la vie, celui qui me mettait soudain au pied d'une montagne que je devais gravir, pas dans la voiture d'Avo et de Ganantch, mais à pied, tout seul, le matin de bonne heure, jusqu'à ce que des rues voisines, d'autres garçons et filles se lèvent et prennent le même chemin – mais ne va pas du côté de Bastah, hein ! – me répétait mon père, Seto, lui, délivrait son oracle

fais gaffe à ne pas te monter le cou.

14

Ne te monte pas le cou… je n'avais pas compris, le cou ? pas du tout ! j'avais encore beaucoup de chemin à faire, la mélodie d'ensemble de leur langue, le rythme interne étaient parfois plus accessibles que les mots isolés, leur signification et, à présent, Seto hésitait, avait-il quelque chose à dire ? je n'avais pas encore compris ses paroles, combien faut-il de temps parfois pour que ce qui nous est adressé nous parvienne, une lettre ayant fait le tour du monde qui passe d'adresse en adresse, qui nous cherche et finalement nous trouve, même si l'information qu'elle nous apporte est obsolète ; son existence matérielle devient le début d'une rumination interne comme à présent le silence troublé de Seto, si différent de son humour habituel, qui semblait s'être brisé et, quand il apparaissait, semblait presque pitoyablement forcé et délibéré et c'est pourquoi je préférais son silence pourtant de plus en plus oppressant, dont je ne pouvais, je n'allais pas pouvoir me libérer, d'ailleurs j'avais oublié depuis longtemps qu'il avait décidé de quelque chose sur mon compte, qu'il ne m'avait pas demandé si j'étais ou non d'accord, c'était leur habitude, ils fiançaient, mariaient, donnaient aux nouveau-nés un prénom sans demander l'avis de quiconque, j'allais avoir, de ce fait, une dette immense envers lui, qui m'éloignait ainsi de la photographie, qui me projetait dans un espace qui n'était pas le nôtre, disait ma mère, chacun doit allonger ses jambes selon sa couverture ; il lui semblait, comme le jour du « tournoi des œufs », et je pense qu'elle ne se trompait pas, que j'allais arriver complètement seul face à un monde qui ignorait notre existence, dans un monde dont les règles et les lois étaient aussi obscures que la cellule de monsieur Vahé et que madame Gassia allait exprimer par ces mots – tu n'es pas doué ! –, c'est pourquoi, après cela, j'allais éviter de lire mes bulletins de notes à ma mère, mettant entre nous un espace de non-dit ; d'ailleurs j'avais intégré un de ses principes, ne pas colporter des informations d'un lieu à l'autre, se taire, garder séparés ces deux mondes dont j'allais franchir la frontière chaque jour et pendant longtemps, comme si, pour vivre sereinement, il fallait vivre séparé de soi-même ; ce jour-là, Seto, peut-être sans le vouloir, peut-être enclin à se donner un rôle important, avait donné le coup apparemment inévitable pour lui et pour tous, il avait frappé et, comme l'œuf qui dévalait des hauteurs, j'allais partir trouver un lieu, quelque part au large, en oubliant presque ce qu'il y avait au point de départ, une main, une main plutôt délicate pour un homme, aux ongles sales, aux très longs doigts, qui avait appuyé sur la gâchette d'un revolver, avait abattu quelques dizaines de gendarmes turcs, puis était passé au couteau, en avait poignardé quelques autres et avait disparu dans la nuit, assoiffé, affamé, surtout affamé, il n'y avait rien de pire que la faim dans ces montagnes et c'était ce qui l'avait attiré, amené jusqu'à l'orphelinat du pasteur – quand je dis orphelinat, je devrais plutôt dire dépotoir – quel âge avait-il ? à cet âge, ceux d'aujourd'hui traînent encore dans les jupes de leur mère, alors que lui, à présent, avait appuyé son trépied sur la colonne et, de son autre main, portait le petit sac, inséparables jusqu'à son dernier souffle, allait dire madame Trvandah, il l'a gardé dans la main, il y tenait plus qu'à moi, et si je te le dis, tu le croiras pas, non seulement il avait commencé à le regarder d'un œil étrange mais on aurait dit qu'il en était jaloux ;

je ne savais comment sortir du silence, finalement partout, à chaque fois, c'était lui qui parlait, c'était lui le danseur, c'était lui le photographe, si je devais ouvrir la bouche, il fallait que je le regarde et il me semblait que dès que je levais la tête, j'allais voir Avo et Ganantch sous leur arceau de fleurs, l'un aux cheveux noirs, l'autre aux cheveux blonds, avec la barbe qui avait déjà commencé à repousser et le nez étroit et arrogant ; me revenait à l'esprit l'allusion de Ganantch à ces « croulants » – ah ! ces croulants ! – qui, soi-disant, n'avaient pas compris que leur temps était passé, passé, et que maintenant la vie était différente, maintenant c'était notre tour, de même que chaque génération croit commencer la vie et la conclut uniquement par des souvenirs, il est arrivé que j'imagine ainsi Seto, face à une soirée automnale, ayant étendu un tapis sur la natte et allongé dans un coin de son jardin, l'œil vers le basilic jaunissant sur les étagères, allait-il le replanter à nouveau l'année suivante ? est-ce que ça valait le coup ? pour qui ? pour la Fête de la Croix ? mais est-ce que Seto était devenu gâteux ? non, il est tel quel, il n'a pas même un cheveu blanc, disait ma mère, écartant toujours des hommes ce qu'on appelle la douleur – à la fois pour les défendre, et parce qu'elle les en jugeait indignes –, cette douleur échue à Trvandah qui, paraît-il, avait un peu perdu la tête, – c'est un monde ! qu'est-ce que tu ferais si ça t'arrivait ? porte en terre en une seule fois deux garçons vaillants comme des lions –, Seto aussi s'était écroulé, oui, sur la fosse, il s'était effondré et tombé, cet homme comme une montagne, il n'avait pu s'appuyer sur rien, alors qu'à présent il s'adossait à la colonne, on entendait une respiration rauque, irrégulière, comme celle d'un cheval écrasé sous un poids, dont le licol est plus gênant que les lourds sacs qu'il porte,

tu as encore changé de cheval,

Seto disait ça à mon père comme un reproche, quand, après avoir fait le tour des nouvelles officielles du jour, ils allaient passer aux officieuses, aux marchands de la ville, à leurs compatriotes, à qui, bien sûr sans exception, Seto rendait visite, il entrait et sortait du bureau du Dr Guerguérian, de la boutique des Mavissakalian, sur le site des marchés de Bourdj, Maarad, Sursock, Souk Tawil, il n'avait que des connaissances, comme s'il était le héraut de leur ville, disait ma mère en riant, de même qu'un temps, seulement quelques années, il avait été l'un des colporteurs du *Souvenir de Gürine*, c'est ainsi qu'il avait appris à lire et à écrire, je suppose d'une manière sommaire, ce qui manquait fondamentalement à mon père qui apposait son pouce en guise de signature et, si je me moquais, il disait – la ferme ! – comme une insulte, alors que Seto était peut-être l'un des rares de son quartier qui était abonné à un hebdomadaire, *Naïri*, qu'il mettait dans la poche arrière de son pantalon, non tant pour le lire – sa femme ne l'aurait pas laissé faire, elle devait sans cesse le déranger avec ses interruptions – que pour montrer, il le croyait peut-être lui-même, qu'il faisait partie de l'humanité instruite et non seulement de cette Quarantaine qui était la décharge où ils étaient tombés et d'où il fallait qu'ils s'élèvent petit à petit, pour trouver un visage, puisque qu'est-ce que l'homme sinon un visage ? – allez, fais voir de quoi tu es capable ! – me bousculait-il quand je prenais un exemplaire de son hebdomadaire, il conservait la collection en liasses, je le savais, après tout Dzarouguian, son directeur, était des leurs, son grand père et le frère de son grand père étaient également connus et lui avait une belle plume ! d'après Seto, il avait d'abord été tachnag, il était Rouge à présent mais ce n'était pas important – lis, que je voie où tu en es – ; je ne comprenais rien aux articles, j'avais vu des allusions à l'occasion du scandale de Madame Afaf[1], Seto m'avait d'ailleurs arraché le journal des mains, mais une partie de la phrase m'était restée à l'esprit : « au cours des dernières 24 heures, les brigades des mœurs ont arrêté 47 individus pour faits de prostitution, dont 14 de Bourdj Hamoud… » pouah ! avait craché Seto, mais comment quelqu'un peut-il cracher sur sa propre saleté ? peut-être simplement parce que ce n'était-ce pas la sienne, sans doute que la Quarantaine ne valait pas mieux, d'ailleurs, ma mère disait, si ça avait été mieux, on nous aurait pas jetés là-bas, heureusement qu'on s'en est échappé ; ces gens qui fréquentaient les filles, qui les entretenaient, qui ouvraient des cabarets, les quatre partis politiques les avaient condamnés d'une seule voix, avaient tout fait pour que soit interdite l'ouverture d'un cinéma qui allait arroser encore plus les Mœurs, tu parles d'un cinéma ! l'exclamation exprimait la synthèse de l'abjection, du vice, du jeu et de la débauche, qu'aucune brigade des mœurs n'allait pouvoir effacer de notre imagination, exactement comme Tathéos, qui, tous les six mois, parfois moins, ouvrait un cercle de jeux clandestin et faisait tourner l'argent, accro non pas à l'argent mais à la fascination du jeu, cette passion qui l'avait conduit vingt-deux fois déjà jusqu'en prison, surtout qu'il était de la pire espèce de joueur, à la fois joueur et tenancier de salle de jeux, Bido, Baccarat, Poker américain, Huit & demi, Trente & un, et autres jeux de dés qui évoquaient une aventure mentale si vertigineuse que le Soixante-six ou l'Enlèvement des filles, à côté, n'étaient qu'exercices juvéniles ; avec son expérience de professionnel qui laisse hors de l'espace dangereux maison et famille, il ne comptait pas sur ma tante, d'ailleurs, elle n'allait pas le voir en prison, elle ne lui apportait ni repas ni linge, elle préférait, selon les apparences, ne pas se montrer, peut-être existait-il un accord tacite entre eux ; et cet univers même n'était-il pas un jeu prohibé ? souvent Tathéos entrait en prison par une porte et ressortait par l'autre, je suppose que, comme un partisan opportuniste, il était toujours du côté des dirigeants, après avoir été l'homme de Béchara Khoury[2], il avait été celui du Président Chamoun[3], puis celui du général Chéhab, durant les jours de Helou[4] , il

1 En 1958, madame Afaf, « La Madame Claude libanaise », est au centre du scandale d'un réseau de prostitution qui aurait bénéficié d'appuis haut placés.

2 Béchara El Khoury (1890-1964), président de la République libanaise de 1943 à 1952.

3 Camille Chamoun (1900-1987), président de la République libanaise de 1952 à 1958.

4 Charles Helou (1913-2001), président de la République libanaise de 1964 à 1970.

allait dormir onze longs jours en prison et sortir le crâne complètement rasé comme les garçons de l'orphelinat ; durant un temps, on aurait dit qu'il s'était calmé, assagi, presque prêt à rentrer dans le rang ; cependant, le jeu est une occupation dont l'une des premières conditions doit être de garder des liens renouvelés et se frotter aux couches supérieures de la société, il devait les alimenter, c'est-à-dire les soudoyer, sans cesse, ne jamais leur tenir tête – qui sommes-nous donc, qui ? – par conséquent, il cédait, apparemment, il jouait le jeu de l'arrestation sans s'opposer, sans maudire, il mettait son beau chapeau anglais sur la tête, il n'oubliait pas de faire le gentleman, non, – c'est nous qui faisons vivre ces gens-là, si nous n'étions pas là, ceux-là crèveraient de faim – allait-il dire un jour qu'il ne travaillait pas, ceux-là qu'il méprisait et avec qui il était toujours en contact, cette classe moyenne de bureaucrates, de militaires, des bataillons de soldats, de la gendarmerie urbaine, aspirant toujours à arrondir ses fins de mois par la corruption, les profits, les intrigues, par les chaînes grosses et solides des échelons officieux qui semblaient être le legs du despotisme ottoman mais qui, bien au-delà de l'invention de la monnaie, remontaient peut-être à Ougarit, Sumer et Babylone et contre le mur cyclopéen duquel on ne pouvait rien faire sinon se prosterner ; c'est pourquoi Tathéos allait faire en sorte que, dès l'apparition des gendarmes, ses complices disparaissent dans l'obscurité des ruelles latérales des baraquements où rarement un gendarme osait pénétrer ; cependant, ces associés invisibles, dont ni l'identité ni la nationalité n'étaient clairement évidentes, et pour qui, au-dessus ou au-dessous d'eux devait exister une éthique, j'allais dire une mystique, non pas de l'honneur mais de la parole donnée qui rendait les gens de cette catégorie non seulement sympathiques mais humains, ceux-là n'oubliaient pas le prisonnier ; le bâtard, disait mon père, il est encore en tôle, et quand il s'était rendu au commissariat, soi-disant pour embobiner les flics, on lui avait dit que Tathéos avait été emmené au centre mais qu'il s'était échappé et c'est ainsi qu'il revenait solennellement de la prison jusqu'à la boutique, soi-disant devant sa vieille machine à coudre, il se reposait quelques jours, l'oreille toujours tendue vers les bruits de dés et des double-six du trictrac provenant du « Massis » jusqu'à ce que – comme le printemps et l'automne qui arrivent on ne sait comment mais toujours à point nommé, avec l'apparition d'un parfum, d'une odeur, d'une brise – des hommes arrivent et partent en auto, voilà ce qui arrive quand on n'a pas connu son père, aurait dit Seto, et le sermonner, c'était comme lire l'Évangile sur sa tête ; si ça n'avait tenu qu'à lui, il ne serait même pas passé devant la boutique de Martha, d'ailleurs il rendait la tante responsable de ce que ce garçon sorte ainsi de la ligne droite, il l'attribuait à son entêtement, à sa décision de départ ; je suppose que ses efforts, ses conseils et ses suggestions face à la détermination de la tante avaient été rejetés ; est-ce pour cela qu'il avait une dent contre elle ? c'est à toi de faire entendre raison aux gens ? réagissait madame Trvandah, parlons d'autre chose, tiens !

et à présent, l'hebdo *Naïri* dans sa poche, ils se dirigeait vers la maison ; à cette heure-là, il s'asseyait dans le bus, il n'y avait pas trop de monde, il connaissait tous les contrôleurs, les chauffeurs aussi l'appelaient parfois auprès d'eux, ils avaient des tas de choses à se dire, il arrivait ainsi jusqu'à la station de cinéma Clémenceau, de là, à pied, il allait saluer les gens dans les garages encore ouverts çà et là, il arrivait à la boutique de ma tante devant laquelle il allait obligatoirement ralentir, oubliant, je suppose, sa fronde sourde, peut-être déjà vieillie, il me semblait que ces gens-là oubliaient aussi vite qu'ils se souvenaient, ils étaient tantôt oublieux, tantôt rancuniers, comme si leurs sentiments et leurs conceptions étaient inconstants, éphémères, à l'image de leurs maisons ; entre la tante et mon père, il jouait le rôle d'intermédiaire – Agop est venu, il a changé de cheval – Seto s'étonnait, même s'il connaissait bien cette manie, ce point sensible de mon père, – parle-lui, toi, il t'écoute – il n'allait pas s'asseoir, il allait chez lui ; toute la journée debout ou presque, avec une obstination admirable, vaillante, une résistance, celui qui avait marché tout au long de l'Euphrate allait-il flancher ici ? Et si on entrait avec lui, à peine avait-il posé son appareil qu'il allait prendre la cruche et boire cette eau, montrant une soif longue, inextinguible,

ça serait bien si tu prenais une charrette,

et mon père le contredisait au rythme de leur conversation habituelle et toujours répétée, ils comprenaient si bien leur langue mutuelle qu'ils n'insistaient pas sur leurs points sensibles, le souci de l'un était son cheval, celui de l'autre, l'appareil photo, – à chacun sa lubie, son point faible, comme disait ma tante pour justifier l'addiction de son fils au jeu – selon ma mère, Seto était resté attaché à cet appareil photo, même après l'accident, il en était le prisonnier, l'esclave, le propriétaire, comme si ça avait été sa femme et qu'il n'ait rien existé d'autre sur terre –, là, j'entendais l'écho des récriminations de madame Trvandah qui avait dû passer chez ma mère ;

mais après l'accident, il était allé sur la route d'Alley, il était descendu, avait regardé partout, avait-il pris une photo ? je ne sais pas, est-ce que ça se fait, allait-elle dire, c'est honteux !

je ne pouvais lui demander à présent, y était-il vraiment allé ? avait-il cherché quelque chose ? qu'est-ce qu'il pouvait y avoir dans de tels lieux ? d'ailleurs, en l'espace d'un mois, il n'était rien resté sur place, les camions, les autos montaient et descendaient à nouveau – vzz ! vzz ! – et la Dodge de Ganantch était là, écrabouillée, rouillée, renversée, il paraît que les roues n'y étaient plus, d'ailleurs il y avait beaucoup de vols et de trafics par là-bas, de sorte qu'on les avait emportées, Dieu sait où, et ton père n'avait cessé de lui répéter – ne te laisse pas abattre ! –

je ne suis pas certain qu'il tenait sa tête bien droite, appuyée sur la colonne, comme il essayait de le faire le jour de l'enterrement, le cou tendu vers l'avant, comme un oiseau frappé en plein vol, les yeux enfoncés au fond des orbites, fixés sur les deux cercueils qui se balançaient et dont je détournais le visage, et maintenant mon regard restait fixé sur l'horloge de la tour de Maarad, le soleil étincelait déjà autour de la structure des aiguilles, le trafic s'intensifiait peu à peu, quand un bus passait et que des jeunes sautaient de la plate-forme, je pensais à Hapet qui ainsi, sitôt passé le pont, se lançait en arrière, je freine, disait-il,

et Hapet ?

on aurait dit qu'il l'avait oublié,

on l'a retiré de l'école, il est allé au Mesrobian, puis au Sahaguian, finalement, il a essayé la High School des protestants, à chaque fois il avait changé de langue, je crois aussi qu'il s'était toujours heurté au même obstacle : pour l'administration des collèges, dont les salaires étaient très faibles, et qui n'était pas tant indifférente à son origine que pleine de rancune et considérait que la promotion sociale, la réussite, l'éducation n'étaient pas le but de l'école mais l'un des mérites d'une vertu invisible qu'elle détenait et bien qu'une mademoiselle Alice, une mademoiselle Vartiter aient essayé de changer quelque chose, bien sûr de l'intérieur, l'administration s'accrochait à ses principes, un garçon comme Hapet était condamné à redoubler ses classes ; finalement, Seto Emmi l'avait mis au travail du cuir en dépit de Hapet qui avait dit ne pas vouloir devenir savetier en se plaignant de l'odeur, qu'il couse nos chaussures maintenant, ça suffira,

et il était passé à la cordonnerie, dont c'était les années prospères ; après le pont, de chaque côté de la ligne de tramway, s'ouvraient des échoppes de cordonnerie et il allait faire son apprentissage dans l'une d'entre elles au début, puis, peu à peu, lui aussi allait s'asseoir devant une table formée par le tronc d'un gros arbre, le dos contre le mur sur lequel son prédécesseur, ses prédécesseurs, devenus à présent de grands patrons au marché, avaient collé les photos de stars d'Hollywood qu'ils avaient découpées dans des hebdomadaires, des mensuels européens, de Rita Hayworth, d'Audrey Hepburn, des photos aux couleurs pétantes de femelles suédoises aux gros seins, si semblables aux panneaux en carton peint de l'Empire, du Roxy, de l'Opéra, où les vamps des films américains étalaient leur sourire et leurs jambes, dans des poses suggestives, troublantes comme des « femmes de bazar », c'est-à-dire effrontées selon Arevik qui m'interdisait d'aller les regarder et ainsi, bien sûr, m'imprégnait involontairement de cette vulgarité magnifique et fascinante ; avant nous, avant notre conscience, nos sens enregistrent chaque chose, nous excitent, nous font frémir par une atmosphère impalpable dans laquelle nous avons vécu en ce temps où les mots n'existaient pas, où nous étions incapables de nommer les objets ; ce qui s'ouvrait au-delà du pont, c'était la copie de ce monde enchanté, peut-être d'une façon et dans une mesure plus familières, plus apprivoisées, mais ici, les images étaient empreintes d'odeurs de cuir visqueuses, caoutchouteuses, propres à l'endroit, qui pouvaient rappeler les odeurs d'urine, de vomissures des ruisseaux souterrains du Souk-El-Charamit, de chats crevés, de grillades émanant de la gargote du marchand de kebabs, et cette odeur indéfinissable dont je ne connaissais pas encore le nom et qui peut-être n'était rien d'autre que celle de l'illusion ;

quand je passais en tramway ou à pied par les rues étroites, je jetais un coup d'œil aigu, troublé, au fond de la boutique, c'était la place de Hapet qui avait appris peu à peu les secrets du métier, c'est-à-dire les jurons, les mots qu'on lançait aux passantes, les façons de prendre la mesure des pieds des femmes qui entraient et enfin l'art de moderniser les modèles connus, c'est pourquoi il allait rapidement quitter son patron pour ouvrir sa propre petite boutique, agrandir son affaire après la mort de Seto et, lorsque la concurrence, la cherté du « cousu main », la production industrielle cassèrent le marché, Hapet allait passer à la vente de chaussures, mais du vivant de son père, il lui restait encore pas mal de chemin à parcourir et il semblait que Seto n'avait que peu de considération pour son fils, au lieu de l'entourer, il l'avait abandonné, peut-être était-il sûr que celui-ci trouverait de lui-même une place en ce monde ou au contraire qu'il n'était pas digne de confiance ;

Hapet va au boulot, revient à la maison et nous, nous sommes venus ici-bas et nous allons au-delà, eh !,

grave mais mâchant ses mots,

celui qui grimpe la montagne avale aussi la poussière, c'est le monde !

il semblait parfaitement s'accommoder de la situation,

et moi, je dois aller à Tarablous, on m'a appelé,

il allait encore jusque dans ces endroits, comme dans le temps, ici et là, à Zahlé, Baalbek, Barouk, dont les noms demeuraient derrière nos photos, – écris Barouk ! – avec les femmes de la tontine, Chtora, le jour de l'Ascension, Harisa, Djuni, Jbeyl, et ainsi jusqu'à Faraya, Erz, Tripoli, on appelait Seto pour qu'il les accompagne et il régnait comme un coq sur ce groupe de femmes (pouvaient-elles avoir confiance dans le chauffeur arabe ? et cependant qu'aurait-il pu faire à cette troupe de femmes si bavardes et surtout si agressives, complètement métamorphosées en poing ou en serres, où il y avait aussi bien de nouvelles épouses en décolleté que des grand-mères vêtues de noir, assises par paires sur les sièges du car, battant des mains, chantant, grignotant des pépites ou cancanant) et il les photographiait toutes ensemble sur un fond d'eaux de fontaine ; amener tant de femmes à se discipliner, à se ranger, à s'immobiliser n'était pas chose aisée, surtout qu'en de telles circonstances, elles se déchaînaient, buvaient à peine une gorgée de raki avec le tabboulé, presque pour l'expérience et ça suffisait pour qu'elles commencent à plaisanter, à s'esclaffer, à se chercher ; Seto les divisait en deux ou trois rangées, fermait un œil comme s'il faisait un signe, grommelait entre ses lèvres contre les filles effrontées soudain éloignées de chez elles, du regard des autres, il faisait ça pour s'amuser, un simple passe-temps, puis il tirait vingt-vingt-cinq exemplaires de la même photo ;

mais à présent, son timbre avait changé, après un court instant de bredouillement on aurait dit qu'il avait retrouvé sa capacité d'ironie comme s'il était tenu de mettre quelque chose dans ses paroles, de s'éloigner de quelque chose, d'une amertume, et nous, nous sommes restés faiseur de photos !

il m'avait déjà congédié, me donnant une tape sur l'épaule, si tu vas chez ta tante, viens aussi nous voir qu'on profite de ta binette,

et, en partant, alors qu'il mettait son trépied à l'épaule, le marmonnement entre ses lèvres était rapidement passé de la partie joyeuse d'une chanson à une mélodie informe qu'il avait poursuivie tout en la rendant absurde puisqu'au moment où je montais la côte, comme un arbre qui surgit brusquement devant une voiture, la phrase allait venir soudain, sans les battements de mains ou les voix l'accompagnant, sèche et nue,

« … où trouver un remède à mes souffrances ?… »

S'était-il rendu compte qu'en m'envoyant ainsi dans une grande école, il avait été cause que je m'éloigne progressivement de leur milieu et de leurs lieux, que je brise involontairement la parole de ma mère – c'est pas notre place – raison pour laquelle elle-même n'allait pas en franchir le seuil, même pas le jour de l'inscription, elle n'allait jamais protester ni se plaindre, comme si elle m'avait abandonné, orphelin comme elle, comme lorsque Vergine les avait fait parvenir, elle et Vartouhie, à l'orphelinat du pasteur Aharon, et que, des jours plus tard, elle était arrivée à son tour, avait regardé discrètement par la porte, leur avait enjoint de se taire, de ne pas parler, d'attendre jusqu'à ce qu'elle ait trouvé la manière d'entrer dans les bonnes grâces du pasteur, et, en attendant, elles étaient restées dans un coin de la cour, avec un regard bien sûr difficilement imaginable, un moment qui s'était fortement enraciné dans son esprit et dans le mien ;

et moi, j'allais devenir plus solitaire, me réfugiant dans une zone de non-dit, de respect, de timidité, de déférence, recherchant ces plaisirs que permet la solitude, traîner dans l'entrée des cinémas, regarder les épisodes et les vedettes des nouveaux films, applaudir lorsqu'on criait – ça commence ! le film commence ! – j'allais m'abandonner, au milieu des décors des films de Ferid Atrach et Faten Hamama, au volant d'une voiture rapide, au son de la chanson entrecoupant l'histoire, chercher l'obscurité et l'odeur de ces lieux, descendre dans les sous-sols d'Antevan, acheter ou voler des livres, tourner dans les rues à côté de la place, farfouillant librement dans leur dédale pisseux et humide, remarquer la silhouette de Seto sous le palmier mais l'ignorer, plus exactement la dédaigner, me défier de sa présence, savoir qu'il était là, à sa place, comme l'étaient la statue, les hôtels, la pâtisserie, les marchés bruyants, le vacarme des voitures ; la magie de tout cela allait peu à peu s'atténuer, tout allait devenir plus banal, plus quotidien, terne et sale, au point que j'allais cesser de les voir, de les remarquer, j'allais souhaiter aller plus loin, au-delà de Bab Idriss, du côté de Zeïtounié, du bord de mer, d'Hamra où il semblait que d'autres plaisirs m'attendaient ;

il est toujours difficile de dire à quel moment commence le travail de l'oubli, celui où nous cessons vraiment de nous remémorer et celui où nous nous souvenons de façon imprécise de tel ou tel nom, visage, lieu, de façon de plus en plus obscure, brouillée, sporadique, comme si les ombres se dissipaient ou que les noms se mélangeaient ; peut-être serait-il plus exact de dire que les traces subsistaient mais que moi, j'oubliais que j'oubliais ; peut-être est-ce cela vivre, survivre à son enfance, à son origine ; il est clair que peu à peu, sans aucun effort ni tension – de même que Seto oubliait ma photo dans son bac – moi aussi je l'oubliais, j'oubliais leur héroïsme et leurs défaites passés, leur vie qui n'avait pas de lien avec la mienne, non, aucun lien, je les laissais à leurs doutes, leur usure, leur fatigue, leur lit et leur mort qui étaient les leurs, uniquement les leurs ;

l'instruction, comme on disait sans vraiment prendre conscience de la cassure que ça provoquait, m'expulsait des jardins de l'enfance, m'exilait complètement, me rendait étranger à eux, à leur proximité agréable aussi bien que mortelle ou incestueuse alors qu'en même temps cela me livrait à une autre extranéité qui, dans la maison, était comme une autre maison, qu'ils connaissaient, comme je le devinais quand ma mère disait – notre place n'était pas là-bas, notre place… –

notre place sur ou sous la colline était la plus basse qui soit, étroite et fermée, oubliée, dépourvue de tout, là où n'avions pas de langue, comment pouvais-je dire, leur faire comprendre que j'avais honte justement de cette place, à laquelle nous étions condamnés ou résignés, foule muette qui aspire seulement à se reproduire et, puisque j'étais assigné à gravir cette autre colline – l'instruction – par leur volonté et celle de Dieu, ainsi que l'avait conclu Antika en voyant dans tout ça le doigt de la Providence car, pour elle, le nom d'Amérique en était l'un des signes évidents, plus exactement son synonyme, peut-être valait-il mieux, pour moi, oublier ce marigot, abandonner le souvenir des gens déplacés qui n'avaient désormais plus de place, afin que les mots finissent par exister et dompter l'imaginaire ; je l'ai dit, il est difficile de savoir quand commence le travail de l'oubli, il l'est autant de se remémorer ce qui a disparu par nécessité, ce qui, indépendamment de moi, malgré moi, s'est oublié soi-même et qu'il était superflu d'essayer de me représenter ; d'ailleurs, la parole ne se nourrit-elle pas de cet oubli ? elle le diffuse, se cache derrière lui comme si ce récit était l'oubli même, dans sa dilatation ;

puis un jour j'allais partir, puisque j'étais déjà parti depuis longtemps, je m'étais transporté ailleurs (mais où réellement, où ?), j'avais franchi la frontière, croyant – sans avoir trahi aucun sentiment, sans aucun regret ni remords – que j'appartenais désormais à un autre monde, peut-être énigmatique pour eux et cela, même lorsque nous nous rencontrions, que nous parlions à nouveau du passé ; il semblait cependant que nous ne parlions pas la même langue, que nous ne nous comprenions pas, quelque chose m'empêchait d'être sensible à leurs peines, à leurs soucis et à leurs paroles, c'est pourquoi j'essayais simplement de rester, telle une ombre, à la surface de ce monde parallèle, je savais qu'ils étaient des images, miroitant dans une sorte de rêve ou dans la profondeur de l'eau, parfois des visages de revenants dont j'étais séparé ; lorsque nous nous étreignions, s'ouvrait entre nous tout l'intervalle qui, à l'époque, nous séparait des danseurs lors du « tournoi des œufs » ; j'étais de l'autre côté et je les regardais de là ; il devait y avoir quelque chose de comique dans tout cela, comme l'est celui qui ne s'assume pas lui-même, qui ne se rend pas compte de la dissociation qui s'est installée en lui en conséquence de son déplacement même et qui tente de rester indemne d'une souillure qu'il porte pourtant et, ce regard ironique, progressivement plein de respect et d'affection qui était le leur, persistait peut-être à rester en moi, non sur mon visage mais sur ma langue.

Le temps de l'abandon avait commencé.

15

> Le monde est comme une boîte noire,
> celui qui y entre est subjugué
> quand il tombe à terre,
> on traîne sa carcasse au tombeau.
> SETO

Du temps… pour se former, pour s'imposer dans notre esprit, les questions ont besoin de temps, parfois de beaucoup de temps ; peut-être étaient-elles là depuis le début, mais je n'étais pas à même de les percevoir, d'appréhender leur ampleur ou, simplement, je les évitais, je craignais qu'elles ne détruisent le monde imaginaire que, sous une apparence générale d'indifférence, je m'étais construit ; et, quand finalement ces questions prenaient forme et vêture, les personnages à qui elles étaient destinées n'étaient plus là ; parce que j'avais tardé à mûrir, à m'éveiller, à prendre conscience, cette impression cédait peu à peu le pas à un sentiment de vide, de perte, de perte irréversible, j'avais dissipé, dilapidé ce temps long, peut-être utile, qui aurait pu m'épargner la recherche de traces et m'affranchir de la crainte de me tromper ;

bien sûr, ce qui était perdu ce n'était pas le temps, c'était les gens à qui, au fur et à mesure, j'avais de plus en plus de questions à poser ; celles-ci se formaient lentement, très lentement, aussi lentement que le rythme très lent avec lequel Seto et mon père buvaient leur alcool ambré, accompagné d'oignons, de foie cuit avec du persil, mais est-ce que mes questions ne tendaient pas aussi vers une plénitude, une ivresse, une extase ? comme si je voulais oublier quelque chose malgré moi, à l'instar de Seto et de mon père, lorsque, sans le savoir, ils répétaient les gestes et les paroles de leurs pères, de leurs grands-pères et de leurs aïeux ; comme si rien ne s'était passé dans le monde, ils continuaient le rite de la vie, de même qu'une fois par semaine ils allaient manger des choux farcis, une fois par semaine ils allaient nager, une fois par semaine ils arrêtaient de travailler pour regarder et profiter du carrousel de la vie ;

mais n'était-ce pas cela ce qu'on appelle vivre ? cette impression d'être toujours en retard, de toujours suivre, de courir après quelque chose qui miroite, comme le soleil rouge au couchant semble un instant ralentir sans véritablement freiner sa course déclinante ; et à présent, si tant est qu'on peut nommer ainsi ce perpétuel présent, avec la mort de chaque personne se perdaient une voix, un nom, des bribes de mots, le vocabulaire se réduisait, même si la syntaxe demeurait, cette longue chaîne donnant l'illusion de mille et un maillons, qui pouvait un jour se rompre comme l'auto toute rouge de Ganantch se heurtant au vide, et on aurait dit que personne ne voyait la rupture, cet anéantissement soudain, qu'il n'y avait personne pour prendre la dernière photo.

Au moment où Seto disparaissait dans la foule matinale, dans le bruit des boutiques qui s'ouvraient et pendant que je me hâtais sur le trottoir du Capitole, je ne comprenais pas que quelque part, quelque chose se rompait, comme dans le rêve où, tandis que je grimpais l'escalier de Jeannette, les marches s'effondraient une à une et je restais au sommet, dans l'angoisse de ne plus pouvoir descendre tandis qu'en bas s'ouvrait l'abîme sinueux de l'escalier comme un œil inversé ; je n'allais pas devenir photographe, même si, comme Djanik, mais plus souvent que lui, j'allais suspendre à l'épaule l'appareil magique, il faudrait dire les appareils puisque, progressivement, j'allais en constituer une petite collection, depuis le cube des années vingt jusqu'au zoom, le Kodak repliable élargissant et rétrécissant le champ, celui qui pouvait saisir le mouvement dans sa netteté et d'autres appareils encore de différentes tailles, avec flash, sans flash, insensibles au tremblement de la main ; persistance d'un ancien désir non réalisé ? fétichisme ? tentative, aussi involontaire qu'insistante, d'imiter Seto ou de le retrouver ? de la même façon, durant un temps, je n'allais jamais rater les séances de cinéma du dimanche matin, les moins chères, après avoir vérifié les frontons peints de presque toutes les salles de la ville, comme à la recherche d'une image invisible ou d'un lieu qui devait se cacher dans l'obscurité des salles ; entre plaisir et anxiété, j'allais être entraîné par le rythme accéléré d'un ailleurs, que la pellicule du film faisait se dérouler sur l'écran et les yeux, un ailleurs dont on ne peut atteindre la profondeur impénétrable ; sans doute n'est-ce pas nécessaire puisque on est uni au souffle du film, à sa respiration, on palpite avec lui et peut-être que justement à cause de cette magie, j'allais dire cet envoûtement, on laisse passer l'occasion d'entr'apercevoir l'unique image pour laquelle on est venu s'asseoir là ; mais bien que je fusse emporté par le goût de ces lieux, au premier clignotement des lumières, quand je sortais avec la foule, que je respirais l'air frais, jeté brusquement dans le bruit et la chaleur de la ville, les immeubles sans style le long des rues, les balcons, les fenêtres et les volets clos et jusqu'aux magasins à moitié fermés en haut de la place, surgissaient dans la lumière brutale de midi, élevaient leurs surfaces bariolées et indescriptibles, m'apparaissaient tels que je ne les avais jamais vus, peut-être se révélaient-ils tels qu'ils étaient à l'arrière des silhouettes des passants, avec les lambeaux de nuages troués d'ombre ou foncièrement fantasmatiques, semblables aux paysages où je ne voulais aucun être humain, aucun souffle, et c'est pourquoi, dans le tableau, vibrait plus la peinture vide que la clairière enclose dans le bois, et il semblait qu'à mesure que j'avançais dans l'espace, les images rémanentes du film non seulement ne m'avaient pas séparé de l'extérieur mais m'y conduisaient, comme une rue ressemblant à une impasse qui, soudain, nous met face à notre environnement quotidien mais jamais remarqué, à ce qui n'est pas dit et, en tant que tel, appartient au monde du mutisme ;

de la même façon, par la suite, durant ces mêmes jours, aux mêmes heures, ce monde semblait peu à peu s'éloigner et on ne savait ce qui le menaçait ; malgré moi, sans y avoir jamais pensé, sans même prendre conscience de l'important ou du secondaire, – tant souvent ce qui compte pour nous ne se rapporte pas à nous et, au contraire, nous frôlons à peine l'essentiel –, j'allais descendre dans les rues pour photographier l'une ou l'autre partie du quartier, de la colline, du chemin de fer, des derniers bidonvilles, de la place, parfois plusieurs fois les mêmes lieux, pour former un album que les photos d'autres villes allaient remplir ; j'étais un touriste de mes propres lieux, qui saisissait des instants, s'y accrochait malgré lui, jouait avec eux mais ne faisait pas développer tout ce qu'il photographiait, abandonnant parfois les pellicules dans les tiroirs où elles s'abîmaient, j'oubliais même leur contenu ; on ne peut trouver un lien qui réunisse tout ce qu'on a vu à un commun dénominateur et puis, n'est-il pas plus important de découvrir que de voir le résultat d'une exploration ? Seto Emmi, lui, allait toujours poursuivre ses flâneries, son vagabondage, il allait appuyer sur son déclencheur et photographier – arrête ! ne bouge pas ! viens là ! mais reste tranquille ! – jusqu'au dernier jour de sa vie, avec la même passion, la même folie, le même jeu pervers, comme madame Trvandah allait dire en insistant, en exagérant – je suppose que tu as chassé quelque chose ! – quelque chose que peut-être il ne pouvait même partager avec quiconque ; il n'est pas impossible que lui-même ait ignoré de quoi il s'agissait et n'était-ce pas ce même inconnu qui me poussait ou m'attirait à lui chaque fois que j'essayais d'établir un cadre, le garder ferme, immobile, pour saisir une fraction parfaite, parfois le même fragment de mur, de jardin ou de rue, à des heures différentes comme s'il s'agissait de choses très importantes, non pas notre décor quotidien, mais l'image de notre existence même et, au-delà de leur apparence existait un autre temps, celui qui ne connaissait ni jour ni nuit, qui travaillait continûment et sans accroc, qui remuait, ébranlait tout avec une logique invisible mais inexorable tandis que la rapidité de l'action, du geste mécanique donnait l'illusion ou la certitude que ce qui était saisi était instantané, comme si ce que j'avais vu se donnait à moi ou que je volais sa manifestation dans toute son intensité.

Je ne lui avais pas demandé, je n'y avais même pas pensé, si c'était lui qui avait photographié cet orchestre ancien ; il aurait pu m'interroger – quoi ? quoi ? – me regarder de travers, ne pas se souvenir du tout, il aurait pu dire – laquelle ? qu'est-ce que tu sais, toi, corniaud ! – il aurait pu réagir comme ils avaient l'habitude de le faire – mon Dieu ! c'était une autre époque ! aujourd'hui le monde est différent, les hommes aussi ont changé ! si nous regardions derrière nous, nous en serions encore à crever sous les pierres, allez, va ! grandis ! – de telles paroles ou leurs semblables derrière lesquelles il devait peut-être se cacher, lui qui, selon l'histoire, connaissait parfaitement l'art salutaire de l'esquive, du déguisement, de la disparition ; quelle qu'eut été sa réaction, elle aurait été un signe, une indication dont j'étais privé ; et, à présent, j'étais là, avec mon orchestre, dont était restée obscurément dans mon esprit, non pas une image, mais une impression, au point que parfois je pensais qu'elle n'avait jamais existé, qu'elle faisait partie des images que j'avais dessinées et déchirées, que je l'avais composée et créée à partir des orchestres se produisant au hasard ici et là ou que je l'avais vue en feuilletant un livre, comme ça arrive quand je crois, l'espace d'un clin d'œil, remarquer ce que je cherche, caché entre deux pages ou comme une image fugitive qui s'insinue au jour, s'échappe entre deux instants – je ne peux en décider –, et qui est un fragment de rêve oublié, surgissant un moment et condamné à s'échapper à nouveau ; illusion d'optique ?

ne me raconte pas de craques, c'est un péché, la nuit, le diable viendra t'arracher la langue,

me conseillait ma mère lorsque je lui faisais part d'une nouvelle incroyable ou inattendue pour elle et ainsi, bien sûr, elle créait en moi une épouvante et jouait avec elle ; il allait falloir des années pour que se dissipe cet effroi, que sa parole s'éclaircisse et que, sous elle, je perçoive autre chose ; c'est cette sommation que j'entends immédiatement lorsqu'apparaît la possibilité de détourner les données, d'inventer l'inexistant et il me semble entrer dans une nuit étrange où je ne remarque rien et où je perds la langue ; lorsque je me soumets à cette prohibition, il semble tantôt que je sois privé non tant de la capacité de mentir que d'imagination, tantôt que je ne sois pas apte à des jeux intellectuels, soumis à la voix qui, même si elle me rend incapable d'atteindre un éclair de sens, préserve néanmoins l'appel que dirige l'injonction qui m'a été faite ; comment y répondre autrement qu'en continuant seulement à l'écouter ?

cependant, la réalité de la photographie semblait si irréfutable, certaines de ses parties avaient imprégné mon esprit de si forte façon que je pouvais la dessiner entièrement, il n'était pas nécessaire de la colorer, comme madame Gassia, qui, soudain grave, réclamait avant tout la structure du dessin et, toujours en déformant les mots et en tentant de nous faire passer d'un monde de fiction à une réalité dense et opaque, criait – c'est pas un jeu ça ! c'est pas un jeu ! – ce n'était pas un jeu, non, il était possible de recomposer le plan de la photo, un trapèze et, entre les quatre angles, la perspective se devinant, s'élargissant, mon père, un chapeau sur la tête, les doigts de la main droite encore sur les cordes, le regard bien de face, en position frontale, vers le photographe, à côté de lui, le joueur de kanon* avec un fez, la tête un peu penchée, de l'autre côté quelqu'un d'autre, lui aussi avec un fez, un tambourin à la main et, derrière eux, des gens indéterminés, des baraquements en planches grises et parallèles, une fenêtre, peut-être une bordure de toit, puis le vague, Port-Saïd, Alep ou Beyrouth, devant un café, un restaurant, nulle part, quelque part.

16

Cependant, Seto n'avait-il pas quelque part un exemplaire de cette photo ? j'aurais voulu la voir au moins une fois, non pour me plonger dans cette époque, pour essayer de savoir comment ils vivaient, qui ils étaient, – chaque photo ne résume-t-elle pas un morceau de temps ? – mais pour me débarrasser du cadre impalpable installé autour de mon front, de ma vision, de sa pression et surtout de son ombre qui avait un nom, qui s'appelait le mari sans nom de ma tante, quelqu'un qui n'appartenait ni au silence, ni à la parole, mais à la légende et avec lequel je n'avais eu aucun lien mais qui, avant de céder au coup qui l'avait fait disparaître, avait laissé une fois, au moins une fois, une trace quelque part et cela paraissait m'appartenir plus qu'à lui ou à Tathéos, à moi qui, malgré moi, l'avais gardée en moi, en étais devenu une espèce de lointain héritier, son gardien, simplement parce que lorsqu'ils m'avaient mis en route, celui-ci avait appelé depuis l'autre côté de la rue, c'est tout ce qu'il y avait ou c'est tout ce qu'on pouvait considérer comme tel et cela n'était-il pas suffisant pour que je voie entre cet inconnu, ce proche inconnu et moi-même un lien formé par cet appel et les innombrables points d'interrogation le concernant ?

tu aurais dû lui demander, bon sang !

impatientée, avec un emportement un peu feint, ma mère essayait de clore le sujet ; et si j'insistais, et il arrivait que j'insiste pour en obtenir davantage, avec une curiosité un peu vaine ou morbide,

non, elle s'en rappelait pas du tout, est-ce que c'était pas avant son époque ? avant sa rencontre avec mon père ? et un jour, plus tard, – mais quand réellement ? – la photo avait disparu de l'étagère sans laisser de traces, il ne fallait pas forcément attribuer un sens à cette disparition, qu'est-ce que ça pouvait faire ?... ça arrivait, d'ailleurs, on avait perdu tant de choses... une de plus, une de moins... sa vieille rengaine...

et puis, on doit oublier tant de choses pour se souvenir de quelque chose, je me rendais compte que sa mémoire était à présent entrée dans les parages non des ténèbres mais de l'imprécision, elle n'avait pas encore pu recombiner les données parmi lesquelles on pouvait espérer la résurgence d'un détail oublié, telle une lettre qu'on considère perdue à jamais, qui tombe soudain d'un interstice entre deux livres et te ramène à tout un pan d'existence, qui donne à la vie une illusion de profondeur alors que toi-même, tu n'es rien de plus qu'une série de figures fractionnées, par conséquent, si les choses s'oublient, on peut dire aussi qu'elles ne disparaissent jamais, seulement rarement, au moment opportun, elles se retrouvent à ta disposition ;

elle pouvait dire...

prise soudain d'une sorte d'improvisation fébrile, ainsi que cela allait se produire plus tard, le cou un peu penché, les narines semblant chercher dans l'air une odeur qui planait, et sa main tremblante faisant un geste vers sa bouche comme si elle y trouvait les contours d'un nouveau récit, une autre configuration, quand, soudain, au lieu d'aller à la mer, elle disait, allons nous promener près de l'eau, l'eau indiquant la source de Bikfayah perdue dans les bois qui, pour moi, était une espèce de rappel de la fraîcheur sèche de leur Zahlé, de leur ancien temps, où nous allions nous immerger à nouveau, presque nous transfigurer ; dans ce revirement elle mettait un tel élan, un tel enthousiasme que ça la faisait se lever, allez hop ! complètement imprégnée par la perspective de respirer l'air des hauteurs durant quelques heures,

... c'était probablement ton Seto Emmi le photographe,

je ne pouvais deviner que ces paroles me concernaient ; moi, j'avais oublié mon insistance alors qu'elle avait continué à cogiter, à reconstruire mentalement une nouvelle série d'épisodes, la preuve, s'il en était encore besoin, que les êtres que nous aimons, nos intimes et nos proches vivent parallèlement, dans des lieux très éloignés de nous, et une conjonction, dans cette proximité même, est un moment privilégié, une grâce touchant au tragique, dont parfois nous n'avons pas même conscience et ce surgissement soudain et inattendu nous comble ;

et elle devait confirmer,

des trucs comme ça, c'était son boulot, oui, c'est très possible,

et, s'écartant soudain du sujet,

tiens ! tu sais, cette photo, à Zahlé, ta tante et moi dans la rivière, on se tient sur les pierres, la grappe de raisin au milieu, comme si on la sortait de l'eau, tu as compris ? et ce jour-là, nous étions sorties entre sœurs, on s'était dit – promenons-nous au bord de la rivière –, d'ailleurs le docteur avait dit – ne restez pas trop près de votre mère –, à cette époque, au Wadi, il n'y avait pas autant de casinos, et voilà pas que cet homme surgit devant nous, avec ses dents en or rouge, c'était la mode en ce temps-là –, allez ! je vous prends en photo –, moi je voulais pas, mais Vartouhie a dit – qu'est-ce que ça fait ? – j'ai dit, – les gens vont nous prendre pour des écervelées, ils vont dire, leur mère est tubarde et elles se font prendre en photo – et finalement – tu en seras la responsable, c'est toi qui le veux –, on s'est fait photographier, c'était l'idée de Vartouhie, pour le plaisir, mais c'était pas si mal qu'elle ait été fofolle, au moins, toi aussi tu vois comme on était jolies à cette époque ;

oui, toutes deux étaient jolies, je connaissais cette photo, la preuve évidente de leur beauté, je n'y avais pas fait attention, je ne lui avais accordé aucune importance puisque Vergine, Elmone en étaient absentes et cependant, sinon la première, du moins la seconde était simplement hors du cadre, peut-être pas très loin de la rive, elle regardait ces deux visages sur lesquels la lumière du soleil avait déposé un faisceau émietté de rayons et un éclat incertain de bonheur, ou peut-être de tristesse ; j'avais tenté une fois de reproduire ce paysage à l'aquarelle en vivant un moment l'illusion de pouvoir pénétrer là où elles s'étaient trouvées, en passant d'un temps à l'autre, mais finalement je n'avais pas réussi, le résultat n'était pas convaincant malgré l'utilisation de papier calque pour reproduire les lignes principales, malgré la variété des couleurs, tout semblait en désordre et dépourvu de cette délicatesse, de cette fragilité qu'on trouve, avant la création du film en couleur, dans certaines photos colorisées dont le noir et le sépia ont un relief inhabituel ; la photo, elle, avec son noir et blanc, avec les nuances grises des ombres était parfaite et il était vain de vouloir me mesurer à elle ;

c'est ton Seto Emmi qui a pris cette photo à Zahlé, à ce moment-là, je ne connaissais pas ton père, on disait que c'était son ami, regarde la coïncidence, le hasard, qui l'eut dit ! à cette époque, il avait beaucoup de goût mais par la suite il a fait de la pacotille,

ma mère avait préparé sa surprise en cachette, comme elle avait l'habitude de le faire, amenant tout cela de très loin, avec un art de parler qui lui était propre et cela, soudain, dotait la photo d'une densité inattendue que constitue le feuilletage de nombreuses époques et qu'un mot, avec son scalpel, met en lumière, lui confère une magie différente et nouvelle, celle qu'avaient et opéraient sur mon imagination les premiers travaux de Seto avec leur goût acide de fruit vert ou sauvage ; reste que cela représentait désormais le début de l'activité de Seto, le point de départ dont témoigne cette photo, alors que l'apprenti n'avait pas encore maîtrisé sa main et l'espace contrebalançant son regard, cependant, il essayait de voir le monde, de le construire comme un moment fugace et il faisait place dans ses photos, comme involontairement, à un fragment de nature, lui qui, par la suite, allait supprimer cela ou allait peut-être simplement l'ignorer, voulant retenir les visages hébétés, abattus ou solennels de cette population déplacée, comme s'il avait voulu saisir leur exil plus que leurs lieux ;

et vraiment, c'était très bien cadré, sur les côtés les branches des arbres riverains, les deux sœurs dans leur robe d'été, les pans retroussés jusque sous les genoux, la taille fine, la ceinture sur les hanches, un collier sur la poitrine, les bras arqués et, du point de jonction des mains pendait une grappe lourde, triangulaire, au-dessous, comme juste jaillie de sa source, la rivière s'écoulait, scintillait, clapotait, chaque chose était présente en même temps, là-bas, l'ombre des arbres, un morceau de rocher au sol, même la saison, aux alentours de la mi-août, après la bénédiction du raisin – avant cette date ils ne mangeaient pas de raisin –, il y avait notamment la profondeur des regards, aussi lointains que le défilé des gorges d'où venait l'eau apportant cette sorte d'écume et ces naïades, inimaginables pour moi, voulant jouer, sauter, nager, à l'instant de leur frémissement, dans la plénitude de leur jeunesse, de plus, ce raisin, le raisin de Zahlé était célèbre, brillant, presque sans peau, bon, juteux, aux grains gorgés de lumière, et donc, Seto Emmi était déjà là-bas à cette époque, pas à Alep, peut-être était-il venu d'Alep pour les vacances puis était retourné auprès de son patron auquel il avait pu montrer ce cliché, sans doute avec une fierté secrète que masquait son bégaiement,

car il avait un bégaiement, comme ton père, tu me crois pas ? tu te rappelles pas ! beaucoup de gens de ce pays bégayaient comme ça, ils se moquaient sans cesse de notre turc, tantôt d'Ughaper, tantôt de Nevart mais eux s'entendaient pas parler, tiens ! cette façon d'ouvrir la bouche à moitié comme s'ils n'arrivaient pas à parler ; bien sûr que nos pères avaient leurs raisons pour ne pas vouloir qu'on se marie entre nous, et ceux-là, tout au contraire, mais je sais pas pourquoi cette maladie n'est pas passée aux enfants, va un peu écouter Trvandah !

il n'y avait qu'à aller chez elle, supporter son langage, écouter les traces de ce bégaiement, cette empreinte invisible qui était peut-être celle de tous, sans doute aussi la mienne ; il suffisait d'accepter Trvandah comme elle était, bredouillante, ayant perdu le fil, évaporée ;

chacun a sa manière d'être, c'est toi qui va mettre de l'ordre ?

je devais la laisser développer tout cela, comme Seto Emmi laissait la plaque dans l'eau, pour que l'image se précise et ne disparaisse pas, prenne, exactement comme son œil avait saisi cette population, échappée de la tourmente, là-bas, dont celui qui, depuis longtemps, comme un mort sans sépulture ou un nom sans lien, n'avait pas de place, celui qui,

le saligaud !

j'ai dit ça ? non ! mais toi, tu l'as pas dit ? tu l'a même répété, pouah ! le salopard ! mais qu'est-ce que je m'en fiche ! qu'est-ce que ça pouvait me faire ! je savais pas encore d'où il était, évidemment qu'il était de leur pays, s'il était pas de leur ville, il était du coin, Mandjelek, Darendé, ils parlaient beaucoup d'endroits comme ceux-là, moi, j'écoutais seulement, qui m'aurait laissé parler ! pour nous, ils étaient comme des sauvages descendus de leurs montagnes, quand ils parlaient, on n'y comprenait rien et leur façon de parler ! – allom-djellom – ton père, Seto, connaissaient bien l'arabe, d'ailleurs c'est pour ça que Seto avait beaucoup de clients, l'autre, je sais pas, mais va voir cette Trvandah, voyons ce qu'elle dit,

elle se taisait,

peut-être qu'elle sera plus claire avec toi,

et voilà Trvandah la bavarde, si raisonneuse et si lourde, après Seto Emmi le taciturne, qui avait parcouru qui sait quels chemins jusqu'à cet appareil photo, cette alchimie de l'eau et de la lentille, jusqu'à ce silence qu'il avait choisi ou bien qui avait appris ce métier sur les conseils de quelqu'un, mais par quel hasard, mon Dieu ! par quel hasard ? alors qu'il aurait pu devenir tisserand, fabricant de châles, au camp d'Alep, continuer la tradition, ou bien plombier, étameur, sellier, tailleur, ravaudeur, commerçant comme l'étaient la plupart de ses compatriotes qui recommençaient leur vie là où en étaient restés leurs pères, et voilà celui-là qui, d'ailleurs, n'avait pu conserver de sa lignée un seul fragment de photo, de chiffon, avait dévié du chemin, avait tourné le dos à toute cette perte, avait adopté, avec un tout petit capital, un nouveau métier, prometteur, soi-disant rentable ; si cela n'était pas le résultat d'un hasard ou peut-être d'une décision totalement irréfléchie, c'était dans un effort pour briser le destin ou par un désir de se renouveler, c'est pourquoi, au fond, il continuait le lien plus qu'il ne le rompait ; il est possible de penser ainsi, de rêver et de fantasmer devant l'inconnu comme lui ou moi devant la photo absente, manquante, sans parvenir à aucune certitude ;

je l'imagine, courant toute la journée derrière son patron, portant son trépied à l'épaule ou dépoussiérant une échoppe dans le kemp des gens de Gürine, aspergeant le sol d'eau les midis, portant ou emportant le repas, alerte et patient, préparant les produits chimiques, caressant peut-être les papiers sensibles où l'image allait se révéler, observant l'attitude de son patron, son regard, sa façon de mesurer la lumière, d'allonger ou de raccourcir le soufflet, pour lui soutirer le secret de l'éclairage, aidant celui qui devait se faire faire une photo pour des papiers d'identité, tous ces émigrés, pour que ceux-là enfin, c'est-à-dire à nouveau, possèdent leurs papiers, s'installent, acquièrent un nom et un visage ; ainsi l'apprenti devait supporter tous les caprices, les humiliations inévitables de son patron, il allait peu à peu devenir un homme, non pas remédier à ses pertes mais tantôt les regretter, tantôt les oublier pour toujours.

On aurait pu continuer ainsi mais il est toujours difficile de combler, avec un conte, les lacunes de la vie de quelqu'un sur les genoux duquel on s'est assis, qui nous a tout raconté, du moins on le croit, de même que chaque amant pense percer l'essence de l'autre dans l'union des corps, être en communication totale, sans percevoir l'obstacle invisible qui les sépare ; se caresser, n'est-ce pas toucher l'impalpable, la frontière, la mort, là où commence, où finit l'autre ;

Seto m'avait certainement raconté, ou à d'autres en ma présence, ce que je pouvais entendre ou comprendre, mais l'incompréhensible ? ou ce qui ne lui venait pas à l'esprit ? cela appartenait au silence, à sa peau blanche mais hâlée, au prestige de son nom ; cependant, si je ne m'efforçais pas d'imaginer, de poursuivre en même temps plusieurs hypothèses ou parties d'épisodes, sans essayer d'abolir leurs contradictions, sans donner leur profondeur, leur épaisseur, j'allais peut-être m'empêcher totalement de parvenir à une quelconque certitude ; l'imagination n'est-elle pas le ressort d'un esprit qui se souvient, la force qui le travaille ? est-il vraiment possible de se remémorer sans faire apparaître, sans représenter, sans entrer dans une aventure qui est celle de l'image, toujours exacte ou erronée, tour à tour ou en même temps ?

ce n'était pas la peine d'inventer des fictions, un jour ou l'autre, le diable allait venir m'arracher la langue et la confier à la nuit, c'est le destin de celui qui parle, de même qu'un fumeur et un buveur comme mon père doit un jour être pris à la gorge et le mal serrer peu à peu son cou, comme le licol de son cheval, lentement, inéluctablement jusqu'à ce que son âme, dans une dernière crise, arrive au bord de ses lèvres, comme si elle avait trouvé une issue, mais vers la suffocation ; et pourquoi chercher des échappatoires ? peut-être cette maladie-là, cette nuit-là, avaient leur vérité, leur évidence si je parvenais à les dégager ;

Seto avait écrit – au bout de la nuit, c'est la lumière, et la lumière c'est parfois vivre, parfois mourir – et j'avais aimé cela, tout comme son sourire donnant à voir la ligne horizontale de ses dents en or.

Il était tard

mais pas trop tard, comme ce moment où les frontons des cinémas n'ont pas encore allumé leurs lumières multicolores et n'ont pas remplacé les reflets de l'horizon lointain sur les pignons en arabesques des immeubles de la place et où il semble que quelque chose s'attarde, là-bas, autour de la tête de la statue dressée entre les palmiers, s'assombrissant peu à peu ; il y avait des ombres, celles que le soleil invisible projetait quelque part, dans d'autres lieux, comme le tâtonnement dans l'air des phares de l'auto de Ganantch, avant que le noir absolu ne s'abatte sur la place ; plus tard, bien plus tard, des touffes d'herbe entre les pavés, des arbustes sauvages allaient pousser, grandir, alors que seuls les troncs des palmiers allaient demeurer et que les boutiques parsemées de mines des rues désertes de Souk Nourieh, de Soul-el-Chalamit allaient devenir des orbites privées de vue ; à présent, il fallait aller jusqu'au diable Vauvert écouter bredouiller Trvandah, l'une des images vues, caressées, entendues, haïes et aimées de Seto, peut-être la photo même, sa femme depuis trente ans ou plus, il fallait résister, supporter son bavardage de poule caquetante qui était peut-être l'ombre de la parole ; pour parvenir au silence peut-être doit-on en passer par l'encombrement de la parole ;

pourquoi ?

la question était à nouveau retardée, d'ailleurs j'avais prévenu Hapet pour qu'il soit également présent.

Jusque-là, entre temps, ceci,

mais maintenant, toi, dis-moi un peu, tu as foutu le camp, mais avant ça, pourquoi tu n'as rien demandé une seule fois, pas à ton père – c'était un mur, il parlait pas –, mais à ta tante, à cette époque elle vivait encore, elle avait toute sa tête, elle l'a un peu perdue par la suite, c'est Tathéos qui le disait, mais lui, il faut pas trop l'écouter, d'ailleurs Tathéos ne sait rien, il me semble qu'il était tout petit quand ta tante a quitté son mari ;

elle voulait dire, – si ça t'intéressait tellement, tu aurais dû y aller, insister, l'emmerder –, j'entendais là-dessous sa vieille rancœur, ses rêves brisés, – tu es parti, tu es parti, tu as étudié, si au moins tu étais devenu docteur ! toutes nos maladies…– oui j'aurais pu soigner tous leurs maux, possibles et impossibles, j'avais entendu ça mille fois, comme un Guerguérian, un Gueuchérian, un Eblighatian, un Kassabian, que sais-je ! les médecins ne manquaient pas, ils étaient aussi nombreux que les maladies, tous solides et rassasiés, avec une réputation de bienfaiteurs ou d'utilité à la cause nationale, remplissant parfois les pages du *Médecin* de leur inépuisable science et des conseils adressés à la population,

et tu devais devenir journaleux…

le mépris au bout des lèvres, comme un fil qui en serait tombé, que peu après elle allait me prier d'enfiler, un soupir et, ironiquement,

et c'est nous qui avons permis une telle situation !

comme si je les avais trompés, d'ailleurs, quand vraiment s'étaient-ils intéressés à ce que j'étudiais ? pour eux, c'était une opération ne comportant pas de spécialisation, très générale et vague, consistant plus précisément en allées et venues au collège durant des années, avec le rituel annuel (l'inquiétude des fournitures scolaires, l'examen trimestriel, le bulletin scolaire, les vacances, la fête de fin d'année) puis un diplôme, une cérémonie de remise des diplômes à laquelle elle allait venir contrainte et forcée, – mais c'est pas notre place ! c'est pas notre place ! – ; elle ne percevait pas la contradiction, et alors, ton théâtre ! oui, seulement ça, c'était les autres qui le faisaient, nous, on y allait, on regardait, puis on retournait au point de départ, là où nous étions, il fallait gagner de l'argent pour manger, ne pas mourir de faim,

et n'était-ce pas là la racine de son amertume, toujours la peur de tomber inanimée, d'avoir faim, de chercher les grains d'orge dans les déjections du cheval, de les manger grillés, autrement dit, le grand bruit douloureux mais dissimulé du ventre, comme à l'époque, à Bab, Meskéné ou ailleurs, on aurait dit que, depuis toujours, elle était restée intérieurement au même endroit, les changements avaient été seulement des déplacements et chaque séjour une invention, une création improvisée, une élaboration romanesque afin de ne pas retourner à cette peur, à cette faim, à cette animalité ;

jamais elle n'avait pensé qu'après les études on pouvait être bien autre chose que médecin, à la rigueur avocat, comptable, ingénieur ; selon elle, ce monde intermédiaire auquel nous appartenions était partagé entre les gens instruits et les artisans, hors de ça, il y avait la troupe confuse de ceux n'ayant pas un vrai travail, qui, comme Samson, Dobri, Setrak Eszmérian, mon père ou Haïgaz, vivotaient, traînaient leur peau, plus ou moins occupés, dépensaient leurs gains en alcools, cigarettes ou avec une maîtresse ; les journalistes, comme les maîtres d'école entraient également dans cette troupe ; un homme devait être volontaire, eh oui ! c'est-à-dire avoir de l'ambition, pour monter au moins d'un degré, ton père aussi avait peur de se lancer, je lui disais, – va-z-y, lance toi ! moi je ferai tourner la maison –, mais il n'en faisait qu'à sa tête, exactement comme toi, qu'est-ce qu'on peut y faire, tu as tiré de lui !

elle le savait, j'allais avaler ce qu'on pouvait considérer comme un affront, je n'allais pas répondre, j'allais la laisser à sa sourde insatisfaction, à sa couture filant sur le tissu qui traçait une sorte de frontière entre elle et moi, au long chemin de sa vie à l'égard duquel, quoiqu'il en soit, j'étais indifférent et insensible, du moins je pensais l'être à cette époque et, au fond, elle était déçue que je ne sois pas devenu quelqu'un, tu n'es pas devenu quelqu'un, disait-elle, tantôt agressive, tantôt persuasive ;

quelqu'un !

une personne renommée, occupant une position sur la place, semblable à ceux dont on entendait parler, qu'on admirait, sur lesquels on cancanait mais qu'on respectait, devant lesquels on ôtait son chapeau quand ils passaient, dont le nom et le crédit couraient de journaux en journaux, de maison en maison, dont la parole avait un poids comme la grosse bague à l'auriculaire, semblable à ceux qui avaient acheté ça, donné ça, ils avaient, ils avaient, ils possédaient, ils étaient riches, s'habillaient, étaient élégants, étaient généreux, ouvraient avec style les portes de leur Cadillac, de leur Ford, les emplissaient avec la smala de leurs enfants, et allez ! l'été, ils les emmenaient en vacances à la montagne et l'hiver, je ne sais où !... ils avaient un chalet à la mer, une maison neuve, dans la cuisine un réfrigérateur, un four à gaz et bien des choses encore... quelqu'un, quelqu'un de magique... au lieu de ça, j'étais devenu comme mon père, j'étais encore tombé du mauvais côté de la balance, qu'est-ce qu'on y peut ! quelle fleur aurait pu sortir de là !

et à nouveau, comme un regret, sous lequel, je ne sais comment, demeurait cachée quelque chose ressemblant à de la considération envers l'écrit et le livre,

quel besoin y avait-il de savoir lire ? lire comme ça, moi aussi je le pourrais et même en m'amusant, mais de notre temps, il était pas question de tomber malade, d'attraper une pneumonie, la tuberculose, tu devais payer le loyer de la maison, manger pour pas crever, t'occuper de ton mari, rien garder pour toi-même et ainsi de suite, des choses qui composent le malheur d'être né au mauvais endroit ; regarde Hapet qui te plaît pas ! maintenant il possède une grosse boutique et voilà ! va voir de tes propres yeux,

brusquement illuminée par une idée extraordinaire qui m'étonnait puisque apparaissait en elle quelqu'un d'autre que je ne connaissais pas,

si tu écrivais de suite dans ce journal quelque chose à son sujet, ce serait bien, il serait content, au moins des gens comme lui aussi seraient connus ;

voilà, c'était ça notre place.

Je ne pouvais pas dire qu'à ce moment-là je ne savais pas, que je ne pouvais deviner, j'attendais, je ne faisais qu'attendre, un futur incertain qui ne venait pas, qui devait se produire mais quand ? où ? comment ? je ne pouvais dire que cela ne se produirait jamais, non, je n'attendais rien, je me dérobais, oui, je fuyais, je vivais, je supportais, je m'opposais à l'attente et d'ailleurs, n'est-ce pas ça étudier ? une accoutumance à l'attente, un long temps de patience, disons un voyage vers l'oubli, une sorte d'enjambée qui était en même temps une descente jusqu'à ce qu'il soit possible d'atteindre le centre du cercle de silence ;

peut-être que j'attendais que le temps se renverse, que les deux images se superposent, ce que j'avais vu et ce que je voyais ; chaque départ et chaque retour suscitent deux visions qui tendent à se confondre, elles y tendent mais ne se recouvrent pas forcément, comme deux photos qu'on a tirées en même temps mais l'une en 1/1 000e de seconde, l'autre, une miette de temps plus tard ; et vivre signifie parfois cela, mettre les deux images côte à côte, dans la même série, à faible distance l'une de l'autre, avec, autant que possible le même point focal, fixer ce point élevé, mouvant – ce qui n'aurait pu qu'élargir la déchirure, l'exil précédant notre vie –, devenir l'enfant que j'étais, celui que je n'étais pas, le garçon de la photo, qui se tenait non loin du réservoir, l'oreille encore tendue vers l'eau jaillissant et coulant toujours du robinet, que Seto avait expulsé du cadre, en gardant avec une telle évidence, presque avec ostentation, un étrange petit balai de bruyère, misérable ornement qui n'allait pas tarder à tout nettoyer, donner au vent, faire disparaître ; il avait aussi laissé, comme innocemment, sa propre ombre, une partie de la silhouette du photographe devant mes pieds, peut-être n'avait-il pas voulu la faire disparaître quand il s'en était aperçu et cela, lui, sa présence absente, cette trace profonde d'un passé projetée par le soleil était restée comme un morceau de journal déchiré, trempé, par terre ; moi, je devais peu à peu me plonger jusqu'au fond de l'eau, j'allais m'immerger dans le temps du récit où il n'y avait pas encore de récit, comme dans le liquide où la photo n'existe pas encore mais commence à se former ;

est-ce que telle n'avait pas été la situation de mon père ? déraciné, exilé jusqu'à l'amnésie quand chaque caravane effaçait, en les dépassant, la végétation des oasis et s'enfonçait dans un désert toujours plus vaste, que moi, à présent, je peux appeler l'épuisement suprême des forces mais qui, pour un adolescent comme lui, était sans aucun doute un temps nouveau et, un jour, il devait se retrouver face à l'image de la tante dont il n'avait gardé aucun souvenir, même pas le nom, tant ils s'étaient séparés rapidement, ils ne savaient même pas vraiment quand, elle était restée à l'arrière de la caravane, lui s'était porté en avant, à la recherche d'une solution, il y avait seulement un vague attachement interrompu, à un lieu, plus précisément la sensation qu'il venait d'un endroit où avait existé cette façon de crier, de pleurer, de parler, une sorte d'alphabet mouvant dont il n'avait plus la clef, dont le silence comprimait ses dents, sa bouche, cette expression du museau qui semblait écrasé ou avoir reçu un coup, un débris de pierre, éclaté par le milieu, et, à ce moment-là, comme résultat de qui sait quelles forces extraordinaires, sa langue s'était déliée, il l'avait reconnue, mais il y a toujours un point mystérieux, l'énigme que constitue la reconnaissance pour les gens qui ont vécu dans des mondes parallèles ; même si les traits des visages reviennent à l'esprit, seules peuvent demeurer les ressemblances générales, tant qu'il n'y a pas cette histoire communément partagée, c'est-à-dire cet ensemble de sentiments, d'images, d'impressions indicibles, tant qu'il n'y a pas l'écoute interne de l'histoire, or, comme la salamandre écoute le silence de la nuit, quelque chose continue à écouter, à l'intérieur, en son lieu.

17

Plus tu regardes, plus il y a de choses
à voir,
Set, retiens-toi, il y a encore beaucoup
à endurer.
SETO

Les lieux qui, soudain, disparaissent.

La boutique de ma tante n'existait plus depuis longtemps, plus exactement elle avait été convertie en un commerce de légumes, méconnaissable, comme, plus tard, la chambre d'Antika ; l'apparence de la rue d'à côté était vaguement la même ; les baraquements en planches avaient été à peine crépis, parfois, çà et là, un étage avait été monté et, parmi ces maisons, seule était reconnaissable celle de plain-pied de Seto Emmi qui, avant le grand incendie, avait été une construction en bois, comme les autres ;

ce sont sûrement eux qui ont allumé le feu, tout le monde y trouvait son compte, c'était juste le bon moment, comme ça, ils nettoyaient d'un coup toutes ces saletés, mais ça ne s'est pas passé comme ils voulaient, une partie est restée, et à ce moment-là nos gros bonnets soutenaient le gouvernement, et pourquoi donc ?

elle avale sa salive,

sa voix est rauque, totalement dénuée de sa douceur souple, flexible d'autrefois, de son attrait toujours un peu acide, elle était devenue plus grave et plus sourde, toujours agressive mais si mélancolique que je ne pouvais même pas imaginer un instant qu'ait pu sortir de ses lèvres la chanson nostalgique d'antan de « La bague bleue »

(je ne sais pourquoi cela me paraît mélancolique, alors qu'elle avait juste une couleur maniérée, affectée, peut-être qu'à présent je peux appeler cette légère mélancolie par son véritable nom, la tristesse, lui donnant ainsi une certaine épaisseur)

Madame Trvandah prenait une légère inspiration comme si elle allait commencer une histoire, elle portait la main gauche à son sein d'où elle tirait un mouchoir et essuyait le liquide qui s'écoulait de son œil toujours larmoyant et sale, d'un geste que j'avais vu chez ma tante quand elle tentait d'ôter les chassies de de ses yeux et que, négligeant la légère progression du trachome, les sécrétions blanchâtres et ses multiples allées et venues jusqu'au dispensaire de Ghazir, elle attribuait cela aux fumées ambiantes, au sel de la mer, et surtout aux miasmes émanant du fleuve stagnant au loin, aux mouches et aux moustiques et, à ce moment-là, sa bouche se détendait, elle baillait ; à présent, Madame Trvandah, ouvrait grand les yeux et s'étonnait que je ne sache pas une vérité, d'après elle connue de tous :

à cette époque, tout le monde savaient que ceux qui habitaient ici – ici, le dépotoir du monde, de la nation – étaient hentchags, lors des élections ils votaient contre les tachnags et c'est pour ça que ceux-ci ont mis le feu, pas pour autre chose, c'est comme ça que la population a été éparpillée ; même s'ils n'ont pas mis le feu, ils n'ont pas éteint l'incendie, écris ce que je te dis, l'histoire de ce genre de saloperie n'a jamais été écrite et même si ça a été écrit, ce sont ces salauds qui ont mis le feu et ensuite ils ont collecté de l'argent soi-disant pour ce campement et la recette, ils l'ont bouffée !

ton Seto Emmi était malin, rusé, l'incendie était arrivé jusqu'aux maisons en face, les nôtres étaient de ce côté et moi, à cette époque, je n'avais que ma fille, une petite puce, elle applaudissait devant la porte, face au feu ; toi tu ne sais pas ça : moi, j'avais déjà mis tout ce qu'on avait dans un baluchon, eh ! on ne sait pas ce qui peut arriver, si nous en réchappons au moins on sauvera ça, on a eu très peur ce jour-là, il y avait beaucoup de vent, la mer était démontée, Dieu nous a pris en pitié, le vent a tourné de l'autre côté, le feu n'a pas traversé la rue, miracle ! – elle dit miracle – mais après ! si tu avais vu ça ! quelle pagaille ! il ne restait rien des maisons, les gens étaient assis de tous côtés en soupirant, partout une odeur de brûlé, une odeur de chiffons, de la fumée, partout des mômes dans cette tempête hivernale, tu diras encore que cette population aurait dû avoir un foyer, une population ? des vagabonds oui ! nous venions tout juste de sortir d'une fournaise et voilà un autre incendie, et encore, les Français sont venus distribuer du pain, des repas envoyés par le Near East Relief pour que ceux-là ne meurent pas de faim, ceux qui sont morts l'ont été dans l'incendie et il y en a eu un paquet ;

c'est ainsi qu'ils ont continué à habiter là, Seto était débrouillard, il a pris un crédit pour construire en pierre, pas en bois et en briques, cette maison, c'est lui qui l'a fait construire, ils ont commencé par un côté, en douce, presque nuitamment, à la lueur des réverbères, avec quelques ouvriers, des voisins, ton père avait apporté les matériaux, le sable, avec sa charrette, quelqu'un d'autre, les planches, le ciment, mais lui aussi avait travaillé, il s'était pas croisé les bras, courant à gauche et à droite, apporte de l'eau ! à manger ! il s'était démené, tu crois que c'était de la rigolade d'avoir un toit, deux chambres, une cuisine autour d'une cour et, comme ça ne pouvait passer inaperçu aux yeux des services municipaux, à chaque gendarme qui traînait Seto avait graissé la patte, il avait réussi à les soudoyer et à terminer la construction ; mon père avait apporté et cloué sur la porte d'entrée un fer à cheval, il avait écrit au-dessous, dans le crépi, la date, 1935 ; nous avons joué durant des années à l'ombre de cette maison, au début à la marelle et au tchellik*, puis au ballon et au football, nous appelions Areknaz cachée derrière sa fenêtre et ressemblant à ses poupées, qui faisait toujours des manières, non, elle ne pouvait pas venir, elle avait commencé à se prendre pour quelqu'un, malgré la courbure de sa colonne vertébrale, sa poitrine avait commencé à pousser, ses hanches à s'élargir comme si elle se préparait à sa fonction de femme alors qu'au même moment, mademoiselle Nerkiz sortait la tête de sous le parasol du balcon, sa robe rose retroussée jusqu'aux genoux, soi-disant parce qu'on pouvait regarder sous ses jupes ses jambes épaisses, épilées, comme le disait Hapet en bavant, à cette époque, elle parlait avec son perroquet, l'œil au-delà, vers la porte ; le fer à cheval et la date étaient encore là, Areknaz et mademoiselle Nerkiz n'y étaient plus ; mais en ce temps-là, encore,

eux sont devant leur maison neuve, ils ont aussi tué un coq, sur leur porte ils ont dessiné quelque chose comme une croix sanglante, j'avais vu ce signe grossier fait avec un bout de bois mais, peu à peu, avec le soleil, la couleur avait passé et cela allait rapidement devenir une vague trace, le premier geste de l'acheteur allait être de passer une nouvelle couche de peinture, félicitations ! tous nos vœux de bonheur ! ils avaient partagé le madagh*, Ils avaient fait une sorte de banquet ce jour-là, il y avait tous les plats qu'ils aimaient, ghavourma*, manti*, dolmas de choux avec du keufté*, targhana*, ils avaient bu, ils avaient beaucoup bu, à côté, un musicot avait commencé à jouer du violon, Trvandah avait chanté Gueroung, Ketcheloun, tout son répertoire, puis avait démarré le Tamzara, des farandoles, fougueuses et viriles, comme plus tard à la fête mais peut-être là, dans la maison, de façon plus familière, plus libre,

qui était-ce ? qu'est-ce que j'en sais ! les ivrognes étaient nombreux autour de Setrak Emmi, au « Massis » d'en face, il y en avait plein,

depuis la boutique de ma tante, j'observais ce café qui paraissait être un vestige des vieilles tavernes d'ici, une toiture de tôle sur des piliers, sur le vieux sol en terre battue on avait coulé du béton qui, malgré les coups de balai fréquents, était toujours terreux, comme ce devait l'être dans la photo ; devant une rangée d'étagères en métal où poussaient de vagues plantes poussiéreuses, quelques tables, quelques chaises, à droite, une espèce de cellule tenant lieu de cuisine où, été comme hiver, s'exhalait depuis le chaudron, l'odeur du bouillon de pieds de mouton, celui que n'avaient pas aillé et avalé les charretiers passant par là le matin et dont l'effluve carnée, faisant penser à de la laine brûlée, se répandait au long de la rue ; bien sûr, ils allumaient le feu du brasero dans le passage étroit quand la vie nocturne s'intensifiait ; là, se joignaient d'ordinaire aux traînards habituels, les autres – chômeurs, oisifs, trafiquants, joueurs, voyous au style de caïds –, toute une classe d'hommes, spécialisés dans l'art éminent de faire travailler les femmes, qui tiraient un siège devant une table peinte en bleu, le cigare aux lèvres, s'asseyaient, commandaient une eau de vie, – Nalbant ! apporte-nous donc une bouteille ! – qu'il fallait accompagner avec les hors d'œuvre de brochettes idoines ; une petite calotte sur la tête, ce Nalbant était un homme ventru qu'ils respectaient ou simplement épargnaient, quoi qu'il en soit, ils insistaient, répétaient d'une voix plus douce mais toujours avinée, puisque l'homme était terriblement lent, du moins c'est ce qu'il me semblait, je crois aussi qu'il n'était pas toujours prêt à nourrir tous ces gens et à attendre ensuite qu'ils paient ; lorsqu'il venait s'asseoir dans la boutique de ma tante, l'œil sur son restaurant, comme tous ceux qui vivotaient grâce à un petit commerce, Nalbant se plaignait inévitablement, avec un fort accent turc, une dent en or au coin de la bouche, une magnifique moustache qui s'arrondissait de chaque côté des lèvres, tandis que les autres attendaient une occasion pour boire, se saouler, prendre leurs armes et tirer des coups en l'air ; l'occasion s'était présentée, le son des chants, des danses, l'odeur du madagh* les avaient attirés chez Seto, un jour comme celui-là, on ne jette personne dehors et on invite même tout le monde,

et cette fois-là mon père avait fait face à Seto, ils avaient dansé, jusqu'à épuisement, jusque tard dans la nuit, puis les invités étaient partis un à un, la cour était restée vide, comme tout à l'heure mais, par la suite, Seto avait planté des plants de basilic autour de son jardin rectangulaire, ainsi qu'un mûrier d'une belle variété qu'il avait installé au centre, pour que mon père et lui puissent souvent jouer aux cartes sous son ombre, au jeu de l'« enlèvement des filles », boire un verre, boire à la cruche cette sainte merveille qu'était l'eau fraîche, oui, je comprenais le reproche de ma mère, Seto Emmi avait une maison en pierre avec une petite terrasse en ciment, avec un jardin, rien n'y manquait, la cuisine, la salle de bains, l'eau courante, les toilettes sur fosse septique ; il était pas comme ton père, je vais te dire ça aussi pour que tu l'oublies pas, un jour ton père a crié – toi, tu veux une maison et moi, cette maison je te la donnerais pas – et c'est comme ça que nous avons été misérables, un malheur ne suffisait pas et en voilà un autre, ce destin d'être locataire à perpétuité et de dépendre des autres, et maintenant le mal est fait, même si tu me donnais une maison j'y entrerais pas, qu'est-ce que vivre quand tu n'es là que pour un bref instant ?

quand j'avais essayé de rappeler cet événement à ma mère, pour préciser l'identité brumeuse du musicien,

j'ai compris ce que tu cherches, c'était pas lui, celui-là jouait du kanon*, y a pas de Tamzara avec le kanon*, non, ils ont raclé du violon comme Arakel, dans ce temps-là, il y avait beaucoup de violoneux venus de Sivas et ceux-là étaient même les meilleurs de notre pays, aussi ils venaient pour les baptêmes, les mariages, qu'est-ce que tu croyais ? parce qu'on avait été déportés, que nous avions crevé à Deir-Zor, on n'était rien ! je vais te dire autre chose que je t'ai pas dit jusqu'à maintenant,

elle me regardait par-dessus ses lunettes, fronçait les lèvres, hésitait-elle un moment ? on aurait dit qu'une ombre venue de loin se présentait à son esprit, qu'elle avait du mal à convertir en mots ou qu'elle feignait de s'en souvenir soudain, boire c'est rien, mais fumer ! c'était un drogué, sale, dégoûtant, il parait qu'il se lavait pas de la semaine, il aurait pu au moins aller au hammam* du kemp, est-ce que quelqu'un pouvait mettre un type comme ça dans son lit ? un jour, il avait agressé ta tante, lui avait arraché l'aiguille à tricoter des mains et la lui avait planté dans le ventre, ta tante hurlait comme si elle allait mourir, heureusement que ton défunt père était là-bas et l'a sauvée ; en plus, il paraît qu'il avait une maîtresse, à un moment, ta tante avait flairé quelque chose, elle avait eu des soupçons, elle était même allée voir des voyants, il fallait qu'elle en ait le cœur net, qu'elle sache qui c'était, elle était très têtue, d'avance elle avait dit, ce type, je vais le jeter dehors mais je dois savoir ; ça se fait ? faut croire que oui ! toi, tu ne connais pas encore l'espèce féminine, une fois qu'une idée s'est installée dans leur tête, elles entreraient même dans le cul du diable pour arriver à leurs fins ; finalement elle avait fait ce qu'elle avait à faire, elle avait trouvé l'endroit, si je te le dis, tu le croiras pas, un jour elle leur était tombée dessus, elle les avait surpris tous les deux, là-bas, plus haut, chez Nerkiz, Nerkiz la noiraude, tu sais bien ! maintenant on dit qu'elle est devenue une grande couturière à Hamra, mais ta tante était une drôle de femme, au moins si elle avait dit quelque chose ! sans dire ni quoi ni qu'est-ce, elle a pris le boiteux et l'a jeté dehors ;

mais il y avait une autre variante de l'histoire dans laquelle mon père avait attrapé l'homme, l'avait sorti et, menaçant,

bâtard ! si tu remets les pieds à la maison, je jure que je te ferai la peau !

et voilà l'ami face à l'ami ; à cette époque, qu'est-ce que c'était de boire le sang des autres ! ton père aurait massacré un lion pour Martha, sa sœur unique ;

bien sûr, mon père avait apporté avec lui des lointains Hedjaz une espèce de poignard damasquiné qu'il gardait sous son oreiller ; à l'époque des troubles il le mettait dans sa poche arrière, il partait comme ça, de temps en temps, il le sortait, l'aiguisait sur une pierre puis faisait glisser son index sur les deux tranchants, brillants, lisses, à l'extrémité recourbée, de telle sorte que s'il s'enfonçait dans la chair, – ainsi que cela s'était vraiment produit, quelque part, une année, je ne sais plus quand – il déchiquetait tout, c'est pour ça qu'il s'était enfui d'Arabie, l'événement restait caché dans la nuit des nuits lointaines et il avait dû de nouveau diriger le nez d'acier sur la gorge de l'autre : un autre jour, avant ou après l'histoire de l'aiguille à tricoter, sur une hauteur, il avait pointé l'arme sous sa pomme d'Adam puis soudain, feignant de poignarder la tête du type, il avait fait voler le fez et le fez était tombé dans la mer,

ce fez qu'il y avait dans la vieille photo, un peu de travers, descendu jusqu'au milieu ou peut-être en haut du front ; le type devait sans doute être chauve, d'une calvitie précoce qui allait aussi apparaître sur la tête de Tathéos mais, au lieu du fez, celui-ci allait mettre un chapeau noir anglais, lors des froidures il le tirait jusqu'au sourcil droit, avec un tel panache qu'on aurait dit un Al Capone hollywoodien arpentant les rues de New York durant les années de la Prohibition, un peu théâtral et séducteur,

et la mer avait emporté et rapporté ce fez,

elle riait, on aurait dit qu'elle avait vu tout ça, ce qui était probablement un ravaudage de différentes allusions, un tissage de bavardages passés par la bouche de mille femmes, dont l'ancienneté donnait à l'histoire une illusion de certitude et de légitimité, au point que madame Trvandah répétait,

qu'on me crève un œil si je mens !

à cet instant, son œil tentait de lire dans mon esprit, scrutait les mouvements des muscles de mon visage, s'appesantissait, comme si ce silence était indispensable à ce jaillissement soudain, que je croyais soudain, qui allait libérer les mots avec véhémence, en toute hâte, presque hors d'haleine, comme il advient à ceux qui – les faibles, les impuissants, les impotents, les héros tristes et funèbres – mettent brusquement toutes leurs forces dans leur langage, recherchant dans la rapidité, le fil de belles paroles, dans le bruit, une impossible compensation au deuil et toujours, quelque part, suffoquant,

moi je sais, toi tu étais petit, moi je sais…

18

Je savais que tu allais venir

avec une tenue et un ton presque mondains,

elle est assise derrière sa fenêtre, juste là d'où elle guettait ma venue, cachée par des rideaux blancs en crochet, ceux-là mêmes à cause desquels, lorsque Hapet et moi jouions trop avec les franges, elle se fâchait, je vous couperai la main, criait-elle de sa voix sonore, en feignant la colère ; Hapet n'était pas encore arrivé bien que j'eusse traîné dans le quartier, devant la maison de ma tante que j'avais essayé de dessiner autrefois ; des balcons, des fenêtres ne pendait que du linge, déjà sali, poussiéreux ; il n'y avait personne chez Areknaz, ils étaient partis depuis longtemps ; s'ils étaient restés ici, qui aurait voulu de cette fille ! le parasol de mademoiselle Nerkiz avait disparu et elle-même s'était révélée une véritable artiste, elle avait réussi non à oublier le « Monsieur Aram ! Aram ! » de son perroquet – qui devait être un homme tout ce qu'il y a de plus convenable, un honorable père de famille, un notable de la nation craignant le scandale – mais à trouver un autre garçon, venu de Kharpet jusqu'ici reprendre souffle, un garçon tranquille et de confiance, plus jeune qu'elle par-dessus le marché, avec qui elle s'était même mariée et était allée s'installer du côté de Manara où ils faisaient ensemble de la couture, – enfin bref, comme ça, la saleté s'était levée du milieu, si tu la voyais, tu la reconnaitrais pas ! d'ailleurs, elle ferait semblant de pas te voir, le monde est à ses semblables, allez ! allez ! elle en aurait eu à raconter des vertes et des pas mûres au sujet de toutes ces maisons aux portes entr'ouvertes… prends n'importe lequel de ces bâtards et avortons, tous, de l'évêque jusqu'au responsable de quartier, confits dans leur propre sang, tous de la même farine –,

en lieu et place de ceux qui étaient partis, d'autres étaient venus s'installer que je ne connaissais pas et dont la présence, en mêlant les époques, avait rendu chaque chose étrange et étrangère, de même que le visage de madame Trvandah qui s'était ratatiné, presque comme un morceau de papier indéchiffrable, à côté de son œil gauche, une cicatrice noircie que je n'avais pas remarquée à l'époque, les lèvres fripées, toujours mobiles ; au dehors, on entendait de petits cris étranglés qui l'interrompaient, Tourfand ! j'arrivais à peine à les distinguer, ils cessaient, elle ne bougeait pas, qu'ils attendent ! elle portait la main à sa tête, se coiffait, comme souvent, elle avait enroulé ses cheveux, derrière la nuque, en un chignon à la « Kim Novak » et portait autour du cou un collier moucheté gris et bleu, mais on avait le temps de poursuivre la conversation entamée, ou plutôt les commérages ; elle avait des choses à apprendre à la nouvelle mariée d'à côté, celle-ci ne sait pas faire un pilaf* convenable, celles d'aujourd'hui sont comme ça, elles sont pas fortes en cuisine, si ça tenait qu'à elle, c'est leur mari qui rapporterait à manger du marché, je lui ai dit, si tu fais comme ça tu le perdras, des fantaisies de gamine, elle croit qu'être mariée ça consiste à mettre des habits rutilants et à se promener dans les boutiques, faire des visites chez l'une ou chez l'autre ; de notre temps !... des femmes comme ça devraient rester chez elles, quant à moi, quand je marierai Hapet... je sais ce que j'ai à faire mais il se bouge pas... il est en retard, où qu'il soit, il va venir, les samedis c'est comme ça, il arrive, il se lave et ressort, on parle pas en tête à tête, on bavarde pas de choses et d'autres, il a probablement quelqu'un, je sais qu'il a quelqu'un mais qu'y faire ? ah, j'ai oublié, qu'est-ce que je disais ? de plus en plus j'oublie tout... c'était au temps de mon Hélène, toi tu l'as jamais vue, dès qu'elle a eu 10 ans, il l'a donnée, il l'a vendue, il l'a envoyée en Amérique auprès de son frère, comme quoi mari et femme n'avaient pas d'enfant, qu'elle grandisse auprès d'eux, est-ce qu'une telle chose est possible ? c'est moi la mère et quelqu'un d'autre va profiter de ma fille, et ça une fille unique ! j'ai compris trop tard, il leur aurait promis, il me l'avait pas dit, tiens ! c'est sa photo,

elle se levait, posait la cigarette qu'elle tenait à la main au bord du cendrier (elle avait commencé à fumer à présent et, qui plus est, un tabac âcre à l'odeur persistante) en face, sur la table, à côté de la radio et du vase, il y avait une photo encadrée, neutre, une petite fille qui était réduite à quelqu'un de totalement transparent, les formes de son corps se distinguaient à peine du blanc détrempé autour,

mon Hélène !

sa voix s'était affinée soudain, flûtée, voletante, elle avait, pour un instant, retrouvée son éclat, la nuance et la qualité demeurées du pays pour lesquelles Seto et mon père n'avaient pas assez de paroles de louange ; elle prenait la photo, la portait à ses lèvres comme une image sainte, avant qu'elle parte, j'avais dit à Seto, je t'en supplie, allons-nous faire faire une photo tous ensemble, Avo était encore tout petit, Ganantch commençait tout juste à marcher, ton Seto Emmi n'a pas voulu, tu veux que je te dise pourquoi ? il ne voulait pas qu'un autre tire son portrait, lui, il photographiait tout le monde mais lui-même devait rester en dehors, je le savais, c'est pour ça que le jour de notre mariage il y avait eu beaucoup d'histoires, il a pas voulu, il a fait sa tête de mule et je lui ai dit, on fera comme tu voudras, mais comme il s'agissait de notre fille est-ce que j'aurais pu l'accepter ? je suis allée en douce voir Gulbenk, je lui ai dit, voilà de quoi il retourne, Gulbenk n'a rien dit, j'ai gardé la photo, est-ce que j'ai mal fait ? je l'ai pas mise devant lui, il m'aurait tué, franchement, toi tu sais pas du tout comment était ton oncle Setrak, c'était un emmerdeur, les tempêtes en mer c'était rien à côté de lui, eh ! que je te casse pas les oreilles, la fille est partie, quelques lettres sont arrivées, c'est son frère qui écrivait, j'ai mis la petite à l'école, elle travaille bien, elle grandit mais pourquoi vous lui avez rien appris là-bas ? voilà ce qu'écrivait ce soi-disant frère, j'ai dit à Seto, allons-y nous aussi, allons voir ce qu'est devenue cette petite, nous aussi, nous nous échapperons d'ici, mais il avait décidé qu'un jour, on irait en Arménie et, parle toujours, tu m'intéresses !

naturellement, je n'étais pas au courant de cette partie de l'histoire, derrière le pli il y en avait toujours un autre, que peut-être je n'avais pas aperçu depuis le début ; leur vie n'avait pas été celle que je croyais, comme on aurait pu le déduire d'après les signes, on aurait dit que sous les constructions il y avait toujours des marécages et, dessous, de nombreuses, d'innombrables tombes ou des gens sans sépulture et les couches descendaient plus bas encore, comme un antique gisement d'ossements dont je ne voyais que la couche supérieure ; j'écoutais, abasourdi, à la fois attentif et indifférent ; comme une poussière invisible, l'obscurité de la soirée d'automne avait envahi la pièce, les objets étaient entrés sous le couvert d'un bruit diffus, comme les vagues lettres venues de là-bas puisque apparemment on n'y parlait jamais d'Hélène, et moi, j'imaginais tantôt une femme travaillant dans les vignes de Fresno – de celles que l'on pouvait voir dans les films avec la jupe aux genoux, un sourire impénétrable, lointaine comme la Mère de Dieu dans la chambre d'Antika, autrement dit indescriptible et obscure comme le sont les gens ordinaires, ceux qui n'ont ni parole, ni vie personnelle –, tantôt je l'inscrivais dans les bas-fonds d'une grande ville, un rouge épais de cinéma sur les lèvres, les jambes minces comme celles de Trvandah, croisées l'une sur l'autre, à côté d'un piano de jazz, juste comme les jeunes imaginent les femmes qui quittent le quartier et s'inventent des jouissances de chair d'après des lambeaux de ragots ;

combien de fois j'ai fait écrire pour qu'ils envoient au moins sa photo, un son peut sortir de la pierre mais pas de ceux-là, ceux qui l'avaient vue ont dit qu'elle avait grandi, qu'elle avait embelli mais jamais elle ne s'est intéressée à nous, nous a-t-elle oubliés ? peut-être, mais moi je sais qu'elle a de la peine, bien sûr qu'elle a beaucoup de peine qu'on l'ait laissée seule faire toute cette route, c'est Seto qui fut la cause de tout ça, je dis il l'a donnée, comme si c'était un œuf de Pâques, mais l'œuf peut se casser, j'ai sorti cette photo depuis peu, si ton oncle l'avait vue, il m'aurait brisée en mille morceaux, mais tu te demandes pourquoi nous ne sommes pas allés en Arménie, toi aussi tu le croyais quand il disait ni l'Arménie, ni l'Amérique, Seto…

elle avait penché la tête vers moi, elle avait baissé la voix comme pour me dire un secret et j'avais l'impression soudaine que Seto Emmi était dans le jardin, qu'il pouvait entrer d'un instant à l'autre et crier son formidable « que ta langue se dessèche ! »,

il attendait que l'enfant revienne, qu'est-ce qu'il avait dans la tête ! comment aurait-elle pu venir toute seule ! qui voulait qu'elle vienne ? son frère ? pas un jour Seto n'a demandé ce qu'elle était devenue, bonne ? est-ce qu'elle s'était mariée ? quand ton « oncle » est mort, j'ai envoyé la nouvelle, j'ai découpé le journal, je l'ai donné à Hapet, je me suis dit, voyons maintenant quelle va être la réaction, mais j'ai fait écrire qu'ici il ne restait plus personne qu'Hapet et moi, et qu'au moins si nous aussi nous partions, tout serait terminé, depuis tant d'années mon Hélène se languit de moi, c'est un monde ça ! elle descend de nous ! quoiqu'il en soit elle a un cœur, elle ne nous laissera pas comme ça, elle comprendra notre peine, elle nous tendra la main, enfin j'ai attendu, j'ai pas arrêté de pleurer, puis un jour, je vois qu'une lettre est arrivée, tu sais ce qu'a écrit ce soi-disant frère ? que je devienne aveugle si c'est pas vrai ! moi j'ai rien dans la tête, d'accord, mais lui ? il dit, surtout arrangez bien la tombe de mon frère, madame Trvandah, jusqu'à maintenant mon frère a travaillé et maintenant c'est votre tour !

et allez !... raconte ! raconte !

je n'avais pas entendu les pas qui s'approchaient, la voix d'Hapet, depuis la cour, je crois ; il était à présent sur le seuil de la porte, adossé aux gonds, la tête à la lumière extérieure, blond, les joues fraîchement rasées, encore humides de l'eau de Cologne du coiffeur ; c'était devenu un homme, grand comme Seto, un peu plus large d'épaules ; habituellement quand nous nous rencontrions, c'est-à-dire quand nos regards se croisaient, il était assis devant sa table basse ronde, penché sur un talon de chaussure, il n'osait pas sortir, le patron aurait pu faire la gueule, le garder une heure de plus le soir pour travailler ainsi que le permettaient alors les règlements non écrits,

pourquoi tu ne dis pas que tu as pris les dollars envoyés par mon oncle ? tu les as vite mis dans ta poche, avec ça, on n'aurait pu ni prendre un billet, ni faire la tombe,

la main d'Hapet était sur le commutateur, puis son regard faisait le tour de la pièce comme s'il cherchait quelque chose, il y avait le fauteuil un peu haut, au dossier droit où ma mère s'asseyait souvent, elle sortait son crochet ou sa dentelle de son sac en filet, elle commençait à travailler, ses mains ne devaient jamais rester inactives, tandis qu'à présent, Trvandah avait croisé les bras, glissé les mains sous ses aisselles, comme en ce temps là quand elle semblait compter des yeux les points sortant de l'aiguille de ma mère qui, au fur et à mesure, composaient des formes enfermant le temps en elles mais elle n'avait jamais appris à tricoter malgré les conseils, les tentatives de ma mère pour guider ses mains, non, pas du tout, nulle, répétait ma mère, elle est nulle ! on aurait dit que rien n'avait changé, oui vraiment, Hapet ressemblait beaucoup à Seto Emmi, à l'image qui m'en était restée, mince comme lui, avec les mêmes yeux verts mais la largeur de la mâchoire rappelait la bouche de sa mère qui, d'ailleurs étaient ouverte,

mon Dieu ! mon Dieu !

elle avait ouvert grand les yeux vers le haut, en face, vers la fenêtre, vers l'image entourée d'un cadre doré, pendue au mur, je savais que c'était le primat Khoren Timaksian pour lequel Seto et ma tante avaient un respect confinant à la vénération et, naturellement, ils avaient transmis cette vénération à mon père qui avait dû entendre des autres l'histoire de l'archevêque Khoren ; pour lui, la vie de ce grand homme se réduisait à une seule phrase, celle de sa fin : l'ecclésiastique, qui souriait légèrement en face, le capuchon sur la tête, la médaille pendue sur sa poitrine, c'était celui qu'ils avaient assassiné sur la route de Sivas, puis ils avaient apporté sa tête à Gürine pour que chacun puisse voir comment était mort le prélat ; ça, c'était le début de la déportation, cette tête là-bas à présent était un peu tournée vers la gauche, le regard vers un point hors du cadre, vers l'horizon clair ? ou assombri ? il regarde, au-delà, la lente caravane de mulets, de femmes, de filles, d'enfants qui disparaît en s'émiettant au tournant, l'évêque tourne la tête, il tente une fois encore de voir, de colline en colline, la ville dispersée où, rapidement, il ne va plus rester même l'ombre de son troupeau, à cet instant il ne peut pas l'avoir prévu, il ne sait pas le coup de sabre qui va lui trancher le cou, il ne peut pas avoir vu, celui qu'on appelle le témoin oculaire est assis dans la charrette, mais de l'autre côté ; ce que celui-ci peut remarquer, c'est la secousse réflexe suivant le coup et le corps sans tête qui soudain plie et s'effondre ; tandis que ma tante, relayant ce personnage anonyme, rapportait le récit de l'événement qu'elle avait fini par s'approprier, s'exclamait – comment peux-tu savoir ? toi, tu dors et à côté de toi on massacre –... elle-même était, semble-t-il, à deux pas de là mais ignorait tout... donc elle marchait par cette route détruisant hommes et bêtes, sentant la merde, ils étaient nombreux, des milliers, des vieux et des enfants, ils vont, ils marchent jusqu'à Albistan, après cela il y avait une vallée d'où qui pouvait s'échapper ? jusqu'à la nuit ils avaient massacré et massacré sans se fatiguer, ma tante s'était couchée par terre, était tombée et restée au sol comme morte jusqu'à la nuit, le lieu s'appelait Arian Pounar, puis la même route l'avait conduite vers où ? on lui avait dit Zeïtoun, peut-être était-ce Aïntab, pendant ce temps, Seto s'était caché avec des compagnons au bord du lac de Choughl, puis dans les montagnes, dans une grotte, mais, disait ma tante, l'œil toujours fixé sur l'image, un éclat passant sur ses dents, Mgr Khoren a eu tort, il a laissé emmener nos braves à Sivas, il a dit – c'est un devoir –, ça c'était l'œuvre de nos dirigeants ! ils avaient un petit pois dans la tête, les idiots pensaient qu'eux resteraient, toute la ville se viderait mais eux conserveraient leur or, leur femme, leur maison, les cupides ! tout ça parce que le sous-préfet leur aurait dit – personne ne touchera à un seul de vos cheveux ! – aussi vrai que j'existe ! quel est l'homme qui croit à la parole d'un Turc ? une tête d'oignon, c'est toujours un oignon ! c'est comme ça ;

quant à madame Trvandah, elle pouvait continuer à regarder cette image, esquisser une sorte de signe de croix sur son visage, je remarquais les deux alliances à son annulaire couvrant le tatouage qui, à son retour de Jérusalem, signifiait pour toutes les femmes – j'ai fait le pèlerinage, allez-y vous aussi ! – : elle s'était agenouillée devant le tombeau de Jésus, avait allumé un cierge, avait prié pour l'âme de ses fils et cela, un an après l'accident, la semaine de Pâques, il fallait vraiment qu'elle ait le cœur à ça, on dirait qu'elle a perdu la tête, avait conclu ma mère, à la nouvelle de ce voyage, mais devenir folle c'est bien le moins et, toujours dans un effort pour trouver une explication devant le malheur, peut-être aussi pour dédouaner madame Trvandah, – si Dieu veut tourmenter quelqu'un, on dirait qu'il ne lui lâche pas la queue – ;

les réactions de ma mère étaient surprenantes, dès qu'il s'agissait de condamner quelqu'un elle trouvait une manière de le justifier et si on lui disait – tu es encore de son côté, tu chantes sa chanson – elle contre attaquait, – moi ? la roue du monde tourne, d'abord d'un côté, puis de l'autre, quand tu seras grand, tu comprendras, faut pas être buté –, elle, depuis sa jeunesse avait appris non pas à flatter, à manœuvrer, pour utiliser un mot nouveau dans son langage, mais à s'adapter, à baisser la tête si nécessaire, à faire des signes de l'œil et dire le contraire de ce qu'elle pensait, d'ailleurs notre peuple n'aurait-il pas dû faire ça ? au lieu de raidir le cou, de tenir tête aux forts, de rester du mauvais côté du monde, il fallait caresser la bête dans le sens du poil, l'amadouer, l'important c'était de vivre, suivre le rythme de la roue de la vie, comme les deux sœurs marchant le long de la ligne sinueuse du tramway jusqu'à ce qu'elle, l'aînée, rencontre cet homme, et quel bienfait lui avait-il apporté ?

oh la la ! mon Dieu ! qu'est-ce que j'ai supporté de la part de ton père ! je suis restée comme ça, misérable !

Tu as pas apporté le sirop !

dans sa voix une colère feinte, manifestement Hapet voulait mettre fin aux jérémiades, mais madame Trvandah avait encore beaucoup de choses à dire, comme si elle avait jeûné et n'avait pas parlé de la semaine, qui avait enduré tout ce qu'elle avait enduré ! le peu qu'avait apporté son mari, elle l'avait fait fructifier, pas un jour elle n'avait élevé la voix, maintenant elle se retrouvait toute seule, si au moins sa fille avait été auprès d'elle, si au moins elle avait été auprès de sa fille, un garçon c'est autre chose, une fille amène un garçon, ça c'est un précepte de haute sagesse, si tu te mets à écrire un jour quelque chose, me conseillait Trvandah, tu dois l'écrire pour que les gens le sachent ; toujours cette rengaine ; comme si j'étais le scribe de leur monologue infini ;

elle se taisait, sortait son mouchoir, s'essuyait le nez, la bouche, elle se levait, énervée, elle traînait, changeait le cendrier de place, Hapet avait remarqué que je suivais des yeux le trajet de sa mère vers l'extérieur, l'ombre sur le seuil assombri s'était dissipée, je ne sais si la voix déplorait ou affirmait,

elle est devenue complètement gaga ;

depuis la cuisine, presque un cri rauque,

au fait, tu m'as pas dit comment va ta mère ?

elle a toujours la tête ailleurs, d'ailleurs un jour je suis venu, j'ai vu qu'elle avait sorti ses valises, les avait préparées, allez, on part ! j'ai cru qu'elle avait pris un coup sur la cafetière, non, il n'y avait rien, elle se faisait du cinéma toute seule, un coup j'ai mal au ventre, un coup j'ai eu un malaise et allez ! médecins, pharmaciens, on l'a pas laissée à l'hôpital, on l'a emmenée partout, de Beyrouth jusqu'au Sanatorium de la montagne, mais depuis le départ de papa… elle est toute chose, tu sais ce qu'a été son premier geste ?

la voix de Hapet était devenue plus intime comme s'il était le Hapik d'antan, l'ancien Hapik qui sortait de la poussière l'objet de notre émerveillement d'autrefois et, avec lui, le moment qui, selon les apparences s'était fortement imprimé dans son esprit comme le gage de notre camaraderie,

le phonographe !…

c'était le ton de Seto, son accent, de façon confondante, avec le même bégaiement, quand il nous conseillait de ne pas toucher l'orifice brillant d'où surgissait la musique comme l'eau glacée du rocher de Choughl qui, bien sûr, n'avait pas sa pareille, Ayn-Barouk, Zahlé, allez, c'est rien, rien,

et je t'épargne le reste, si je te le disais, tu n'en reviendrais pas,

elle a sorti le vieil appareil photo de sa boîte, l'a porté à quelqu'un, lui a dit, on a besoin d'argent, on va aller en Amérique, quelle honte !

quelle honte ! chaque fois qu'un nouveau modèle sortait, papa l'achetait, il l'essayait un peu mais ne l'utilisait pas, c'est comme ça qu'il a mis tout son argent dans la photo, nous ? on comptait pas,

apparemment, Seto avait suivi dans une certaine mesure les nouvelles techniques photographiques, avait acheté quelques-uns de ces nouveaux appareils, les avait essayés, utilisés et je suppose que dans les dernières années il n'avait pas eu besoin de cette boîte avec son drap noir, c'était un appareil antédiluvien qu'il gardait dans son coffret comme la prunelle de ses yeux, les autres pouvaient être plus légers, plus rapides, plus fonctionnels mais Seto continuait à être un photographe ambulant, moi je ne le voyais que sur la place tandis que déjà, du temps d'Alep, il changeait de place, il circulait là où il y avait des Arméniens, peut-être que lorsqu'il venait chez nous, son trépied à l'épaule, sa boîte noire dans l'autre main, en se balançant, il concluait simplement sa visite des quartiers d'en haut, avant de prendre le chemin du tramway, pour arriver à Hadjen ;

depuis ces lieux jusqu'à nous, étaient arrivés les échos des méfaits de madame Trvandah, comme disait ma tante, qui répétait sans cesse qu'elle ne valait pas l'ongle de notre Seto, pouah ! et la nouvelle, en se répandant, s'était transformée, Trvandah vend le bien de son mari, les papiers de Trvandah pour aller en Amérique sont arrivés et ce juste au moment où l'Amérique ferme bien ses portes, elle était donc chanceuse, comme si elle avait gagné à la loterie ; allez, c'est la chance ! criaient les garçons arabes, des hommes plus ou moins estropiés, ils ne s'approchaient pas de Seto mais toujours de ses clients, ils tendaient leurs liasses de tickets, parmi lesquels l'un avait rapporté, un jour, à Tathéos quelques centaines de milliers de livres libanaises, mais, dans les mains d'un joueur l'argent est ce qu'est une goutte d'eau au soleil, il s'était évaporé ; à madame Trvandah aussi la chance avait souri, mais il fallait qu'elle laisse derrière elle ces trois tombes, sans propriétaire, abandonnées et qu'est-ce qu'elle devait faire ? les emporter avec elle ? le cimetière n'a-t-il pas un gardien ? on dit que celui qui part ne doit pas regarder en arrière, sinon, il se transforme en pierre ;

dans la cour, des bruits de pas annonçaient le plateau de madame Trvandah sur lequel, dans un verre, scintillait un liquide vermeil, elle tournait le commutateur comme si elle était gênée par cette lampe, ce n'était pas encore l'heure d'allumer la lumière, pourtant il faisait à présent presque nuit ; il avait été question de moustiques, il y avait encore une chaleur inhabituelle en cet automne et des nuées d'insectes propageaient de ce côté-ci du fleuve les miasmes des marécages, il était plus agréable de s'asseoir dans la clair-obscur ainsi qu'aimaient à le faire les veuves du quartier d'en haut, spécialement des personnalités aussi opposées que Maritsa et Antika, la première attentive bien sûr à faire des économies, l'œil souvent sur le compteur électrique dont d'ailleurs la présence semblait en elle-même un avertissement, cependant que pour la seconde cette obscurité était une entrée dans un vide intérieur, une sorte de lieu d'attente permanent, la lumière doit venir de l'intérieur, le reste était comme complètement secondaire ; lorsque la flamme de la lampe à huile commençait à faiblir, que le verre noircissait et que la nuit gagnait lentement l'espace, Antika ne réagissait pas, elle se moquait même de ma mère qui avait tendance à se lever immédiatement pour augmenter la flamme et essayer d'éloigner les insectes et les mouches collées au plafond ; madame Trvandah, prétextant les moustiques, peut-être aussi avec sa manie de contrarier, imposait aussi le même environnement, n'était-ce pas ainsi dans leur pays ? qui donc allumait les lumières précipitamment ? qui pouvait tourner un bouton et apporter à nouveau la lumière de Dieu au monde ? pour elles, cette obscurité correspondait à une exigence, à une situation naturelle où elles aimaient à se trouver, et même alors que le courant électrique était devenu une chose banale, elles continuaient à vivre comme l'humanité avait vécu sur ce plateau, elles se levaient aux aurores et se couchaient à la nuit, dans le cas contraire, il leur aurait semblé changer l'ordre du monde ; dans cette obscurité elles songeaient à leurs pensées et à leurs actes les plus extraordinaires, les plus étranges, Dieu était bien sûr partout, mais puisqu'il avait créé l'obscurité et les avait abandonnées là, peut-être fermerait-il les yeux sur elles et, à présent, nous aussi, nous devions fermer les yeux,

tu as bien fait de venir

elle me donnait le verre,

moi aussi je m'étais dit, est-ce que le Toto de Seto Emmi daignera venir chez nous ? qu'est-ce que nous sommes donc !

quelqu'un criait au dehors,

madame Tourfand !...

qu'est-ce qu'y a encore ?

les pieds dans ses babouches, en frottant le sol, elle sortait, ombre fine et longue, légèrement boiteuse ;

tu sais, dès que mon père est mort elle a été toute drôle… et que je nettoie la maison, et qui pourrait avoir besoin de ça, et pas seulement de ses vêtements, moi je n'étais pas à la maison, d'ailleurs on pouvait pas rester là-bas, de ce côté, papa avait fait une espèce de studio, c'est là qu'il travaillait, sa caverne, tu sais bien, sa caverne,

on aurait dit que la voix d'Hapet riait dans la pénombre.

19

Dans cette pénombre, les voix se faisaient écho, elles résonnaient quand nous chuchotions ; au bas du flanc de la colline de Sioufi, il y avait des grottes en partie voûtées s'ouvrant vers le fleuve, le sol couvert de bouchons sales et de mégots de cigarettes ; des bosquets de serpolet, des fougères et des bouleaux masquaient l'entrée jusqu'à mi-hauteur, nous devions descendre par un chemin précis et scabreux du côté tortueux, il était impossible d'y accéder par en bas ; nous allions souvent là-bas, soi-disant en promenade pour regarder passer, comme depuis une scène, le train qui apparaissait de temps en temps par la droite, répandant de l'eau et de la vapeur, nous commencions à jeter des cailloux sur la rangée de wagons de marchandises dont la tête était déjà parvenue au-dessous des Maisons Blanches et continuait à pousser son sifflet intermittent ; puis nous fixions la fleur d'une agave poussant en haut du chemin de fer, les oiseaux se dispersaient soudain dans l'air, il y avait Vartkès, Kevolik, Coco, Missak, Sako, les grands : l'un deux sortait une cigarette achetée à l'unité ou volée, un autre l'allumait, ils commençaient à fumer, bien sûr en cachette, de temps à autre ils crachaient, ils regardaient la lente et irréversible consumation du tabac, ils toussaient, rejetaient la fumée vers le haut, vers les quelques avions qui arrivaient en ville par la mer, ils racontaient des histoires de filles, de femmes bizarres, mi mensonges, mi vérités, peut-être aussi transmises par de plus vieux qu'eux, toujours répétitives mais toujours aussi troublantes sur leurs lèvres injurieuses, on aurait dit qu'ils avaient touché ces chairs, ces corps troubles, leur odeur et leur goût, aussi éphémères que le liquide s'écoulant de leurs rêves,

Ils pouvaient monter les escaliers, choisir celle qu'ils voulaient si elle était libre ; parfois ils s'asseyaient à tour de rôle sur un vieux fauteuil, jamais ils ne se disputaient – c'est mon tour, c'est ton tour –, tous étaient calmes, assagis soudain, comme s'ils se trouvaient dans la salle d'attente d'un médecin ou d'une agence de voyage, ils observaient la femme édentée assise sur une chaise délabrée dans l'entrée, fumant le narguilé, qui mettait l'argent récolté dans sa poche et faisait clapoter le liquide ; brusquement, en faisant jouer son gros fessier, elle se rendait aux cabinets du passage, elle essayait de plaisanter en jurant, avalait une gorgée d'eau au robinet, sortait un rot, heureuse, joyeuse, tandis qu'eux se taisaient, passifs, pensifs, craignant une chose vague, s'évitant les uns les autres, l'œil errant sur les murs où il y avait des photos neutres – dans le style de Vahé mais décolorées – de paysages spectaculaires du Liban, la place de Bourdj, le Bois des cèdres, les colonnades de Baalbek, il y avait des odeurs et des bruits confus, une porte s'ouvrait, se fermait, on entendait au loin les klaxons des cars qui passaient, les bus, de brusques éruptions de bruits dans la rue, mais eux étaient ailleurs, tellement ailleurs que des mouches bourdonnaient dans le silence, allaient se coller aux volutes du papier gluant pendu au plafond, parfois un léger grincement de chaise, de table, de meuble, les pas de quelqu'un qui entrait ou le balancement léger, presque agréable, désirable d'un souffle et puis la tension d'un élan retenu qui garde le corps fort, fragile, en éveil dans une posture défensive ; cette Rosa était la meilleure gagneuse et on ne sait ce qui se passait au crépuscule au-delà du mur fin ; la voix de la vieille maquerelle tabagique lançait sans cesse des ordres dans l'air, rappelant à Rosa, allez, dépêche-toi ! les jeunes attendent ! les garçons attendaient sur le seuil et il fallait donc accélérer le travail, on ne pouvait pas traîner, ça ne durait pas plus de cinq minutes, le temps d'un jaillissement soudain, bref, violent, décisif dont on ne se rendait compte que lorsque c'était déjà une trace, juste une trace humide entre les jambes, et Alice ! Alice ! avec qui ils parlaient arménien, seulement il semblait qu'ils avaient un peu honte, faire ça avec une Arménienne était spécial, à la fois agréable et déplaisant, allez ! elle les congédiait, c'est tout ce qu'elle avait à dire, à la fin, en nettoyant le drap, et eux, feignant l'indifférence ou l'assurance vis-à-vis des autres, se glissaient au dehors, de préférence par la vieille porte métallique, ils ne parlaient pas, le trouble avait dissous leur langue ; ils avaient déjà gagné doucement la rue, avaient regardé plusieurs fois derrière eux, à droite et à gauche, il ne fallait pas que l'une de leurs connaissance les voient par ici, et d'ailleurs, avec quel argent ? combien de livres libanaises ? les meilleurs « morceaux » en valaient au plus sept à dix, – mais là, autant que tu veux, elles ouvraient leurs cuisses en sorte que tu puisses manger leur chatte ouverte comme une rose, et alors comme ça ! –, c'était Kevolik, maigre, grand masturbateur, avec le ton d'un expert qui ne cessait de répéter à qui s'étonnait, – mais oui ! ! la pute arménienne, c'est la meilleure, allez y goûter ! – et, fronçant les lèvres comme pour crier ou embrasser,

Ouaouh !

Puis arrivait le moment inévitable, qui avait la plus grande ? est-ce que toi tu te masturbes encore ? regarde, regarde ! Missak défaisait lentement les boutons de son pantalon, il en sortait une petite serviette : pour rendre folles les filles arabes, il la fourrait dans son slip et marchait le ventre en avant, soi-disant lui, soi-disant la sienne… si fasciné par la qualité de son membre qu'il le regardait avec surprise, admiration et fierté et allait pisser ; Sako s'éloignait dans la partie la plus profonde de la grotte où il devait y avoir des serpents, toutes sortes de reptiles, non, toi, tu ne viens pas ! chacun restait seul avec ses propres représentations ; brusquement, quand les yeux se fermaient, arrivait un écran noir qui interrompait la pensée et, dans le ventre de la terre, face au mur, jaillissait le liquide brillant, il s'écoulait, plaisir répété et frustrant, comme quand la femme interdisait qu'on l'embrasse, se secouait, changeait de place, se dégageait, ne permettant pas que reste en elle ce morceau de chair peu à peu transformé en lézard, au bout duquel continuait l'égouttement, la vie en quelque sorte, cet écoulement durable jusqu'à épuisement, mais ne le dis à personne, je te chie à la gueule ! on m'appelle Vartkès, ouais ! branleur ! si tu tires trop dessus, tes œufs rétréciront, garde-z-en un peu aussi pour ta Rosik, Rosa passait au suivant et le suivant semblait s'enfoncer dans le sperme du précédent, c'est avec lui qu'il s'élevait, de plus en plus haut dans l'espace, bien baiser… ils apprennent ! c'est comme ça qu'on fait ! toujours vers l'avant, jusqu'au cœur et au-delà de lui de telle façon que lorsque tu crois te retirer, tu sors de la matrice ouverte de ta maman ; puis apparaissait de nouveau la cigarette qui, cette fois, étant la dernière, passait de bouche en bouche, jusqu'à ce qu'arrive la proposition, tire-z-en une bouffée toi aussi ; au début, je répugnais à ce goût âcre, rappelant l'odeur de mon père, cependant je m'habituais peu à peu, quand donc pourrai-je fumer comme Kevolik, librement, sans dégoût et sans tousser ?

Peu à peu, la grotte acquérait un sens différent, secret, propre à l'idiome des garçons, comme si c'était nous qui formions ce lieu, ce jeu, personne avant nous n'avait atteint, trouvé cet endroit qui, dans la solitude de la colline, créait des images éloignées de filles, comme nos ombres sur le mur de la grotte, poursuivant un béatitude inaccessible ; c'est pourquoi, peut-être, le rire de Hapet me semblait équivoque, plein de sous-entendus au sujet d'une expérience personnelle ou d'une confession qu'il aurait pu faire quand nous montions sur leur toit pour regarder les bateaux du port.

Dans l'histoire de Seto, il y avait un lieu similaire où, après avoir quitté Choughl, s'étant enfuis, ils étaient allés se réfugier quelques jours, quelques semaines, l'un d'entre eux descendait la nuit, volait de la nourriture jusqu'à ce qu'ils eussent été dénoncés, il y avait toujours un traître parmi eux ? parmi les autres ? un témoin les ayant vus de l'extérieur, qui semblait guetter, observer, planifier – soldat, gendarme –, envoyait un paysan derrière eux afin qu'ils ne se sentent en sécurité nulle part ; puis, Seto se retrouvait tout seul, on ne sait pourquoi, comme si chacun d'eux devait se débrouiller par ses propres moyens et le plus fort, le plus résistant, le plus astucieux, le plus sauvage d'entre eux, seul, pouvait trouver une issue ; il s'était enfui de montagne en montagne, avait mangé de l'herbe, des fruits sauvages, avait rencontré des garçons comme lui, grands et petits, ils avaient volé ensemble dans les potagers, les jardins, il avait appris à marcher dans l'obscurité comme un somnambule, un pistolet toujours dans la poche, une dernière balle dedans, pour lui, n'est-ce pas ce qu'il lui avait raconté ? il ne se rappelait pas, peut-être racontait-il cela quand Hapet était petit ; – tu sais, mon papa ne me racontait pas grand-chose – un peu comme le mien, s'il n'y avait eu ma tante, des gens de sa famille, ceux-là, vraisemblablement, auraient traversé la vie semblables à des voix entrées dans le vide, dénuées de toute vibration, sans ces traces que nous laissons, peut-être involontairement, dans la vie des autres : honte ? oubli ? insouciance ? ou simplement abandon en cela qu'ils ne voulaient plus désormais parler ni se taire ;

après l'accident, il errait, comme un muet, selon ses propres mots, ne parlait à personne, buvait – il avait commencé à boire –, puis il s'arrêtait soudain, s'asseyait, regardait ses plants de basilic, même ça il l'avait laissé tomber, je l'avais remarqué en entrant, des choses semblables à des mauvaises herbes poussaient dans les pots, beaucoup étaient sèches, madame Trvandah avait tout laissé comme Seto l'avait voulu, seul le mûrier avait grandi, s'était épaissi, avait presque masqué de lui-même tout le ciel de la cour, il semblait que quelque chose persistait encore, mais d'une manière intermittente, quelque chose qui était là, présent et évanescent, incapable de résister à l'effacement ;

je ne sais pas s'il y a ce que tu veux,

en tout cas, sur les murs, sur la table, ne restaient, parmi les visages connus, qu'Avo et Ganantch avec leurs visages d'adolescents imberbes, posés à côté de la lampe à huile, désormais décorative ; tous les autres – pour autant que je le sache ils étaient nombreux – en dehors du primat Khoren, madame Trvandah les avaient enlevés, soi-disant pour nettoyer les murs après la mort de Seto, elle n'avait même pas attendu la messe de repos de l'âme ; la maison avait besoin d'un grand nettoyage, comme les jours précédant Pâques, on eut dit qu'on devait saluer ainsi la résurrection du Christ par la pureté du corps et de l'âme et ceci était un acte similaire, un rite semblable, sévère, réglementaire, définitif ; à cette époque, Hapet n'avait pas encore l'assurance nécessaire pour s'opposer (l'a-t-il jamais eu ?) ; il y a des gens qui ne prennent même pas la poussière dans la chambre d'un mort, ils verrouillent la porte, laissent tout en l'état afin que, si le mort revenait demain, il puisse retrouver les lieux tels qu'ils étaient ; madame Trvandah appartenait à l'autre groupe, de ceux qui, aussitôt, rassemblent le linge du mort, ne le considèrent même pas digne des pauvres, vont le jeter aux ordures, faisant place au vide dans les armoires, la pièce semble soudain plus grande puis ils commencent à changer les meubles de place, poussent le lit contre le mur, enlèvent un des deux oreillers, remplacent la grande couette par une petite comme s'ils élargissaient leur royaume, leur espace de vie et attendent la photo ou le visa qui doit venir d'Amérique ; derrière ces gestes habituels, quotidiens, (le quotidien, l'habituel n'est-il pas la façon la plus efficace pour réaliser cet anéantissement ? de même qu'une destruction parvient à sa perfection quand elle ne fait pas appel à des moyens extraordinaires et, en tant que telle, cesse d'être remarquable) travaillait certainement une fureur sourde, nerveuse, inflexible de blesser, renverser, détruire Seto, celui que j'appelais oncle Seto.

Pendant l'absence de Hapet, qu'est-ce qui n'avait pas disparu de la maison ! lui-même ne le sait pas, elle connaissait tous les coins et les recoins de la maison, il avait dit – ne touche pas à mes outils, mes morceaux de cuir, mes chaussures, mes boîtes de clous, la colle, mes gabarits en carton – de sorte que madame Trvandah en épouse diligente, qu'elle avait si peu été du vivant de Seto, avait commencé soi-disant à mettre de l'ordre dans la maison ; ma tante était scandalisée, – mais enfin était-ce Seto qui mettait tout en désordre ? – mais le véritable jaillissement était venu plus tard, – quand elle était seule, elle ne faisait même pas brûler de l'encens les samedis pour que l'âme de cet homme repose en paix ! –,

oui, mais ta tante en a-t-elle fait brûler ?

en tout cas, elle avait appris la mort de son mari, mais qu'est-ce qu'elle en avait à faire ! elle n'avait même pas bougé de chez elle, elle n'avait pas fermé sa boutique, de l'asile des vieux, de l'église on lui avait dit – venez récupérer votre mort – elle aurait haussé les épaules, aucun sentiment ? aucune émotion ? si insensible ? vraiment perverse et même indigne ? tout était possible, peut-être était-ce cette attitude intransigeante que raillait Seto tandis que ma tante se réfugiait derrière le rempart du silence, elle parlait par monosyllabes, son visage retrouvait une beauté, j'allais dire une beauté déchirante, elle fermait les yeux comme si elle ne devait pas entendre ces conseils séculaires, enracinés dans leur mode de vie – ils prêchent la patience, l'humilité, la prudence, comme un curé inexpérimenté et nouveau venu dans le quartier ; est-ce qu'une femme divorce de son mari ? c'est honteux ! que va devenir ton fils ? ça sera ce qui est écrit sur ton front – et elle, face à eux était offensée, révoltée, elle, une femme seule, eh oui ! tu dis seule, si au moins ce que tu disais était exact, mais qui sait quelles capacités elle avait déployées sur cette longue route pour garder le souffle aux lèvres, tu sais ce que ça veut dire ? ça c'est de l'héroïsme, allait dire Arevik, qu'est-ce que tu croyais ! les héros ce sont ces gens-là, eh oui ! avec l'accent d'une écolière, et il me semblait entendre les bonimenteurs d'estrades de foire qui visitaient le quartier, dans la vie médecin, acteur de tréteaux, experts en cartes à la table qui, avec leurs gestes exubérants, théâtraux, leur vocabulaire riche, leur arménien journalistique, voulaient garder immortel le souvenir des héros morts, quant aux vivants ?... une masse méprisable, comme Antika, les yeux grand ouverts, dont la langue mettait tous ces beaux parleurs à leur place et qui, lorsqu'elle rencontrait tante Martha, en tournant le coin de sa rue, se taisait, puisque les femmes avaient leur propre langage, se comprenant par leurs expressions, même quand elles ne se parlaient pas et c'est peut-être pour cela que ma tante ne lançait pas un mot à la figure de cette mademoiselle Nerkiz, du moins je n'ai pas entendu une seule allusion à ce sujet ; je l'imagine revenant un moment dans la scène de la chambre, Nerkiz occupée à se déshabiller, l'autre déjà sur le lit, nu comme un ver et elle devant le trou de la serrure, était-elle entrée ou non ? on ne connaît pas la fin, si ce n'est que ma tante n'avait rien dit à cette Nerkiz, la « pistache de Marache », qui avait le bras aussi long qu'un bienfaiteur de la nation, combien en avait-elle eu ! combien ! du plus vieux au plus jeune et ce silence, ce silence de pierre n'avait-il pas été sa force ? exactement comme Arevik, qui, après le scandale de Nechan, allait adopter une attitude semblable, méprisant à la fois ce qui s'était passé et ce qui allait se passer ;

à présent le problème était madame Trvandah qui, après la mort de son mari, allait et venait sans cesse à la boutique de ma tante, la tête parfois enveloppée d'un voile noir, des boucles suspendues aux oreilles, souvenir de Seto, disait-elle, presque en souriant, toujours le bracelet serpentiforme au bras, des bracelets en or pouvant aller en Amérique, comme si elle était une nouvelle mariée, rajeunie, alerte, la cigarette aux lèvres mais essayant d'être convenable dans son deuil comme la Maïreni de Hamparts[1], tandis qu'ayant retrouvé son sens de l'ironie, prête à plaisanter, passant de la révolte tragique et de la raillerie à la comédie, la tante Martha avait improvisé, Trvandah, Dieu te châtiera !

madame Trvandah n'en avait pas fait cas, d'ailleurs un jour ou l'autre ils allaient partir en Amérique, il fallait alléger la maison, les émigrés partaient avec un ballot de marchandises, là-bas il y avait de tout, et mieux qu'ici, de sorte qu'elle avait commencé par les chambres,

il n'y a même pas la photo de Seto, pourquoi ? tu as pas compris que celui qui n'a rien dans la tête devient fou ? il paraît qu'elle était comme ça dès sa jeunesse, qu'est-ce que j'en sais ! on l'avait sauvée du massacre d'Alep, puis les gens de Gürine l'avaient trouvée et elle avait eu très peur mais le mal avait mis du temps à apparaître,

je n'avais jamais eu cette impression ; à part le fait qu'elle sautait d'un sujet à l'autre, je n'avais pas noté autre chose de bizarre (eux disaient, est-ce qu'un fou a des cornes ?), pas même cet étrange sourire d'hystérique qui s'esquissait parfois sur le visage de la Hripsik des Tedjirian qui pouvait brusquement devenir noir quand la crise la prenait, comme on disait.

Après les chambres, elle était entrée dans la « caverne » ; dans un coin de la cour, à côté de la cuisine, c'était une cabane toujours fermée dont

---

1 Personnages du *Coup* (Krikor Beledian, Classiques Garnier, 2018).

on pouvait trouver les semblables dans presque toutes les cours, mais celles-ci, comme disait mon père, tenaient lieu de toilettes ;

regardons si tu veux,

nous avions très souvent joué au ballon, à la balle ou à la toupie dans cette cour lorsque ma mère et madame Trvandah faisaient leurs commérages, mon père et Seto jouaient aux cartes à l'intérieur, écoutaient les nouvelles à la radio, parfois aussi, mais à de rares occasions dont le motif nous restait inaccessible, avec des gestes très solennels, Seto Emmi sortait de sa grande boîte un gros appareil avec un cornet en cuivre rond, grand ouvert et brillant, il l'installait sur la table, et voilà que recommence cette folie, chuchotait Trvandah, soi-disant mécontente, faisant jouer ses boucles d'oreille, mais Seto restait silencieux comme un curé célébrant un office, toujours un sourire grave aux lèvres comme s'il était l'auteur ingénieux de cette science inventive qui commençait avec un rite compliqué, minutieux, Seto devait nettoyer l'embout, vérifier un bouton, détacher un levier, faire tourner une manivelle, puis il abaissait le petit bras, doucement, prudemment, jusqu'à ce que l'aiguille touche la plaque, comme il disait, le disque commençait à trouver son allure normale et, après un éclat semblable à une explosion, il diffusait l'une de leurs chansons préférées ; à ce moment-là, Hapet et moi accourions, nous venions nous asseoir, toujours à une certaine distance respectueuse, près de la machine qui faisait sortir de ce disque noir la voix et la mélodie, les faisait tourner comme une ronde, les faisait jouer dans l'air, faisait pleurer ou rire les assistants, nous admirions ce merveilleux appareil dont on ne savait où Seto l'avait trouvé, quand ? pourquoi ? tant cet appareil était étrange, si inattendu sur son socle noir avec sa bouche brillante tournée vers nous semblable à un entonnoir, que moi je comparais à une grande fleur s'ouvrant dans la mer, lançant sa cohorte de sons ; je n'ai jamais compris à quoi cela correspondait, à quelle folie ou à quel stade de la vie de Seto ; l'embouchure de ce phonographe *His master's voice* allait exhaler durant des années à mes oreilles, son souffle sautillant, bruyant, haletant qui, peu à peu allait se confondre avec le souffle rauque du larynx de mon père ; peut-être que lorsque la mélodie se diffusait, Seto entendait son vieil orchestre comme s'il le remplaçait par cet appareil ; sans doute leurs chansons étaient différentes, complètement différentes de ces premiers enregistrements qui, cependant, suscitaient la même émotion, c'est-à-dire une qualité de silence que jamais, au grand jamais, Hapet et moi ne devions interrompre par des paroles intempestives ;

à présent, bien sûr, les pots de la cour ne sentaient plus le basilic, ces têtes vertes et rondes, pour lesquelles Seto versait un peu d'eau sur la terre dense, rouge et sablonneuse, juste le nécessaire, ni plus, ni moins, comme si ces plantes vivaient non pas de ce liquide mais du regard, des caresses et du souffle de Seto, pour qui ce moment de l'arrosage était une cérémonie sacrée, une sorte de continuation de la création, destinée à se perpétuer grâce à notre sueur et notre travail jusqu'à l'apogée de leur croissance qui, brutalement, s'était désormais interrompue,

dans la pénombre, j'avais soudain remarqué cette porte close qu'à l'époque de mon adolescence mes doigts avaient peut-être touchée et oubliée, tout comme les histoires de djinns*, de diables et de soldats de Seto et, derrière cette porte, l'atelier semblable à un chemin tortueux s'ouvrant dans un labyrinthe d'où étaient parvenues jusqu'à nous les quelques photos qu'il avait plu à Seto de passer par l'épreuve de l'eau ;

il n'y avait pas de serrure, Hapet avait tiré le loquet d'un geste rapide, au début, la porte avait un peu résisté mais s'était soudain ouverte en grinçant ; l'intérieur était sombre, un instant il me sembla voir disparaître l'ombre d'une souris, Hapet avait allumé la lumière, dans sa projection sale et rouge apparaissait une grande toile d'araignée dans le coin, dans un bassin semblable à un baquet, si proche des fonts baptismaux de l'église, à côté, il y avait une plate-forme en bois tenant lieu de table et, du côté de l'ouverture de la porte, une armoire haute et peu profonde se dessinait, par terre, des boîtes à chaussures, une petite malle en métal, un reste de chaise et des morceaux de bois inutilisés qui représentaient, avec leur odeur repoussante, le cabinet noir s'enfonçant dans les entrailles de la terre, là où mademoiselle Takouhie menaçait d'envoyer les méchants s'ils ne restaient pas sages et, à cette époque les cheveux bouclés se trouvant autour du chignon, comme la règle, se balançaient, puis tout s'immobilisait comme dans la photo du jardin d'enfants.

Hapet faisait juste un pas à l'intérieur de la cabane, il reculait, craignait-il quelque chose ? avait-il peur ? puis, peut-être prenant conscience de ma présence, peut-être dans l'idée de m'être agréable, il avait dit – viens, on va regarder –, retrouvant dans sa voix l'accent familier et complice qu'il avait quand il m'appelait sur le toit pour observer le départ des bateaux de pêche vers le large, l'allumette d'autrefois que l'on craquait pour allumer une cigarette volée et qui enflammait l'obscurité, nous devions tous deux toucher cette intimité, alors qu'à présent il ouvrait les tiroirs grinçants de l'armoire l'un après l'autre, le geste ne parvenant pas jusqu'en bas,

tout ça, c'est que dalle!

il prononçait cela d'un souffle mais il me semblait qu'il était déjà venu ici une fois pour tout examiner,

ah! là-dedans!

il montrait la malle métallique; dans la lumière rouge, sa surface présentait une couche de poussière, des traces de chiffon ou de doigts, à cet instant, j'avais eu l'impression que c'était les traces de doigts de Seto mais, rapidement je devais me rendre compte que c'était impossible, madame Trvandah devait avoir sorti cette malle pour l'examiner, si ce n'était-elle, ce devait être Hapet qui, à présent, la tirait, appuyait sur les deux serrures et, malgré la main posée dessus, une partie du contenu se déversait au dehors, des morceaux décolorés de carton, des carrés de verre mélangés, certains disposés dans des enveloppes, d'autres sortis de leurs protections, des pages de « Naïri » avec lesquelles étaient enveloppées de fragiles plaques de verre, beaucoup étaient cassées ou avaient perdu leur fin encadrement, dans la semi-obscurité rouge il était impossible de rien voir, n'était-ce pas mieux que nous emportions cela à l'intérieur?

mais, tes mains!

une odeur de loir, d'insectes pourris, de papiers renfermés s'échappait de la malle qui, une fois totalement ouverte, étalait un embrouillamini d'images, pourtant les pochettes semblaient numérotées, comme une liasse de photos : derrière chacune d'elles il y avait un signe d'inventaire, une lettre, cependant ni date, ni nom; des visages, seuls, en groupes, des portraits, parfois de femmes en habits magnifiques et de fête, avec des chapeaux en tulle avec voilette, parmi lesquels aucun ne m'était connu; tous les hommes du quartier, notables ou non, étaient là, devaient être là comme s'ils s'étaient donné rendez-vous, des hommes qui, au cours des années ne s'étaient jamais retrouvés ensemble, dispersés dans des banlieues ou des villes proches, ils étaient rassemblés ainsi dans cet espace réduit, comme les apôtres autour de la table lors de la Cène ou des spectateurs de différentes représentations, de différentes années réunis par un coup de baguette magique dans un même lieu et censés regarder une pièce terminée depuis longtemps ;

il était difficile, sinon impossible de trouver la photo dans toutes celles-là, dans cette foule d'hommes amassés, comme celle dans laquelle je m'étais perdu un jour : sur la place, j'avais tourné, je m'étais promené sur les trottoirs, dans les rues latérales, à l'ombre des bijouteries, des cinémas ; au début, je n'en étais pas fâché, je pouvais tranquillement m'attarder là où je voulais, j'étais retourné plusieurs fois au même endroit, je n'avais pas trouvé l'ombre d'Arevik et, peu à peu, l'anxiété était montée en moi, j'étais hors d'haleine et surtout, je ne voyais presque rien dans cette foule compacte et bigarrée qui bougeait sans cesse, marchait dans tous les sens, se faufilait entre les voitures dont les klaxons résonnaient soudain ; à ce moment-là, quand je m'arrêtai, presque adossé à la grille du jardin central, prêt à prendre le chemin de la place Debbas pour rentrer à la maison, j'avais soudain aperçu sous le palmier, non pas Arevik qui, apparemment, avait déjà traversé la ligne de tramway et me croyait dans le souk des bijoutiers, mais Seto Emmi, à côté de son trépied, à nouveau dans sa fonction de photographe, l'œil plissé, en face de lui, une calotte sur la tête, un homme qui n'était pas l'homme sans nom, d'ailleurs comment l'aurais-je reconnu ?

bien sûr, Seto aussi était absent des photos, je ne le voyais pas, un autoportrait était peu vraisemblable mais, en même temps, devant cette malle ouverte, il me paraissait aussi proche qu'il m'avait paru lointain quand, à l'église, dans la déploration silencieuse et pendant l'office interminable, il se tenait debout devant les cercueils, tête nue, étranger, avec, derrière lui, l'ombre de Hadj Nahim ;

peut-être aurais-je dû, comme le gendarme tombé et perdu dans le dédale des baraquements, entreprendre avec une immense persévérance des recherches, des fouilles ; je n'étais pas sûr du résultat ; j'aurais dû remonter le temps pour rencontrer le portrait improbable de l'homme au col boutonné, au nœud papillon blanc, se lavant peu, qui, semblable au point de fuite de la perspective, occupait mon esprit et demeurait en même temps inaccessible, comme le sont peut-être les hommes dans leur essence lorsque nous nous efforçons de les comprendre,

à cet endroit-là, je retrouvais l'un de mes rêves, celui que j'ai vu nombre de fois, que j'ai essayé de transcrire quelque part, que j'avais oublié et retrouvé ; dans un espace indéterminé qui avait beaucoup de points communs avec un bric-à-brac mais aurait pu être, en même temps, un musée, un lieu funeste abandonné et hors du temps, entrepôt et dépôt d'ordures, il y avait des résidus d'objets, des rideaux déchirés, des poutres d'échafaudage, des morceaux de mobilier, de vieilles machines à coudre, des bustes noircis par le feu sur des trépieds, des tissus étalés au sol, des vitres brillantes sur des buffets, d'antiques tapisseries, des miroirs couverts de poussière que de grands lustres éclairaient, les ombrageant inévitablement, leur donnant de la profondeur ; à l'avant d'une estrade, il devait y avoir un fauteuil vide et quelqu'un... ressemblant à un homme était apparu depuis un fond comparable à une grotte ou un antre, dans ses mains, comme un prestidigitateur, il faisait jouer un cerceau ovale, le faisait tournoyer dans l'air, y faisait entrer sa tête, le balançait, me le tendait soudain ; et, malgré le poids qui me comprimait le ventre, plus l'effort que je faisais pour avancer était grand, plus il reculait, sous un voile, il se fondait dans un immense horizon de carton, il disparaissait, d'innombrables mites l'avaient rongé, couvert, recouvert, car on aurait dit qu'il était mort, frappé par une balle, le vêtement de marionnette se déplaçait dans l'espace, tantôt sans corps, tantôt unijambiste, de profil, une peau se désagrégeant dans l'air ; le cauchemar était terminé, c'est ainsi qu'il se concluait habituellement, je voyais, par l'interstice de l'entrée, s'insinuer un rai de lumière, qui avait effacé complètement toutes les images, car j'étais vivant, je respirais, je vivais, oui, libre, mais soudain, semblant fuir un incendie, le bouffon réapparaissait derrière les bustes, s'illuminait, disparaissait derrière une fumée, sautillait, esquissait des gestes saccadés, semblables aux signes gravés dans les rochers, dans une langue impensable, il répétait ces gestes à plusieurs reprises, s'immobilisait soudain, toujours avec la rapidité d'un prestidigitateur, il sortait un cercle de son œil comme s'il essayait de l'adapter à sa vue, il allait soi-disant faire feu, je me forçais à fermer les yeux, à me cacher, tandis que lui, d'une enjambée, entrait dans le cercle qui l'enserrait ; j'avais collé mon oreille sur la boîte qui sonnait vide, puis surgissait une voix ténébreuse et monomaniaque, presque le cri accompagnant une jouissance sourde, énigmatique, comme suspendu dans l'air,

si tu le veux, prends-le.

20

On ne crache pas sur sa propre saleté
Seto

Prends-le donc !

apparemment, Hapet voulait se débarrasser de quelque chose, qu'à cet instant il était difficile de préciser, qui oppressait sa gorge au point de le faire tousser plusieurs fois et respirer profondément, comme si nous étions encore dans la cabane, alors qu'il était finalement allé allumer la lampe de la cour, autour de laquelle, déjà, une nuée d'insectes bourdonnait, projetait sur le mûrier des constellations d'ombres et l'odeur salée de la mer se propageait dans l'air en ondes lentes, très lentes, répandant le murmure bleu que nous entendions à l'époque où nous grimpions sur les rochers pour regarder les nageuses revenant du large, l'une ou l'autre sortant à peine de l'eau, la tête une fois à gauche, une fois à droite, le dos au soleil étincelant à son coucher ;

demain, elle se lèvera, elle jettera tout ça,

dans son esprit, madame Trvandah rôdait encore avec sa frénésie de détruire, d'anéantir que moi, du moins, je n'avais pas vue et qui devait être la sienne et l'obsession de Hapet, puisque, je suppose, il devait être difficile pour lui d'échapper à l'influence de sa mère qui, après la mort de Seto, avait amplifié sa force et son emprise, et madame Trvandah était devenue terriblement forte, terriblement fragile, larmoyante, tantôt maladive, tantôt essuyant les photos de ses fils, leur souriant,

d'ailleurs, c'est eux son souci, elle a une rage contre papa, tu peux pas imaginer, dans sa tête, on doit partir en Amérique et on a pas besoin de tout ça.

il faisait quelques pas sur le sol de l'ancien jardin, posait la main sur le tronc du mûrier, allait-il l'enlacer comme lorsque autrefois, au lieu de grimper sur les branches, on essayait de secouer le tronc, deux-trois fois, et on se précipitait sur les fruits qui tombaient, Seto se fâchait, interdisait qu'on secoue l'animal, comme il disait, comme s'il craignait que l'arbre soit arraché de ses racines, à présent, le tronc avait grossi, Hapet s'y était adossé, son corps se confondait presque avec l'écorce tandis que son visage restait dans l'ombre des branches, on entendait le gazouillis haletant des oiseaux juchés sur les hautes branches, je pensais à Areknaz, où était-elle maintenant ? je craignais toutefois qu'à cette question, Hapet dise – de qui tu parles ? – il devait avoir oublié qu'un jour on était montés ensemble jusqu'à leur étage, on avait essayé de voir son corps maigrelet par la fenêtre du couloir, puis, plus haut, à l'étage de Nerkiz, nous nous étions arrêtés devant la porte de celle-ci, dans la pénombre, il n'avait pas plutôt collé son œil au trou de la serrure d'où il espérait peut-être voir son corps nu sur le lit, qu'on avait entendu la voix de Nerkiz depuis l'intérieur, Hapet secoué, reculait sa tête, restait pétrifié, dans la chambre, tout semblait immobile mais la voix résonnait à nouveau et elle était manifestement adressée au perroquet qu'elle câlinait avec des paroles caressantes,

que j'aime ton museau,

avait murmuré Hapet et, doucement, en rasant le mur, dans l'obscurité, nous avions franchi les escaliers et les odeurs de repas sans rencontrer Areknaz mais nous nous étions retrouvés nez à nez avec le borgne qui, debout, – comme lors de l'instant crucial de son histoire, il apparaissait derrière un amas de cadavres face aux Tchétés turcs –, tendant sa canne à l'horizontale, comme une arme, criait avec son style militaire,

je vais le dire à vos papas, petits garnements !

Hapet s'était éloigné de l'arbre, s'approchant de la lumière,

d'ailleurs, moi je ne connais personne,

moi non plus, aucun d'eux,

prends le donc !

avec ce ton qui était le sien quand il voulait fumer une cigarette et qu'il m'en tendait une presque en me bousculant,

tu deviendras un homme !

il allumait sa cigarette, avalait la fumée comme en la suçant puis me l'envoyait à la figure et c'est ainsi que, soudain,

quand allons-nous partir là-bas !

sa voix était presque joyeuse, il y entrait un accent comique, ironique, moi je regardais le cadre vide dont le contenu devait être quelque part dans le débarras ; le bouffon avait fait une enjambée dans l'air, s'était secoué comme une marionnette et avait soudain jeté derrière lui, dans l'espace, la liasse ;

est-ce que lui aussi, malgré lui, voulait faire de la place ? vider les lieux ? et puis, ne m'avait-il pas dit un jour que lui aussi allait quitter ce quartier, invivable, chaud et poussiéreux, avec les miasmes nauséabonds de la rivière, les odeurs de fumée, cette maison comme une fosse, la fin de tout cela était proche, déjà les incendies ne manquaient pas, les habitants du quartier aussi avaient changé, il y avait plus de Kurdes et d'Arabes, qu'est-ce que papa avait en tête pour construire une maison ici ? donc lui aussi devait fuir la passion de l'enfance ? s'en libérer comme d'un malheur brûlant ; il ne se rendait peut-être pas compte qu'il s'agissait là de reliquats de Seto, d'un temps qu'il ne comprenait pas, avec lequel il n'avait pas de lien ou ne voulait pas en avoir, et qu'il était devenu pour moi, non pas un donateur mais quelqu'un qui voulait se débarrasser de veilles marchandises sans valeur ; peut-être devinait-il vaguement que j'allais les garder, d'ailleurs je pense que c'est ce qu'il voulait, que je conserve ce qu'il n'était pas disposé à assumer, cette sorte d'héritage misérable et poussiéreux, le silence d'hommes environnés de tristesse, qui ne lui disaient rien et qui avaient vécu avant nous, dont Seto avait apporté les photos jusqu'à nous, les avait classées, les avait mises avec soin dans la malle métallique et je voyais encore ses doigts fins, son alliance, ses ongles un peu sales comme au moment où il plantait le basilic ; sans doute étaient-elles jaunies, avaient-elles pris une certaine nuance sépia ou ocre, les cartons s'étaient-ils légèrement recourbés mais elles n'étaient pas abimées, on peut même dire qu'elles étaient bien conservées ;

la photo ?

j'avais toujours l'espoir qu'elle devait être quelque part, il était difficile d'imaginer qu'il n'en fut resté aucune trace ou bien, autre possibilité, qu'Hapet ne soit pas très enthousiaste à l'idée de me la montrer, pudique, hésitant, pensant peut-être que son père était quelqu'un de trop intime, qu'il lui appartenait et que sortir ainsi sa photo était un geste comparable à celui de le dénuder, pouvais-je regarder la nudité de son père ? ce n'était pas possible, ce n'était absolument pas possible et, quand, moi-même, j'avais dû changer les vêtements du mien, j'avais fermé les yeux malgré moi pour ne pas remarquer ses jambes fondues, son corps craquant réduit à un tas d'os, dont la peau n'était plus qu'une pellicule jaunâtre, toute fripée comme si sa force s'était épuisée au cours du combat s'étendant sur des années qui, après avoir détruit les muscles de son dos, de son buste, de son cou, avait enfin accompli sa fureur dans la béance de sa bouche ; il y a des images qu'il n'est pas possible de regarder et d'autres qu'il n'est pas possible de donner à voir sans ressentir l'impression de commettre une profanation, cependant, dans les deux cas, on veut qu'elles existent, qu'elles aient une existence quelque part, comme s'il était indispensable de s'adosser à un effondrement pour le défendre et, finalement, je comprenais Hapet qui avait couvert en un mot le visage de Seto, le préservant de moi,

(du moins il me semblait que je ne devais pas transgresser une frontière et si amis que nous ayons été, nous ne nous trouvions pas au même endroit, si nous nous trouvions quelque part)

en répétant presque le geste de Husnik doudou quand, sans perdre son sang-froid, elle s'était penchée, avait approché sa paume de la bouche de Seto, avait constaté l'absence de souffle, avait soulevé le corps dans ses bras, l'avait tiré, tiraillé, sans oublier de se tourner vers Trvandah – va à côté, arrête de pleurnicher ! –, elle avait jeté un drap blanc sur le corps, avait ordonné qu'on appelle le médecin, elle, déjà presque réconciliée avec l'inévitable, les mains croisées, le regard vers le drap, déjà emportée dans un monologue intérieur et déjà en partie absente du lieu et du moment ; ainsi, avant la fermeture du cercueil, qui sépare à jamais le mort des vivants, à cet instant, dans un râle, un pleur universel, les survivants cessent d'entretenir le mort, rejetant soudain le cadavre ailleurs.

Et à présent, ces photos avaient résisté à la détérioration, elles seules, en dehors de lui, et je pouvais y retrouver son regard, sa façon de voir, son coup d'œil ironique de chasseur qui attrapait une colombe en vol, l'immobilisait dans l'air alors que l'oiseau était encore en train de prendre son essor, comme s'il volait au-delà de la mort, ce n'était peut-être pas un style, même si au début il avait dû être obligé de garder quelques secondes les gens immobiles sous la lumière et cet instant était non seulement nécessaire au regard pour fixer celui d'en face mais aussi pour s'enfoncer en lui, pour penser ces surfaces qui, sans aucun doute, échappaient à son œil ; il ne pouvait aller au-delà d'elles, peut-être aussi ne l'estimait-il pas indispensable, d'ailleurs, lorsqu'il disait – viens ! viens ! ne bouge pas ! regarde là-bas ! – j'avais l'impression qu'il savait ce qu'il cherchait, le point de fixation, il ne méprisait pas non plus l'imprévu, les lèvres qui mordent un sourire, les fossettes qui creusent les joues, même s'il avait crié dans un sifflement – ne mords pas tes lèvres – ce pli était resté, lui avait dû le voir la deuxième fois, dans l'eau, lorsque l'image invisible s'était dévoilée, non seulement il ne l'avait pas jetée mais il l'avait apportée, offerte, il ne l'avait pas considérée comme imparfaite, cette rare seconde prise dans sa fuite irréversible ; je suppose que, là, il avait remarqué une étincelle, une flamme inattendue, une apparition imprévisible à l'instant décisif, ce qui faisait entrer un rythme apparent dans cette immobilité glacée des modèles debout dans une position frontale ;

je ne pouvais prendre, rapporter à la maison ce qui était à présent par terre ; finalement, il restait dans notre liasse quelques échantillons de ses photos, peut-être était-il possible de s'en contenter ; par la suite, je devais regretter, mais ce serait à nouveau trop tard, de ne pas avoir essayé de fouiller, d'examiner de plus près, de trouver ne serait-ce qu'une photo (comment était-il possible de la reconnaître ? à quel signe ? quelle allusion ?) que Seto aurait tiré après la mort de ses fils, est-ce qu'une quelconque modification avait pénétré son regard, sa façon de représenter ? cela aurait été une ouverture, petite, peut-être très étroite vers la chambre noire, vers son silence ;

Hapet avait allumé une cigarette, le feu griffait l'obscurité lorsqu'il l'éloignait de ses lèvres, son visage s'était soudain rapproché du mien, peut-être cherchait-il mes yeux dans le noir, le bouffon s'était penché sur mon visage, comme s'il le scrutait tandis que moi j'avais commencé à glisser, tout doucement, comme les vagues tirent le corps vers la mer ; la voix insistait

si tu peux pas les emporter, prenons une auto, yallah, comme ça cette histoire sera terminée,

ingénieux, pratique, pressé, un peu nerveux aussi, j'étais sûr à présent qu'il voulait s'en débarrasser ; par la suite, la voix allait résonner dans mon esprit, incisive, retenue, habituelle quand il lançait ce mot « histoire » exactement comme Seto, comme mon père, lorsqu'il s'agissait d'un événement décisif mais désagréable de leur vie, de la confusion et du trouble qui en découlaient, d'un mot, ils expulsaient cela, c'est pourquoi ils pouvaient se sentir indemnes de ce type de blessure, totalement libres ; on aurait dit que j'avais été appelé, malgré moi, pour opérer une semblable libération ; après cela, Hapet allait s'adonner à son affaire, s'enrichir, devenir un jour le modèle du père de famille bourgeois, la Mercedes à sa porte, l'été à la montagne, l'hiver au travail, le samedi au casino ou au bal où il allait faire des donations à l'une ou l'autre école, au sujet desquelles un pigiste allait noircir des louanges dans son journal ; si l'orphelin avait fait une maison, le fils allait la rendre illustre etc. le thème était inépuisable ;

jusque-là j'hésitais, j'étais tétanisé, j'essayais de sortir quelques photos au format de carte postale, de les extraire de ce tas désormais légèrement odorant, d'un autre côté, je craignais de déranger leur classement, s'il y en avait un, un fil tendu grâce auquel il serait possible de recréer l'histoire d'un regard, là, chaque photo devait former non pas un épisode mais un point culminant arraché au temps, comme le ferait de sa proie un rapace planant dans le ciel, Seto contemplait le sommet de la montagne depuis sa crevasse, blessé mais vivant, serrant les dents pour ne pas crier, se retenant, retenant sa vengeance mais conscient qu'il lui fallait attendre, qu'il n'y avait pas d'autre issue, il devait regarder en bas la foule nombreuse dans la vallée que quelques fumiers avaient assaillie, ils avaient entassé d'un côté vêtements, nourriture, biens et avaient commencé à massacrer ; de ses récits, cette image était restée en moi, où se disait son impuissance absolue, inexorable à faire quoi que ce soit, sinon à laisser les gens à leur poussière, leur sang, leur anéantissement, jusqu'à ce que la nuit tombe et qu'il descende de sa cachette chercher du pain tombé à terre ; ce regard devait à coup sûr être conservé quelque part, pas dans la photo du madagh* où mon père est presque accroupi, le couteau à la main dirigé vers le cou du mouton complètement immobilisé, dont le mufle touche la poussière du sol, la spirale de l'une de ses cornes en l'air, alors qu'en même temps, mon père, fuyant la focale de l'objectif, a tourné son visage vers la gauche, de ce côté, sur le sol, où on remarquait une épaisse couche noire, du sang ou simplement l'ombre venant de droite, d'un toit invisible de maison ou celle d'un témoin disparu.

Il me semble que mon embarras avait duré longtemps ; j'étais incapable de toucher cette chose apparemment si proche qui changeait sans cesse d'aspect et me portait ici et là, réalité ou illusion ?

qu'Hapet sorte une photo et me la donne, avant le retour de madame Trvandah ; ça pouvait tout changer d'un coup ; j'avais hésité devant la porte de la cellule de Photo Vahé, mais, à présent, il n'y avait plus aucun obstacle ni secret aucun, puisque la porte était ouverte, il fallait accepter de prendre n'importe laquelle de ces photos, ce qu'elle était n'avait pas d'importance, non parce qu'elle avait appartenu à Seto, bien que ce point n'était pas si secondaire dans ma venue ici, non pour sauver au moins une photo de la perte qui, désormais, dans mon esprit, semblait probable, imminente, j'allais la prendre pour la transformer en une image pure, dont je ne connaissais ni la date, ni les gens représentés : oui, ces gens, ceux qui nous avaient enfantés, étaient tous entrés dans un royaume irrévélé, et j'assemblais désormais un passé persistant, mité, une humanité déstructurée, dispersée, réduite à des prototypes, comme privée de tout pour toujours, expulsée d'elle-même mais perdurant dans sa déchéance, résistant encore à une négation absolue, comme au cimetière les vieilles pierres tombales abandonnées, abimées par l'humidité, brisées, dont les dates et les mots sont effacés, sous lesquelles les cadavres enterrés, à peine pleurés, s'étaient mélangés à la terre et à la boue, décomposés, étaient devenus anonymes et ineffables ;

oui,

mais que m'importait tout cela ! l'image n'était-elle pas libérée de la pression d'appartenance aux hommes, de leur condition originelle d'être connus, de la ressemblance ? elle était devenue isolée, totalement elle-même, prise par un regard occasionnel et remise de même au hasard, l'un des résultats immédiats, gratuits de l'acte photographique, celui de ne servir désormais à aucune nécessité, même pas à celle d'être exposée ; elle était devenue quelque chose pour laquelle je n'avais pas de nom à donner ;

il n'était pas possible de se libérer de l'angoisse, de l'agitation donnant le vertige, du sentiment de déchéance, de rupture que j'essayais de compenser en restant ainsi penché sur le sol alors que, dans le même temps, j'avais commencé depuis longtemps à être transpercé de froid ;

dans le fond, qu'avait voulu Seto, à supposer qu'il ait voulu quelque chose, avait-il songé à léguer quoi que ce soit ? si vraiment il avait eu le projet de conserver l'histoire du quartier ou même de sa vie, il aurait forcément marqué les noms, les lieux, les dates de même qu'il avait fait l'inventaire, apparemment, et il avait marqué ses initiales avec un crayon gras, épais, et, à ce moment-là, ces gens seraient restés dans leur époque, chacun d'eux aurait, en quelque sorte, décliné son histoire et l'ensemble aurait formé un souvenir polyphonique, un passé délabré, mobile, ramifié ; à cela manquaient à présent les points de référence, ceux qui auraient donné à tout cela une énergie, une réalité qui les relieraient au présent, autrement cela se réduisait à une hallucination, à des visages flottants et sans sépulture alors qu'eux n'avaient pas ménagé leurs efforts pour affronter le sable, le feu, la mort et l'anéantissement, ils n'avaient rien épargné pour résister, endurer afin de survivre et cette résistance n'avait pas été qu'une attente mais une manière d'être là, une sorte de combat où peut-être ils reculaient sans cesse, se défaisaient, mais perduraient un instant au-delà d'eux-mêmes ;

cependant Seto, lui volontairement, n'avait-il pas déjà refusé de conserver les photos dans leur passé ? l'important devait être autre chose ; il était tout regard, je suppose qu'il s'était ému, avait ri, s'était mis en colère, en un mot qui peut-être ne dit rien en soi, il avait vécu tout ce qui était apparu face à lui mais, dans le même temps, avait été porté, imprégné par leur apparence, leur peau fragile, plissée ou lisse qui, semble-t-il ne se donnait pas facilement, résistait à toute capture, s'esquivait ou s'exposait, de sorte que, dans sa transparence, tout cela devenait plus mystérieux, plus inaccessible ; ce qu'il avait tiré, extrait des visages, était-ce leur masque ou l'invisible même ? était-ce qu'il désirait ou ce qu'il refusait ? était-il parvenu à cela, au cours de ces nombreuses années où il avait fait tant de photos banales, parfois seulement pour survivre ? comment comprendre qu'il y avait quelquefois deux-trois tirages des mêmes visages lorsque je feuilletais très lentement les photos comme des cartes à jouer ? il semblait que son œil avait voulu parvenir à un point, saisir une ligne, une ombre, un signe de cette apparence, le sommet du temps quand il cesse d'être lui-même ? derrière l'apparence, rien, c'était la mort, celle qui, comme son père et sa mère n'ayant plus d'image, allait le prendre lui aussi dans son obscurité ; un jour, dans la cour, le soir, alors qu'il était assis sur une pierre avec Husnik Doudou, la cruche qu'il tenait à la main était soudain tombée, l'eau avait explosé tandis que Seto se renversait avec, déjà sur le visage, comme le racontait Husnik Doudou, cette ombre toute bleue et c'était cela qu'il éloignait chaque fois avec la photo, cette mort avec qui il jouait et, inévitablement s'en rapprochait, chaque photo était le résultat d'une telle rencontre ;

par conséquent, lorsque ces gens devenaient malgré eux méconnaissables, ils perdaient leur odeur, leur fougue et leur blessure mais s'épuraient, se cristallisaient en s'immobilisant et entraient dans le cercle de l'anonymat et, par une transformation inattendue, surgissait la photographie elle-même, une feuille de papier, un noir et blanc de lumière et d'obscurité sur laquelle apparaissaient des visages à la fois différents et semblables, avec des yeux brillants ou ternes, avec une peau usée ou fraîche, qui allaient s'obscurcir, noircir, se réduire à des points et des traits, libérés de leur nom, de leur réputation, de leur honneur, de leur conduite et de leur gloire, de leur identité, de leur mortalité, devenus n'importe qui, mais non pas sans visage puisqu'à présent ils n'étaient plus que cela, des traces fulgurantes de la perte,

personne ! oui, ils n'étaient personne ;

est-ce que par hasard la photo pistait cet homme sans nom, cet être quelconque qui existe en chacun, ainsi moi, je ne trouvais pas ou espérais trouver quelqu'un dans sa photo probable, dans le silence tissé autour de lui, inconnu, oui, cet être inaccessible qui n'avait existé que dans l'un ou l'autre des épisodes de l'histoire, semblable à un acteur muet de théâtre dont l'ombre lointaine est indispensable à la pièce mais reste insignifiant, secondaire, puisqu'on ne lui donne pas la parole ;

j'avais, une fois, joué un tel rôle dans la pièce « L'enfant prodigue » : je rencontrais, près d'une fontaine imaginaire, celui qui revenait de l'oubli, de la dilapidation, de la débauche, de l'ingratitude, comme l'avait expliqué Akevart Mirak, faisant toujours jouer rapidement sa langue dans l'air, il avait insisté pour que je comprenne bien ce qui se passait, pourtant jusqu'à ce jour, je n'ai pas compris pourquoi il avait transposé et sorti cette pièce au sujet insipide et sentant le fagot ; je devais marcher d'un côté des coulisses à l'autre, m'arrêter devant la fontaine, réprimer ma peur de tomber par terre, – regarde bien le bassin –, c'est dans son miroir que devait apparaître le visage pâlot du fils prodigue qui approchait, je devais soi-disant être épouvanté, mais me tourner et faire un signe de tête, tendre la cruche que j'avais en main à celui qui avait dilapidé ses années et qui, ce jour-là, s'incarnait dans la peau d'Haïgaz ; c'était le même silence à présent, semblable au chuchotis du souffleur qui, depuis son trou, attirait les acteurs dans le jeu, les menaçait, se rendait malade, rappelait au mutique ou au pétrifié le texte, – qu'est-ce que tu attends, enfin !

pauvre Lazare ! allez ! – chuchotait-il, il insistait, toussait, et voilà la voix comptant sévèrement

un ! deux !

la liasse s'était défaite et moi, avec une émotion de plus en plus paralysante, j'essayais de m'accrocher au radeau qui s'était déjà cassé en deux feuilles vides, je me précipitais en bas, je coulais au fond de l'eau vers un monde glacial et sans image,

yallah ! prends tout, je te dis !

l'ombre de Seto se tenait à côté de moi, c'est sa voix bégayante qui résonnait, rénovée, plus abrupte que le jour du Grand théâtre ; il avait dû tendre le bras avec, dans la main, le sac qu'il allait poser par terre, entre ses pieds ; à cette époque, Hapet était encore apprenti et, à présent, il essayait de sortir une enveloppe bourrée, tandis que je remarquais, au fond de la malle, des feuilles jaunies, déchirées d'un cahier, comme si elles avaient été mises là pour protéger la collection,

il a gardé ça comme son coffre...

sur les pages, je distinguais des traits noircis au crayon, certainement les restes d'un livre de comptabilité, j'allais en retirer quelques-unes, on ne pouvait rien lire à cette mauvaise lumière, j'allais envelopper les photos dans le papier, je n'avais pas choisi, je les avais presque laissé échapper, oui, très vite, comme Seto et mon père faisaient « échapper les filles » en oubliant leur environnement, s'enfonçant dans un ailleurs délicieux, lançant des exclamations contradictoires de satisfaction ou de dégoût, pouah ! hey-hey ! oho ! ya !

j'allais laisser le résultat au hasard, je croyais à ça, c'était infaillible ; l'un partait par ce chemin, l'autre de l'autre côté, le monde était assez grand pour que l'un trouve une issue, l'autre se perde, l'un reste sous un tas de cadavres, l'autre crève de faim, libre, dans une forêt, on jetait l'un à la mer, l'autre nageait dans le lac lorsqu'on tirait d'en haut et reprenait son souffle, dans l'histoire de Seto ; pas une loi, pas une règle compréhensible mais un hasard absurde, l'occasion, la chance, toujours neutre, impersonnelle et brutale ; ce qu'on appelle la vie est un chaos confus, mélange informe de lumière et d'obscurité, une sorte de substance pâteuse, glissante, aux mille grumeaux dans laquelle notre esprit, notre volonté tentent de mettre de l'ordre et de la loi, de voir des causes et des conséquences, prétendant même lui donner forme, jouer avec, comme le photographe avec la vibration, la transparence de la lumière, tandis que le chaos, lui, continue son cours comme un écoulement de lave volcanique, parfois sautant, parfois nous lançant ses grumeaux au visage ; donc, plus accidentelles étaient les photos, plus elles pouvaient peut-être indiquer une chose supplémentaire, recouvrir ce qui n'était pas prévisible, et même inattendu ;

alors que nous avions fermé, rangé la malle à sa place, au moment de fermer la porte, la voix de madame Trvandah annonçant sa venue se manifestait, essoufflée, un peu abattue, – comme à l'instant où les cercueils d'Avo et de Ganantch avaient été descendus en terre, arrachant un cri silencieux, qui estropiait les mots, les rendaient dénués de sens et se transformait en un sifflement entrecoupé de profonds soupirs, mais tendu comme un fil, monocorde, montant et descendant d'une manière discordante comme si l'émotion l'avait complètement abandonnée, au-delà même de la souffrance, impersonnel – comme le deuil perpétuel des vieilles femmes qui, parfois est un rite, parfois aussi son démenti –, et cette voix brisée se rapprochait, toujours empreinte de l'humidité des larmes qui, cachées, n'étaient plus perceptibles tout au long du monologue de Trvandah, le bruit des pas se traînait avec le soir s'assombrissant de plus en plus, et qui, un peu plus tard, à l'horizon du promontoire de la ville, brillerait de mille éclats, tel l'incendie qui allait ravager le bidonville, avant de s'effondrer dans les cendres, c'était cela la fin qui, avant une nouvelle secousse, se prolongeait d'une façon absurde ; je savais que désormais, je ne retournerais pas en ces lieux ; ceux-là disparaissent sitôt que cessent d'exister les gens que nous avons aimés ; et si nous faisons l'épreuve du retour, nous nous retrouvons face non pas à leur absence mais à notre extranéité même.

À cet instant, allait avoir lieu ma reculade ; je ne peux trouver un autre mot pour cette réaction ; peut-être que déjà depuis longtemps j'avais non pas abandonné l'espoir de trouver la photo mais j'avais cessé de la chercher, énervé, écœuré devant tant de cruelle indifférence face à la perte des traces de l'homme resté inconnu à jamais, oui ! une telle explication était juste, à coup sûr, cependant, il me semble – et cela maintenant, au moment où j'écris, est plus clair qu'à cette époque – que la photo de l'homme sans nom avait perdu l'intérêt, la nécessité, l'urgence qu'elle avait eus dans mon esprit ; le désir en était mort en moi ; plus il s'était approché de cette limite, plus il s'était tendu et s'était soudain heurté au vide d'un mur ; non, je ne voulais pas, je refusais d'être une espèce de charognard, déterminé et sans vergogne, qui va jusque dans les déserts pour transformer un os en relique ; trouvaille sublime ! il valait mieux tout laisser à sa place, rassemblé, réuni, inaccessible ;

l'avoir vue une fois suffisait en soi ; l'existence de la photo n'était pas nécessaire, comme les dates de naissance et de mort des disparus, dénuées de toute signification, eu égard à la réalité de leur mort irrémédiable dont nous continuons souvent à porter le deuil alors que nous avons déjà oublié le jour, le mois et l'année de leur disparition, comme si on les avait sanctifiés, laissés à l'abandon malgré nous ; dans une certaine mesure, l'image était toujours là-bas, où je la voyais, toujours aussi sombre, toujours aussi imprécise ; je n'avais en aucune façon réussi à percer son secret, j'étais sûr, c'est ainsi que je me consolais, qu'il n'y avait pas de secret, d'ailleurs, tout était classé de façon à ce qu'il n'y ait pas de secret ; c'était une vérité aveuglante ; non seulement mon père, ma tante mais aussi Seto, Trvandah et Hapet avaient commis le même acte, à peu près le même sacrifice, si on peut dire : chacun, à sa façon, avait participé à cette disparition et était disparu à son tour et il ne semblait désormais plus indispensable de la voir, il suffisait qu'elle existe, comme les images du photographe dans l'eau, d'une façon implicite, on pouvait et il fallait trouver une autre façon, une autre méthode pour cristalliser ce visage disparu, j'allais dire donner corps à ce fantôme, le faire grandir, le développer, le déployer pour devenir la marque véritable de son apparition ; l'abandon était-il désormais une question de méthode ? seulement une question de méthode ? est-ce ainsi qu'un mort avec une stèle se distingue du cadavre sans sépulture du désert et de son souvenir dispersé, insistant ?

faux-semblant ou invention ? arrangement ? de même que Seto avait toujours adapté une image au cadre vide, pour avoir toujours une image devant les yeux, lui aussi s'était adapté à la vie, à la mort, comme on dit ; et le résultat ? eh bien, le résultat ?... la trace de la trace, au bout de la Géhenne comme disait ma mère ;

n'y a-t-il pas une subtile illusion à penser que, sans la voix, sans sa vibration musicale, il est possible de parvenir à une visibilité immédiate, à cette fulgurance inimaginable qui coupe le souffle quand on se heurte soudain à une évidence absolue ?

21

Je m'étais trompé.

Ce n'était pas un résidu de livre de comptabilité, mais une liste de dates alignées en colonne que j'allais commencer à recopier, sans vraiment éclaircir la signification de chacune d'elles, si elles en avaient une ; 1900, 1907, 1919, 1923, 1933, 1935, 1938, 1960. 1933[1], c'était clair, j'avais déjà rencontré 1935 ; donc les autres pouvaient correspondre à la vie de Seto ou aux étapes de sa vie de famille. Elles formaient un ensemble aride, desséché et compact ; d'ailleurs, que pouvait-on déduire des dates ? Si ma supposition était juste, la première date était celle, approximativement, de sa naissance, en supposant que c'était celle inscrite sur ses papiers d'identité, c'est-à-dire ceux déclarés à Port-Saïd ou à Alep. C'est ce qui était arrivé à mon père, les fonctionnaires de l'État du Grand Liban, en transformant son nom et son prénom, en avaient fait un autre homme.

L'écrit pouvait se relier, d'une façon plus ou moins certaine, à tel ou tel point du récit oral, il représentait ainsi un certain intérêt. Cependant, il n'était pas possible de préciser cela. La raison pour laquelle Seto avait établi cette colonne n'était pas non plus compréhensible, il était arrivé, s'était arrêté à la dernière date, n'y avait-il eu aucun événement après cela ? Les dates représentaient-elles des événements ou bien des dates importantes pour lui ? elles n'en cessaient pourtant pas moins d'avoir de la valeur. Non parce qu'elles présentaient des accroches possibles,

(car le récit pouvait se fonder sur un temps objectif, celui que l'on cherche souvent et qui jouit de notre confiance, alors qu'il est une simple mise en ordre, changeant comme la mémoire, se reconfigurant sans cesse, qu'il est possible de considérer uniquement comme la création de l'oubli, donc vivre un projet de récit signifie tomber dans l'un des pièges tendus par l'oubli),

---

1 Date du grand incendie qui a détruit le Grand camp de réfugiés à Beyrouth, *cf.* p. 211.

mais parce que ces dates provenaient directement du crayon de Seto. Du moins c'est ce qu'il me semble, puisque je n'étais pas familier de son écriture et de ses écrits.

Sur l'autre face de la feuille, dans leur dialecte ou leur langue déjà mélangée, il y avait des bribes d'écriture ; était-ce des extraits de chansons ou des phrases transformées, recopiées de quelque part ou parvenues jusqu'à lui par un chanteur de sa ville ? À l'instar des anciens achoughs*, il semble que Seto avait adapté pour lui les paroles, cependant, je n'ai aucune preuve qu'elles n'étaient pas sorties de sa plume. Faut-il considérer comme authentique sa signature qui était glissée entre deux mots et n'était rien d'autre qu'un appel au silence ? « Plus tu regardes, plus il y a de choses à regarder, Set, garde ta bouche close, il y a encore à endurer ».

La coupe générale de ces vers est sans doute puérile, de même que simple était sa manière de mettre les gens face à lui, de les percer à jour. De les aimer. De les faire vivre ou de les oublier. Oui, de les oublier. Mais pourquoi, après avoir photographié tant de gens, avait-il griffonné ces lignes banales et même élémentaires ? je n'ai pas de réponse à cette question ni le désir de former des hypothèses.

Je garde cette feuille dans la main, comme un parchemin, de ceux qu'on enterrait à cause de leur ancienneté et de leur usure car, ce qui était désormais perdu pour la lecture ne se perdait pas complètement mais recevait une signification.

Seulement des pensées suscitées par le sommeil.

L'image n'est pas tout.

On se perd derrière elle ou en elle, peut-être était-ce cela qui m'avait jeté en avant, pour que je lise, que j'écoute ce murmure silencieux qui, désormais, n'a plus de maître.

Qu'est-ce qui permet de penser qu'il a écrit cela après avoir photographié ? Conclusion qui aboutirait à voir dans cela un testament, comme si Seto avait voulu adresser cela à quelqu'un. Sans aucun fondement, cela peut, sans doute, satisfaire un besoin de l'esprit.

Il n'est pas impossible que Seto ait noirci quelques lignes durant les années de l'orchestre du kemp, qui sait pour quel chanteur disparu ou inspirées par lui, peut-être simplement pour ne pas oublier des choses déjà connues de lui.

Il n'est pas impossible non plus qu'il ait écrit après le malheur de ses fils, photographier avait peut-être un statut grossier, inconvenant parce que public, d'autant qu'il ne pouvait pas non plus photographier ce qu'il voulait, il devait être lié par ce qui était exigé de lui, par ce qu'on lui commandait, tandis que deux mots sur un papier était un geste intime, loin des yeux du monde, non pour dire quelque chose à quelqu'un mais pour faire quelque chose, tout seul, librement. Mais puisque l'écrit est fait pour être lu, faut-il en conclure qu'il m'avait écrit ? n'était-ce pas lui qui disait, à sa façon énigmatique, « apprends ! apprends ! mais ne te monte pas le cou ! »

Croyait-il qu'on pouvait trouver un lieu et ne pas se perdre dans les mots ?

Parfois il semble que la façon de lier les mots entre eux, de les tisser, un coup de la langue contre le palais qui transforme les sons, les mutile, donnent à ces mots un autre goût qui, pour moi, avait seulement une qualité exotique alors que pour eux, comme son bégaiement, il s'agissait d'une chose naturelle qui se révélait au moment d'écrire ; je suppose que c'est ainsi qu'il photographiait, ainsi également qu'il ôtait soudain une ombre ou une grimace sur les visages répétitifs et anonymes des gens ; lorsque j'essaie de redire ses phrases, je ne peux retrouver cette couleur qu'il y avait mise mais je sens son contact invisible, ce qui est peut-être le plaisir d'écrire donné à celui qui est encore inexpérimenté ou la souffrance de trouver le mot juste, le ton juste, la mélodie.

Un jour qu'ils racontaient l'une des aventures de Guermir, c'était lui qui, avec un ton coupant et définitif, avait interrompu le conteur,

ne bavasse pas à tort et à travers et ne salis pas ; si tu dois raconter, raconte de façon à toucher l'oiseau.

Sa voix est restée dans mon esprit, neutre, désincarnée, un peu modifiée, comme ce qui est enregistrée sur une bande qui, peu à peu, perd son intensité, sa fluidité, sa qualité d'improvisation, sans devenir totalement irréelle ; sa voix ! imprégnée d'une vibration intérieure.

J'essaie d'apprendre ces lignes par cœur, de conserver le cours à la fois limpide et tourmenté de son dialecte, de ne rien changer, de leur imposer simplement une ponctuation, la seule modification que peut-être je peux faire, la seule transgression que je me permets. Peut-être que plus j'essaie de répéter sa manière d'énoncer une consonne, sa façon de claquer le palais du bout de sa langue, je modifie involontairement quelque chose ; ses façons de prononcer, d'accentuer, de rythmer, de respirer ? Sans doute de façon inévitable et même impardonnable, comme toute renaissance.

Il aurait certainement ri s'il avait remarqué d'une façon quelconque mes tentatives de singer consciencieusement sa façon de parler, – va donc, eh ! allez ! – et pour éviter une fierté déplacée, il aurait peut-être dit – tu te montes encore le cou, ne raconte pas de craques ! –

Cependant j'ai du mal à répéter son nom, à la façon dont il se nommait lui-même,

Set !

Il n'est pas possible de s'identifier à lui, d'embrasser ce cadre que dessine la parole qu'il s'adresse à lui-même. Il est possible d'occuper la place du regard face à l'image, bien sûr, juste la place. Mais répéter métaphoriquement ce nom, comme si j'étais lui et que cette stratégie soit un jeu, cela exige un effort au-delà de mes forces. Son nom arrive, il me serre la gorge. Pourtant j'ai dit si souvent – Seto Emmi ! Seto Emmi ! – sans aucunement m'émouvoir. Il n'allait certainement pas se reconnaître dans cet appel, Set ! il aurait sûrement oublié qu'il en était la cause. C'est lui qui m'avait poussé vers cette autre langue. Il me l'a donnée.

Blottie entre deux mots, cachant son nom désormais imprononçable, comme son regard aux aguets depuis sa crevasse, c'est sa trace qui vibre, qui conduit à une espèce de respiration, une palpitation interne, une pensée qui commence son monologue, l'interrompt, en silence. On dirait que tout continue, comme avant, c'est-à-dire comme ça n'avait jamais été, comme c'était possible, avec cette fièvre et cette fougue avec lesquelles je faisais rouler l'œuf rouge auparavant.

Je persiste à penser que comme sa présence projetée sur le sol de ma photographie et réduite à une ombre ou sa trace, sa mort est moins définitive et plus légère que la disparition sans trace de l'homme sans nom et de tous ceux qu'il a abandonnés un jour. Plus gai ? comment dire ? plus sublime ? À présent qu'il n'a plus à souffrir et qu'il a trouvé son ton railleur de « ravisseur de filles », celui qui conjure toute tristesse et qui, par son bégaiement, dissipe toute angoisse.

Je veux que, finalement, dans son regard surgisse, s'élance, se déploie, joue le lac vert de leur Choughl, une image complète et le clair de lune et rien derrière.

On dirait que tout cela suffit, non ?

L'IMAGE, LA VOIX, LE RÉCIT, LA PENSÉE

Retour sur « Retour de nuit ». Entretien de Krikor Beledian avec Catherine Coquio

Catherine COQUIO : *L'Image* est le quatrième récit d'une série intitulée « Retour de nuit » (*Quicheratartz*) qui en contient neuf : écrits en arménien occidental ils ont paru en Syrie, au Liban, aux États-Unis et en Arménie de 1997 à 2019. Le premier, *Seuils* a paru en 2011 dans une traduction de Sonia Bekmezian (éditions Parenthèses). C'est à elle encore et à son immense travail qu'on doit la traduction de *Le Coup* et *Signe*, publiés aux éditions Garnier en 2017[1].

Je voudrais d'abord revenir à l'ensemble de cette série narrative : d'abord pour comprendre de quoi est faite cette série ; ensuite parce que l'image photographique était le point de départ et le cœur du premier livre, *Seuils.* On la retrouvait sous de multiples formes dans *Signe*, puis dans *Le Coup* où elle était formulée comme une question (« Qu'est-ce qu'une image ? » p 216), posée à propos de la photo à nouveau. *L'Image* semble ainsi répondre à cette question qui traverse toute la série du « Retour de nuit », en rapport intime avec la voix.

1 On trouvera à la suite de cet entretien une présentation succincte des récits précédents et de leurs personnages, rédigée par Sonia Bekmezian.

« RETOUR DE NUIT », QU'EST-CE QUE C'EST ?

C. C. : Cette série narrative est-elle ouverte, achevée ou inachevable, comme peut l'être le « retour » sur sa propre vie ? Mais d'ailleurs s'agit-il d'autobiographie ou de romans ? Faut-il parler de fiction autobiographique, puisque le narrateur n'est pas exactement l'auteur ? S'agit-il d'un récit d'apprentissage ? Ne s'agit-il pas plutôt d'un long poème ininterrompu, qui serait aussi un entretien intérieur infini sur l'écriture, la mémoire et la création, autant que le récit d'une enfance arménienne à Beyrouth dans les années 50-60 ? Est-ce tout cela à la fois ? Pouvez-vous revenir sur la conception de cette série narrative, et d'abord sur son histoire, sur les débuts de sa rédaction, très anciens à présent, puisque vous avez commencé d'écrire *Seuils*, je crois, au début des années 70 ?

Krikor BELEDIAN : Le projet de *Retour de nuit* a connu un peu plus de vingt ans de gestation. À l'origine, vers 1970 il s'agissait d'entreprendre un ensemble narratif en prose couvrant la période de 1945 à 1965. Le cadre géographique devait être la « colline » où je suis né, une banlieue de Beyrouth, et où résidait une communauté arménienne rescapée du génocide. Des lieux, des hommes et des femmes plus ou moins contemporains, des problèmes liés à une vie à l'étranger. Les lieux étaient le pays d'accueil, les hommes des exclus de l'Histoire, les problèmes ceux d'une survie. Tout cela articulé par un narrateur qui se donnait la fonction d'un mémorialiste. Évidemment la narration devait être l'élément moteur.

À l'époque j'écrivais des vers et des poèmes en prose, parus en volumes dans les années 1978-1983. Mes premières tentatives narratives n'ont pas été très probantes. *Passage* (1971) et *Manara* (Le Phare, 1986) et beaucoup de textes des années 70 et 80 abordaient des thèmes que je voulais mettre en place, sans que le récit fût maîtrisé. Ce n'est que vers 1990 que la forme narrative s'est imposée d'une manière durable. Je ne voulais écrire ni des romans, ni une œuvre de fiction, ni une autobiographie, ni un traité esthético-philosophique. Comme il y avait – et il y a maintenant – un narrateur auquel était déléguée la narration, les diverses formes de discours que vous évoquez pouvaient être convoquées, sans que l'une ne prenne le pas sur l'autre. Il fallait les intégrer dans un tout cohérent. Bien sûr, entre la conception et sa réalisation beaucoup de choses ont changé. Ni l'ampleur de ce « poème ininterrompu » où monologues, dialogues, réflexions se trouvent entremêlés, ni le nombre de personnages ou figures évoqués, ni les méandres du récit, ni les questions abordées n'étaient prévus. C'est le propre d'un travail acharné (pourquoi ne pas l'avouer) sur la forme à donner à un magma indéterminé, ce travail sur la forme, justement ce qui me manquait dans les années 70, qui a suscité une série. Je dois dire que dès la rédaction des trois premiers volumes, j'avais songé à une fin. J'avais même esquissé un chapitre final pour un « dernier » livre. La rédaction de sections totalement imprévues (volumes 7 à 9) a rendu caduque cette conclusion qui s'est révélée tout à fait déphasée. Je n'ai nulle envie de mettre fin à une « œuvre » indéfiniment prolongeable et qui peut encore se diversifier. L'inachèvement offre la possibilité de continuer le jour où j'en aurai envie. Comme je n'ai signé aucun pacte ni avec les lecteurs, ni avec moi-même (ni avec l'éditeur) je me sens libre de poursuivre ou d'interrompre un trajet inscrit dans ma vie. C'est dire que je ne remplis pas un programme défini d'avance.

FICTION, POÉSIE, CRITIQUE.

C. C. : Ce passage à la narration a ouvert une troisième voie dans une œuvre qui était d'un côté poétique, de l'autre critique. Comment cette voie s'est-elle ouverte, pourquoi fallait-il ouvrir une porte entre ces deux écritures ? La voix se libère sans cesse du récit pour penser ce qu'elle fait, ce qu'est l'art appelé « écriture ». C'est parfois une question, parfois une affirmation. De sorte que ce que déplie ce récit mémoriel, c'est aussi un art poétique *in progress*. Si chaque récit est traversé d'irréalité, ce n'est pas seulement du fait que la mémoire travaille avec l'absence des protagonistes, mais parce que la narration est pleine de retours réflexifs. Le « retour nocturne », c'est aussi celui-là ?

K. B. : Effectivement la narration est la troisième voie (voix ?) entre la poésie et le discours critique. Très tôt ce que j'écrivais comme « poèmes » était accompagné d'essais sur la poésie. *Drame* (1980), *Grégoire de Narek* (volume I, 1985), *Le Cercle de feu autour de Daniel Varoujan* (1988, 2014), ensuite *Combat* (1997) jusqu'au *Futurisme arménien* (2009) constituent les moments les plus importants de ces travaux critiques. Je ne puis parler de *Cinquante ans de littérature arménienne en France* (2001), dont la version arménienne augmentée a paru en 2017. Je ne veux même pas évoquer toutes ces petites études consacrées à des poètes français, parues dans *Haratch* (1978-1980)[2]. J'ai toujours fait des lectures « intéressées », car je n'ai jamais considéré que ce travail était un « joujou », comme vous le diriez[3]. Le travail critique accompagne le travail poétique, comme la réflexion le poème. C'est dire que toute la rigueur que je m'impose quand il s'agit d'étudier des poètes me permet d'avancer dans mon propre travail d'écrivain. Il s'agit d'une sorte de laboratoire où connaissance et émotion font alliance. *Retour de nuit* qui est le titre général de l'entreprise narrative est une forme de discours « entre », intermédiaire, intermittent, entre le poème et la réflexion. Il se nourrit de cet extrême de la langue qu'est la poésie (sensation, sentiment, émotion, sens du langage, etc.) et de l'exercice critique de la raison. Je ne suis ni féru d'irrationnel romantico-surréaliste, ni fervent partisan de l'intellect techniciste. Le troisième discours fait « revenir » ce qui se soustrait au poème (trop déconnecté du réel) et à l'œil critique (d'une lucidité aveuglante). Ce genre de discours « artistique » allie l'imagination à la mémoire, le quotidien à la fiction, et vise une sorte fusion des genres.

LIEU-MONDE(S)

C. C. : Chacun de vos récits s'organise autour d'une figure et l'ensemble gravite autour d'un lieu, que chaque livre fait pénétrer au lecteur comme par cercles concentriques, ou plutôt en se déplaçant pour partir d'une

---

2 Premier quotidien en langue arménienne d'Europe, il a paru en France de 1925 à 2009.

3 Allusion au titre d'un livre de Catherine Coquio, *L'Art contre l'art. Baudelaire, le « joujou » moderne et la « décadence »*, Éditions de Vallongues, 2006. N.d.E.

nouvelle figure ou scène qui polarise le souvenir, et explorer sa fécondité. Chacune donne accès à un monde vivant, à des mondes intérieurs fuyants mais que ce lieu retient dans ses plis, des plis que chaque livre explore, déplie, déploie. Ce lieu d'où tout naît est votre lieu de naissance, en 1945 : *Hayashen*, un quartier de Beyrouth construit sur une colline, que les autorités françaises avaient attribué aux réfugiés arméniens au lendemain de la Première Guerre mondiale, et cet après était aussi celui de la Catastrophe de 1915-1922, qu'on appellera Génocide en 1945. Ce quartier populaire était au départ une sorte de bidonville ou de ville-campement comme il y en a tant dans le monde aujourd'hui. Puis ces « lieux de rien » (p. 8) sont devenus une ville dans la ville. C'est là que vous avez vécu jusqu'à la moitié des années 60. Pouvez-vous revenir sur ce lieu, cette colline, ce nom ? Comment lui avez-vous donné son visage moral, affectif, politique ?

K. B. : Les Arméniens parlent de *Hayachên* (construit par les Arméniens), les autochtones nommaient la Colline « Karm-el-Zetoun » (l'oliveraie). Mes parents ont dû s'installer après leur mariage dans cette banlieue de Beyrouth au début des années 30. Auparavant ils avaient vécu dans un bidonville du côté de la Quarantaine, proche du port, et considéraient le nouveau quartier comme un lieu plus digne. Au lieu des baraques, il y avait des maisons en dur de un à trois étages, précédées de petits jardins. Je ne sais combien de foyers vivaient dans ce quartier, doté d'une église dès 1936, d'une ou de deux écoles primaires. La population comprenait presque exclusivement des familles de rescapés arméniens. Il y avait quelques îlots de familles arabes, souvent des Maronites. Mais dans un quartier aussi intensément habité d'Arméniens, les autochtones avaient fini par apprendre l'arménien ! Les rescapés venaient de presque toutes les régions des provinces arméniennes de l'Empire ottoman, notamment d'Erzeroum, de Mouch et des villes de la Cilicie. Ils parlaient leurs dialectes. Le commun dénominateur était évidemment l'arménien occidental qu'on enseignait à l'école (on enseignait également l'arabe, le français, l'anglais, on était polyglotte très tôt et on devait maîtriser trois alphabets différents ! La polyphonie diasporique, déjà).

L'HISTOIRE, LA POLITIQUE

C. C. : Les habitants de ce lieu vivent dans une pauvreté mêlée de fierté, mais aussi, pour certains d'entre eux, d'une forme d'indifférence aux événements historiques. Comme si ce qu'ils avaient traversé avait érodé à la fois la sensibilité au malheur et la conscience historique, mais également politique. Diriez-vous que c'était un sentiment largement partagé ?

K. B. : Sur la Colline, tous étaient d'une manière ou d'une autre des survivants directs de la Catastrophe. Rares étaient les Stambouliotes ou des gens venant des Balkans ou d'Égypte qui avaient pu être épargnés. La Colline était une sorte de concentré d'êtres catastrophés. Je crois que l'Événement était tel qu'il avait fini par annuler tous les autres. La spécificité de la Catastrophe n'est-elle pas là justement, dans le fait de priver les survivants de toute histoire ? C'est pourquoi raconter sa propre histoire revêt la forme d'une récupération d'un soi aliéné. À côté ou en face de ceux qui semblaient totalement indifférents à ce qui se passait dans le pays d'accueil, il y en avait d'autres qui revendiquaient une approche plus politique. Je parle de cette catégorie comme les gens du « Club » (*Agoump*), sorte de mini-centre politique qu'occupaient les Dachnaks (sur la Colline), ailleurs c'était d'autres courants politiques (les Ramgavars, les Communistes). Entre les « indifférents » et les « politiques » il n'y avait pas nécessairement une opposition, d'autant plus que ces derniers manifestaient une plus grande conscience de l'héritage ancien, évoquaient les luttes du passé et tenaient à transmettre les « valeurs de l'arménité ».

LES LIEUX D'AVANT, L'EXIL

C. C. : La famille du narrateur est originaire de Gürine, celle d'« Antika » vient d'Erzeroum, près des frontières orientales. Le narrateur naît dans une famille de survivants et il est entouré de survivants, de survivantes surtout, puisque peu d'hommes ont survécu. Il baigne dans un monde de veuves et d'orphelines, traversé aussi de figures masculines, comme l'oncle Seto qui est au cœur de *L'Image*. Pouvez-vous revenir sur cette histoire familiale, et sur la vôtre ? Tout ce qui concerne ces lieux-là nage dans l'irréalité des légendes et des contes : « notre existence est un conte », dit une voix, à propos des déplacements irréels d'une aïeule d'une région à une autre. Quelle relation y a-t-il entre la réalité de votre lieu d'origine et l'irréalité de ces lieux originaires d'où venaient les adultes ?

K. B. : Mes parents venaient de l'ouest de l'Empire ottoman. Gürine était une petite ville de la région de Sivas. La ville a conservé son nom ancien alors que d'autres ont changé de nom, suivant la politique onomastique pratiquée en Turquie depuis 1922. Ma mère était du côté de Konya, encore plus à l'ouest. Du côté maternel la parentèle était plus fournie et avait eu la chance de survivre en nombre : grands oncles, tantes, etc. Elle était turcophone. Du côté paternel je n'ai connu qu'une tante. Mon oncle Setrak était mort en Cilicie. Des autres membres de la famille on ne savait rien. Ils avaient disparu ! Ma grand-mère maternelle Vergine et sa sœur Elmone avaient pu survivre et sauver leurs enfants, dont ma mère. Hagop mon père et Hripsimé ma mère se sont connus à Beyrouth, dans le bidonville de la Quarantaine (le bidonville avait plusieurs quartiers, dont celui de « Madama »). Je raconte cette scène comique de présentation je ne sais plus où dans *Seuils*, si je ne me trompe. Ils ont fait six enfants. Quatre filles et deux garçons. Je suis le quatrième de la série. Ces détails biographiques vous permettent de voir pourquoi l'entreprise narrative n'est pas autobiographique. Pour une raison inhérente à mon projet, disons par économie narrative, j'ai mis entre parenthèses frère et sœurs, me réservant la possibilité de les intégrer au moment opportun.

LANGUES, LANGAGE, TRADUCTION

C. C. : Votre langue littéraire dépend intimement de l'histoire qu'a traversée l'arménien occidental, elle fait donc entendre une langue qui a été frappée de plein fouet par la pire violence de l'histoire, mais qui a survécu en ses locuteurs survivants. Votre langue accueille différents dialectes régionaux, où le turc et l'arabe entrent en relation avec l'arménien, et qui n'ont « pas suivi le rythme du monde » (p 24). Les personnages parlent chacun dans leur idiome, venu de lieux où le passage d'une langue à une autre était quotidien, où les langues s'emmêlaient. On devine cette complexité mais on ne peut la palper comme le récit le fait sûrement faire dans sa langue originale. Le lecteur français, tout sensible qu'il soit à la qualité rythmique et mélodique de la belle traduction de Sonia Bekmezian, rate-t-il fatalement un élément décisif de ces mondes que le récit fait parler et chanter ? D'un autre côté, le récit ne cesse déjà de faire imaginer et penser ce chant qui travaille ces langues issues d'un autre monde, comme si le narrateur était lui-même éloigné de sa source. Le passage au français va plus loin encore dans l'abstraction. Comment parleriez-vous des effets de la langue française sur un récit de cette nature ? En prendre son parti, est-ce poursuivre le chemin de la dispersion dans l'acte même de la transmission, ou se confier à ce processus d'abstraction ?

K. B. : La traduction-trahison est un lieu commun qui masque souvent les enjeux réels de la traduction. C'est un lieu commun, mais je tiens à rappeler que les Arméniens ont une fête des Traducteurs. Ils commémorent ainsi la traduction de la Bible, c'est-à-dire le moment où les « prophètes » ont commencé à parler en arménien ! Que la traduction fonde une culture, une civilisation, une langue, une œuvre, voilà le miracle, si je puis dire. Aucune idéologie nationaliste ne peut empêcher que les langues se touchent, que les œuvres passent de l'une à l'autre, que l'une assure aux œuvres de l'autre un autre avenir. Donc, j'accueille la traduction comme une chance. Et que ce soit encore une fois une femme qui s'en charge dans le cas de mes écrits n'est pas tout à fait dû au hasard.

Je voudrais d'abord dire que le français m'est une langue familière. Je l'ai entendu, puis appris à l'école de la Colline, dès l'âge de 9-10 ans. Avant de venir en France j'avais mon bac philo et j'avais commencé des études universitaires. Détenant les diplômes nécessaires, en 1967 je me suis inscrit à la Sorbonne sans difficulté. Depuis, un demi-siècle de vie à Paris, quasiment sans interruption. Cela signifie quelque chose. Entre autres la présence latente du français comme langue de pensée. Comme je n'ai jamais été un fervent défenseur de « l'arménité » (du moins je n'en ai pas une vision « politique », « intégriste » ou « puriste ») mais, bien au contraire, plutôt un partisan de l'hybridité, comme vous le dites, il n'est pas exclu que « mon arménien » soit en quelque sorte travaillé par le français. Puisque penser je l'ai appris en français (et un peu en allemand), alors la forme de la pensée se trouve forcément « impactée » par la langue qui m'entoure à longueur de journée et qui s'expose dans ma bibliothèque. Pourtant écrire en arménien occidental à Paris n'est pas traduire sa pensée soit disant française dans une langue autre morphologiquement et syntaxiquement très différente. Quand on a deux lieux, quand on est bi-topique et que cela court de haut en bas de son corps, les langues s'opposent et s'interpénètrent. Je vis constamment dans l'espace de la traduction. Le français est mon étrange familier, mon « *unheimliche* ». Aussi quand mes récits sont traduits, quels que soient les changements de sonorité, de ton, de couleur, de rythme, je ne ressens pas cela comme relevant de la perte. La traduction de Sonia fait émerger, clarifie, exhibe parfois des lignes qui sont souvent enfouies dans le texte. En cela elle procède comme une archéologue, qui révèle et montre. C'est-à-dire donne une présence à ce qui n'est pas lisible.

Certes, ce qui est idiomatique, le jeu permanent entre les couches de la langue, les concaténations « poétiques », les différents dialectes, parfois les allusions textuelles disparaissent. Il y a une fête ou une cérémonie festive de la langue, indépendante de tout ce qui fait sens, propre au « Retour de nuit » qui ne peut passer en français, je pense que ce transfert n'est même pas possible de l'arménien occidental à l'arménien oriental (la langue de la République d'Arménie). La matérialité de la langue il faut savoir en faire le deuil. Pour autant ce n'est pas la seule « pensée » qui est « récupérée », le sens-signification. Ce qu'on perd en « magie » on le gagne en précision. L'œuvre se trouve transformée, comme si elle changeait de sphère culturelle et entrait dans une nouvelle phase. La traduction découvre et met en évidence dans l'original une dimension que celui-ci recouvrait. L'œuvre est autre. Métamorphosée. Souvent elle m'étonne, me surprend. On connaît la réaction : est-ce bien moi qui ai écrit cela ? C'est toujours agréable de sentir que l'œuvre, ayant franchi la frontière d'une autre langue, s'est renouvelée. D'une certaine façon, la traduction restaure le défaut de l'œuvre (je paraphrase Mallarmé) : l'autre langue qui lui manquait lui et dont elle rêvait, lui est enfin restituée.

ARMÉNIEN/TURC

C. C. *L'Image* revient longuement sur le mélange des langues turque et arménienne, mélange oral mais aussi écrit : l'une des « images » sur lesquelles s'arrête le récit est celle d'un Évangile en langue turque et en caractères arméniens, qui avait appartenu à la grand-tante Ughaper. Celle-ci, dit le narrateur, avait assisté aux « étranges cérémonies au cours desquelles le curé, pour les prières et les rites, passait sans cesse d'une langue à l'autre, s'adressant en turc aux assistants assis à gauche de l'église et en arménien à ceux assis à droite car, finalement, l'Esprit saint ne faisait pas de différences entre les langues, il les parlait toutes et à tous » ; et alors que ces deux groupes devaient rester séparés dans l'église, les deux langues, elles, « se frottaient l'une à l'autre, se lustraient presque » (p 38). Le narrateur entend ce frottement dans le langage de sa mère avec la colère de celle-ci, car il provient d'une « routine héréditaire » liée aussi à la persécution, la nécessité de se masquer, soi et son nom. Exclu de cette « fusion embryonnaire » de deux langues, le narrateur en hérite sous la forme d'une honte et d'un interdit, comme si cette langue mélangée, devenue celle du « coup final » (p 39), portait la marque infamante à la fois d'une « alliance avec les bourreaux » et de la « défaite » : l'échec des « temps nouveaux » qui s'étaient rêvés dans l'émancipation arménienne, lorsque « Ughaper, Kevork, Aramaïs, Ludwig, Hirpsimé », avaient cessé de masquer leur nom. Le narrateur est donc exclu de cette langue fusionnée devenue langue coupée, mais il en témoigne néanmoins puisque l'injonction « parlez arménien ! » n'était pas parvenue à faire taire ce mélange : « ils allaient continuer à écouter les radios d'Ankara, d'Istanbul, à faire rouler les *charkis*, les *makam* et les *kantos*, à suivre les événements qui, là-bas, au loin, dans l'éther, changeaient les mœurs et l'Histoire… » (p 39). Je voudrais que vous reveniez sur votre écoute à vous de cette hybridité et son rôle dans votre mythologie, mais aussi votre poétique. Car votre écriture organise aussi d'« étranges cérémonies », mais sans Dieu et destinées aux locuteurs de cette langue coupée de la « routine héréditaire » par le génocide, une langue qui a voulu se refonder mais qui se sait mutilée. Imaginez-vous vos livres traduits en turc ?

K. B. : Je vous remercie de cette question. C'est la première fois que cette « chose » éminemment politique et traumatique est évoquée, car les lecteurs arméniens pratiquent une sorte de censure inconsciente. Le turc est une langue familière. Son emploi est parfois ressenti comme une honte voire une humiliation. Continuer à communiquer dans la langue du bourreau ? Toute la parentèle du côté maternel était turcophone. Pendant les soirées où ils se rencontraient, oncles, tantes, nièces, en somme les adultes communiquaient dans cette langue qu'on a fini par intégrer. Mais ces adultes s'interdisaient d'employer cette langue avec les enfants. Maîtrisant fort mal l'arménien, ils étaient condamnés au mutisme. Il fallait… ne pas transmettre cette langue, même si elle était un véhicule authentique de leur culture. Ce turc est un dialecte que parlaient nombre d'Arméniens de l'ouest de l'Empire ottoman. Le *Journal de Vahram Altounian* (1978) que j'ai traduit à la demande de Janine Altounian est écrit dans cette langue populaire, elle-même truffée de mots et d'expressions arméniens, ou inconsciemment traduits de l'arménien[4]. L'entreprise narrative ne pouvait pas ne pas aborder cette question, mais elle le fait à travers les personnages que vous évoquez et qui même turcophones n'en furent pas moins pourchassés ou massacrés. Avec la langue turque et les tensions qu'elles génèrent chez les rescapés on est en plein dans la Catastrophe, mais pas dans les termes dans lesquels est pensée l'appréhension de cet Événement.

La langue rescapée, survivante du crime, sait bien sa mutilation, puisqu'elle est sans territoire et sans peuple. Le récit la met en scène, si je puis dire, dans sa splendeur et ses manques. Cela relève d'un cérémonial sans nom. La langue est cérémonie dès lors qu'elle ne sert plus à rien qu'à sa propre existence. L'écrit est un peu son linceul.

4 Vahram Altounian, Janine Altounian. *Mémoires du génocide arménien. Héritage traumatique et travail analytique*, Paris, PUF, 2009. Contient la reproduction du journal de Vahram Altounian (« Tout ce que j'ai enduré des années 1915 à 1919 », et sa traduction par Krikor Beledian. Voir sur ce legs, de Janine Altounian, *'Ouvrez-moi seulement les chemins d'Arménie. Un génocide aux déserts de l'inconscient*, Belles Lettres, 1990-2003 ; *La Survivance*, Dunod, 2000, *L'Intraduisible*, Dunod, 2005, *L'Effacement des lieux*, PUF, 2019.

LE LEGS DE LA CULTURE FRANÇAISE

C. C. : Ce « retour nocturne » à l'enfance libanaise qui vous a fait replonger dans un monde oriental arabo-arménien, et derrière lui turco-arménien, était une manière de vous retirer, d'année en année, à la vie diurne vécue en France. Dans vos récits la France apparaît dans un double lointain : derrière les péripéties politiques libanaises des années 50-60, et à travers les souvenirs de la « Légion d'Orient » créée en 1916, donc comme une puissance à la fois alliée et coloniale puis postcoloniale. Rien ne laisse deviner que ces récits ont été rédigés à Paris, mais qu'en est-il du travail lui aussi nocturne de la culture française dans ces textes : celle des auteurs qui vous sont chers, Maurice Blanchot en tête, celle aussi de l'après mai 68, que vous avez dû vivre fortement au moment où vous commenciez d'imaginer ce « retour » littéraire au lieu de votre naissance. Dans quelle mesure ce retour à Beyrouth vous a-t-il aidé à vivre dans l'exil français, je veux dire, à habiter la France ?

K. B. : La France apparaît dans la mémoire des rescapés de Cilicie comme la figure de la trahison et de l'abandon : dans *Le Coup* comme dans *L'Image.* Les événements actuels en Syrie en sont une version actualisée. Mais le narrateur ne se sent pas prisonnier de cette image-là, qu'il dénonce d'autant plus librement qu'il vit en France. J'ai déjà parlé de ma double appartenance. C'est bien elle qui constitue l'un des fils de la trame du volume 5, *Le nom sous la langue* et qu'on va retrouver dans les volumes 6 (*Deux*) et 7 (*Le Renversement*). Mais il n'est pas nécessaire de parler de la France pour qu'elle soit présente dans mes livres. Je les ai tous écrits à Paris, tous, sans exception. Cet exil, cette solitude qu'il procure à beaucoup d'écrivains et d'artistes étrangers, cet anonymat dans la multitude stimulent le travail de création. Sans la France, sans mes entrées dans la littérature française, je ne serais certainement pas devenu ce que je crois être aujourd'hui. Quand j'ai perdu mon pays natal dans la guerre libanaise en 1975, et quand je me suis rendu compte que l'Arménie n'était pas non plus ma patrie, que je n'avais plus aucun pays, l'exil parisien m'a rendu ma langue comme territoire à habiter. J'ai reçu l'arménien en France. Et pourtant je ne considère pas l'arménien comme tout à fait « ma » langue ou ma seule langue. Disons qu'elle est mon langage. Ma manière de l'habiter est à distance, dans l'écart, sans identification à une souche. Ainsi délié de cette sorte d'attache, oui, j'ai un faible pour tout écrivain qui pense, de Villon à Céline, et au-delà.

PROUST, LE TEMPS

C. C. : On a parlé de Proust à propos de ces récits dont le matériau est entièrement mémoriel, et où tout s'orchestre à partir de certains « instants décisifs », chocs, illuminations dont la violence ou la lumière se dissémine ensuite dans le récit d'une vie. Mais il me semble que votre écriture n'est pas « à la recherche du temps perdu », et qu'elle ne « retrouve » rien : elle cherche plutôt à faire réexister les êtres et les choses dans un temps brisé, que fait revivre une reprise mémorielle sans fin. Ce temps n'est pas une substance mystérieuse à saisir qui donnerait accès à l'essence de ce qu'on est ou a été, même si c'est peut-être cela qu'on cherche : c'est plutôt une réalité insaisissable que l'écriture fait exister en tant que telle, mais qui multiplie les énigmes. Car ce temps brisé est ce qui relie l'enfant à ce qui l'a précédé, l'expérience familiale de la coupure, de la dispersion et de l'exil, qui marque toutes les perceptions et données de la conscience collective. Données que la conscience subjective, responsable en régie de la narration, semble vouloir ramasser pour en faire une expérience, la ruminer, la penser. Ce qui suppose de se laisser briser par ce temps coupé, et envoûter par le processus même de la dispersion, que l'écriture accompagne et exorcise sans cesse. Et pourtant vous conjuguez la mémoire au futur : à propos de ceux qui survivent dans notre mémoire vous parlez d'une « existence future dans la voix », et d'« amorce d'une épiphanie » (*Seuils* p 74). Pouvez-vous revenir sur ce temps que vous cherchez à écrire et penser, vous ?

K. B. : Il y a, il y aura toujours des malentendus quand on entreprend une œuvre d'une certaine envergure. Proust, pourquoi pas ? C'est une référence plutôt facile. De plus c'est dans le vent. La tentation de faire ce genre de renvoi est d'autant plus forte que la mémoire, le temps, la disparition sont des thèmes répandus et magnifiquement travaillés par Proust. Bien sûr que j'ai lu Proust, même très jeune, quand j'étais au lycée (1964) dans les premières éditions de poche. Par un de ces curieux hasards je lisais à la même époque un grand poète arménien, Indra, et son *Monde intérieur* (1906). J'y retrouvais des points communs : une prose fastueuse post-symboliste, des centaines de pages dépourvues de narration suivie, un défi lancé à la langue qui se veut totalisante, etc. Mais l'entreprise narrative que je désirais mettait en œuvre la mémoire non pas pour rechercher le temps mais des êtres qui n'avaient jamais eu le temps d'être dans l'histoire. Ils étaient éjectés dans le hors-temps. Aborder la Colline c'était se lancer dans une autre problématique : celle de la dispersion, de la désappartenance, de l'anéantissement, de l'héritage voué à l'effacement. C'est-à-dire le discontinu, le fragmenté, le disséminé. Il m'arrive d'appeler cela « avoir affaire au non-être ». Le pays d'avant 1915 que les rescapés continuaient à rêver comme d'un intemporel, comme un territoire symbolique unifiant, je n'en avais pas la nostalgie. L'idée de série narrative suggère un discours continu qui traverse les frontières des livres (Proust illustre cela, on pourrait en dire autant de Musil). Ce continuum temporel aussi fascinant qu'il fût me paraissait impossible. Ne préjugeant pas de mes moyens plutôt limités, avec les aléas des éditions en diaspora (d'Alep à Los Angeles) j'ai adopté une formule (et une forme) différente(s). Chaque volume constitue un tout qui se suffit à lui-même. Il a sa propre logique, explore un thème différent, obéit à des contraintes formelles spécifiques. Quant au final proustien (le devenir écrivain du narrateur, la circularité de la narration) il était tout à fait inadéquat à mon projet. Ce qui m'intéressait concernait cette injonction récurrente de la part des femmes analphabètes intimant au narrateur d'écrire ce qu'elles racontaient. « Écris ! » C'est dans les premières pages de *Seuils* ! Pourquoi fallait-il écrire ? Quels en étaient les enjeux ? Vous voyez pourquoi les réflexions sont partie intégrante du récit et non pas un ectoplasme intellectualiste à la mode.

LES NOMS PROPRES

C. C. : Le nom des lieux partagés par ce collectif – ville, quartier, rues – est essentiel, mais celui des personnes est encore plus déterminant : il me semble que tout s'orchestre autour d'une série de prénoms, de leur symbolique et de leur résonance. Noms auxquels il faut donner un statut presque mythique ou légendaire, ou qui l'ont déjà du fait de leur ancienneté. Ces prénoms, qui sont ceux de disparus ou d'absents, ne sont jamais plus chargés que lorsqu'on n'a pu rencontrer ceux qui les portaient. Du personnage de Vergine, morte, la voix de *Seuils* dit, « alors que tu n'étais pas encore né » (p 74) : « Elle était là, comme un nom précis tissé dans le conte oral, mêlé aux légendes, un nom qui a sa vie et ses règles aussi longtemps qu'on le prononce et le transmet involontairement et en silence par les signes de la bouche, du mouvement, du geste, du comportement, j'allais dire des manières de vivre ». Il y a une magie des prénoms, qui ont le pouvoir de transmettre non seulement une vie, mais un monde. Diriez-vous des prénoms ce que Walter Benjamin disait des noms de lieu à propos de Berlin et Paris : qu'ils sont « l'essence du passé » ? C'est à propos de Vergine que vous parlez d'« essence claire obscure » et d'« épiphanie ». Et c'est au sujet de ce personnage féminin disparu, et de l'impossibilité où se trouve le héros de l'entendre parler, que celui-ci donne une des clés de ces récits : « Les gens se survivent très longtemps, parfois dans des voix et parfois dans les traces que celles-ci ont semées derrière elles, qui sont leur écho en nous et qui soudain cherchent à accéder à la parole. » La narration aide ces traces à accéder à la parole, les fait parler comme par magie, en inventant chaque fois un nouveau dispositif : la voix derrière les photos, le « il dit », le cahier repris et commenté en marge, etc. Et le récit sème à son tour des traces, comme quand vous ponctuez *L'Image* des citations de Seto en épigraphe. Comme si vous vouliez transformer chacun des personnages en un « écho en nous ».

K. B. : Merci de me rappeler les réflexions de Benjamin qui sont très justes. Je ne les connaissais pas. C'est un fait qu'un nom n'est pas une simple appellation, c'est une figure, un être, une voix. Sa « magie » ne réside pas dans sa matérialité. Ceux que j'ai choisis ou dont j'ai hérités n'ont rien d'extraordinaire. Certes « Antika » est étrange, comme « Negar » (photo). « Voski » (or), « Ardzat » (argent), sont rares ainsi que Deborah (qui fait penser aux actrices de Hollywood). Mais ce n'est pas leur rareté qui fait leur attrait. C'est le halo qui les entoure qui finit par les individualiser. Donc la vie qui s'y trouve lovée ou cachée et qui, comme un tableau donne sur un paysage, s'ouvre ici sur le passé. Souvent les rescapés ne savent pas grand-chose des êtres disparus. Ils ne connaissent que les noms. Dans son cahier de comptes, tante Martha avait noté les noms de tous « ses » morts. C'est tout ce qui avait survécu, grâce à sa mémoire. Sans ces noms, c'était la disparition sans traces. Le crime parfait. Pour Martha ces noms étaient des personnes vivantes qui lui permettaient de les revoir, c'est-à-dire de les faire revenir dans des bouts de récits qu'elle avait mémorisés. Un nom c'est une mémoire, même parfois une sorte de requiem. Le narrateur ne fait que les recueillir.

SINGULIER-PLURIEL

C. C. : Peut-on revenir sur vos titres, sur le pluriel ou le singulier de ces noms : pourquoi mettre un « s » à *Seuils* et laisser au singulier *Le Coup, Signe, L'Image*, et même *Retour de nuit* ? Car il s'agit bien d'une suite de retours dans un passé vécu, en faisant varier le point de départ ou d'ancrage. Dans *Le Coup* il s'agit en fait de trois coups tirés par un homme sur son propre père, et c'est toute une histoire de fils rebelles et parricides qui s'esquisse en arrière-plan à travers la référence à Moïse de Khorène qui encadre le récit. Dans *Signe* il s'agit du signe initiatique marqué au charbon par une femme sur le front de celui qui parle, son « fiancé », mais aussi d'un fouillis de signes d'images et de noms qui font aller d'un cri natal à la palpitation d'un poème murmuré. Dans *L'Image* tout le spectre de ce que peut être une image est parcouru – on y reviendra. Mais d'abord ce singulier pluriel.

K. B. : Le choix d'un titre est toute une affaire ! Tout écrivain le sait. L'image du mot, sa sonorité, son rythme sont aussi importants que « le sens » que cette sorte de fronton suggère au lecteur potentiel. Souvent un titre accrocheur est un excellent argument de vente. Tout cela est bien connu. Ce qu'on sait moins c'est qu'un titre fonctionne comme un déclic. Vous ne savez rien du livre à venir, vous en avez le désir uniquement parce que ce titre vous « parle ». Vous démarrez du titre. Le livre, recueil de poèmes, récit, étude critique semble en être le commentaire.

En arménien « seuil » se dit « *sêm* » ; c'est un monosyllabe. Au pluriel cela devient « *sêmer* ». Le monosyllabe me semblait trop court pour le titre d'un livre. De plus il était question de trois femmes : trois seuils, trois figures d'endurance et de force, trois passages à la limite. Le pluriel s'est imposé d'emblée. Mais derrière le titre il y avait à tenir compte du seuil comme image-concept. Le narrateur se place toujours au seuil des drames, des histoires et des personnages. Il tente de ne pas s'y impliquer. Il observe et transcrit. C'est donc sa « méthode ». Le seuil est enfin le statut du premier volume : ouverture de la série. Pour toutes ces raisons le pluriel me semblait mieux convenir au propos. En revanche *Retour de nuit* désigne une opération, un acte, une cérémonie (comme « La Ronde de nuit » de Rembrandt) qui prend la forme d'une circulation, d'un retournement, d'un retour-révélation épiphanique du passé catastrophique au présent. De par son abstraction le singulier fonctionne comme un pluriel collectif. Dans le cas de *Signe* il y avait une ambivalence voulue entre le nom d'un personnage du récit et l'usage courant du mot, sans parler du fait que le Saint Signe désigne la croix et s'emploie comme nom d'église !

Au début de cette entreprise, je tenais à ce qu'il y ait une sorte de continuité entre les titres susceptibles d'évoquer les divers moments de l'écriture du récit, ses centres d'intérêt, les problèmes abordés, etc. À partir du volume 6, *Deux*, au fur et à mesure que les thèmes de la dispersion, de la diasporisation, de l'émiettement s'imposent et que la narration effectue des trajets en boucle, les titres n'obéissent plus à cette linéarité initiale.

MASCULIN-FÉMININ

C. C. : De même que le récit s'organise autour des voix féminines, le narrateur est initié au monde par les femmes qui l'entourent : elles délimitent son espace corporel, visuel et mental, impriment leur marque indélébile sur son corps, sur l'être désirant qu'il est et devient, elles le font naître au monde du désir et de la mort. Que la femme soit la mère ou la tante, ou une autre femme de la famille ou du voisinage, elle est toujours l'initiatrice. Il est guidé par elles mais aussi égaré, et le lecteur l'est avec lui : la voix féminine est labyrinthique, mais elle promet quelque chose, relève de *l'annonce*. La voix féminine fabrique un envoûtement, c'est-à-dire à la fois du charme, de la magie, et de l'angoisse. L'homme semble plutôt lié à l'image, et le père au silence, puisque dans *Le Coup* il faut briser l'interdit paternel pour raconter cette histoire de meurtre du père par le fils. Le silence, ou l'adage, la parole mémorable, comme pour Seto. Pouvez-vous parler de cela, de cette répartition des hommes et des femmes, pères et mères, dans ce monde de l'exil et de la dispersion, mais aussi de la transmission ?

K. B. : Le récit passe par la femme, comme la langue, comme la mémoire. Le récit est femme ! Depuis toujours. Le narrateur s'y engage parce qu'elle crée un monde sensible attrayant. C'est un peu la Shéhérazade des *Mille et une nuits*. Sauf que ce qu'elle raconte relève du terrible. Mais sa voix enjôleuse rend vivable cette violence qui, de ce fait, se transforme en une initiation à la vie. Dans *Signe*, Arevik (soleil) initie le narrateur aux signes de la langue. Elle a le dictionnaire. Elle a accès au savoir. Le père, lui, impose du silence. S'y refugie-t-il ? Ou apprend-il l'art du bref, du non-dit, de la suggestion ? Forfanterie, culte du mythe, culte des jeux sont ses domaines. 1915 est passé par là. Donc il est taciturne. C'est un vaincu, et donc un peu responsable de la déchéance. C'est la femme qui le fait exister, le soutient, prend soin de sa réputation, le protège de l'agressivité des enfants. Si on n'est pas dans le matriarcat, on y est presque. Le couple est constamment en équilibre instable, comme le sont la parole et le silence. Grandir c'est pouvoir maîtriser ce chassé-croisé.

LE SEXE

C. C. La femme initie par sa voix, mais aussi par ses gestes, et parfois ses actes. L'acte sexuel y a son importance, en particulier dans *Signe* qui commence dans une explosion sensorielle où la voix, le rire, le sanglot et le désir s'emmêlent. Le signe féminin sur le front est un legs corporel qui détache l'adolescent de l'innocence : signe initiatique, protecteur et angoissant à la fois. Mais là encore, l'acte marquant est aussi celui qu'on n'a pas vécu soi-même et qui se livre à la puissance de l'imagination, nimbant certains corps d'une « aura » érotique : celui par exemple de Deborah, que le narrateur visite alors qu'elle est devenue vieille, mais dont la beauté sulfureuse passée rappelle le parricide auquel elle est liée : dans *Le Coup*, le narrateur parle à son sujet d'une « aura envoûtante, maléfique et sordide qui émanait de la rencontre entre violence et volupté » (p 162). Ces lignes m'ont rappelé la « matrice » dont parlait Hagop Ochagan à propos de *Mnartsortats* (Ceux qui restent), mais aussi la veine à la fois érotique et sacrificielle que vous évoquez au sujet des œuvres analysées dans *Cinquante ans de littérature arménienne*. Le signe sur le front du « fiancé » ressemble à un signe sacrificiel et un jeu à la fois. Il semble que le sortilège de la voix ait le pouvoir de défaire celui des signes sacrificiels. Votre poétique serait-elle une machine de guerre contre la culpabilité ?

K. B. : Machine de guerre, non. Disons que j'ai voulu libérer des carcans du discours normatif la langue interdite du corps. Il faut savoir que les interdits qui pèsent sur le sexe commencent et finissent par la disparition du vocabulaire des noms qui désignent les objets et les actes de l'amour. Ceux-là se trouvent rejetés dans les jurons que la « bonne littérature » veut ignorer. J'ai essayé de faire sauter ce verrou, déjà dans le poème vaste *Mantra 2* (1986) et *Ce que tu ne vois pas* (1976, 2016). Comment dire l'infini d'une caresse ? Comment en faire un toucher dans la langue sans la transformer en un objet ? Comment éviter les pièges du voyeurisme ? Dans *Signe* le chapitre introductif et l'avant dernier explorent ce domaine et adoptent le chemin de la suggestion plutôt que celui de la description. Sur la Colline, le sexe est omniprésent comme partout ailleurs, mais ne se dit pas. Les femmes ont leur propre langage et s'en servent à merveille. C'est leur secret. Leur féminité ? C'est dans les méandres de la voix, dans ses chemins de traverses, et non dans ce qu'elles disent, qu'avance ce qu'on appelle le sexe, quel que soit le genre d'objet aimé ou désiré.

LE RITUEL DE LA VOIX ET DE L'IMAGE

C. C. : La voix féminine guide le récit mémoriel en passant d'image en image, donnant naissance au « livre ». Mais l'image guide tout autant que la voix : elle initie l'enfant et l'adolescent en lui montrant les traces d'un monde d'hier sur fond de présent, lui faisant pénétrer la matière de l'exil spatial et historique. Les photos des aïeuls lui ouvrent l'espace de la disparition comme en enfilade, cet espace qui creuse la réalité et l'emplit d'irréalité. Et c'est par là que la voix peut émerger, reconduisant dans une autre irréalité le fameux « ça a été » dont parlait Barthes dans la *Chambre claire* à propos de la photo de sa mère disparue. Il me semble que le titre de la série aurait pu être *Voix.* Le rituel installé au début de *Seuils* n'est-il pas un protocole de lecture pour l'ensemble ? La voix dit au narrateur « regarde », « garde » et « ouvre », « fais en sorte qu'ils vivent ». Cet « étrange rituel » est une passation mais aussi un jeu, quelque chose qui se fabrique entre les deux : le jeu de l'art, d'un certain art. Un art de la répétition et du passage (« la voix répète, passe d'une image à l'autre, on dirait qu'elle lit un livre invisible » p 21 de *Seuils*). La voix féminine est intériorisée et relayée par la rêverie du narrateur, qui raconte à travers elle. La narration revient donc toujours à l'image comme à sa source. Le récit liminaire, *Seuils*, se présentait comme l'écoute quasi flottante de cette voix monologante, « langage neutre » que la main du narrateur suit dans son anonymat (p 23). Si la voix est ainsi travaillée, c'est en relation à la fois avec le singulier/pluriel et le masculin/féminin : la voix lisant les images est ce par quoi les récits se multiplient tout au long de l'arborescence familiale, mais ce par quoi aussi la polyphonie devient unisson indifférencié, entendu puis absorbé dans la voix du narrateur, une voix infiniment « rentrée », intériorisée. À partir des voix dont vous faites entendre le timbre, les intonations, vous travaillez en direction d'*une* voix imaginaire, intérieure, qui absorberait toutes les voix entendues, et cette voix poétique qui se dit « neutre » est à la fois masculine et féminine. Pourriez-vous revenir sur ce rituel initial par quoi tout commence ? Que lui doivent les récits ultérieurs, qui mettent au point chacun leur propre rituel ?

K. B. D'abord parlons musique, si on peut s'exprimer ainsi à propos d'un art qui se passe de la parole. Deborah incarne une sorte de musique totalement inaccessible aux habitants de la Colline. L'art lyrique italien, l'art du chant. Cela vient d'ailleurs. Deborah vient de la ville. Elle est un élément étranger à la communauté. Au début je voulais donner le titre de « La Voix » au livre qui est devenu *Le Coup*. Le chapitre 4 où elle apparaît est composé comme une petite sonate. Bien sûr, c'est une vue analogique des choses, car la forme sonate est tout autre chose. Le modèle musical s'est imposé pour *Le nom sous la langue* qui a l'allure d'une symphonie. La version initiale contenait des indications du genre : Introduction, thème I, thème II, Coda, etc. J'ai fini par renoncer à tout cela. Venons-en à la voix qui déclenche l'ouverture de *Seuils* et revient d'une manière intermittente, s'incarne dans les propos des femmes, élimine tout ce qui peut renvoyer à la logorrhée, à une oralité incontrôlée. Imaginaire ? Je n'en suis pas si sûr. De toute manière c'est elle qui met tout en branle. Mais sans les silences, elle n'est rien. Les épisodes, les scènes, les épiphanies servent à la protéger, la garder en réserve. Vous comprenez pourquoi le discours direct s'aventure peu sur la voie du monologue intérieur.

PALIMPSESTE ET COMMUNAUTÉ

C. C. : Le préambule de *Seuils* présente un « écrit palimpseste dont je ne suis pas le maître », ou, précise le narrateur, « je ne le suis plus ». Le récit commence donc une fois que la maîtrise de l'écriture est perdue, grâce à cette « voix-source affranchie de l'une ou l'autre personnalité », qui permet d'atteindre une « communauté mentale », le « lieu » que partagent les êtres photographiés rassemblés dans la « liasse ». On retrouve cette image du palimpseste dans *L'Image* où elle revient en majeure : « chaque chose n'est-elle pas un palimpseste, chaque chose n'a-t-elle pas déjà été écrite une première fois ? », dit une parenthèse à propos des enseignements de Seto en photographie et de Madame Gassia en peinture (p 88-96). La répétition est un élément essentiel de cette poétique. Pouvez-vous revenir sur ce lien entre répétition, palimpseste et communauté ?

K. B. : Pour se conserver, c'est-à-dire pour *s'inventer comme subsistante*, une communauté rescapée se répète. Se donne un rituel qu'elle reprend indéfiniment et qu'elle présente comme immémorial. D'une certaine manière, pour ne pas se scléroser, la communauté doit changer dans la continuité, se croyant immuable. C'est là un paradoxe de la survie : changer tout en restant le même. Le temps communautaire ressemble au temps liturgique qui à dates fixes ramène le souvenir des événements marquants. Les commémorations ne sont-elles pas des arrêts sur image, comme les grandes fêtes religieuses qui ponctuent l'année ? Commémorer ou fêter un événement qui a eu lieu en 451 et qui est plutôt une défaite qu'une victoire, c'est faire du temps une liturgie dont la fonction est d'exclure l'histoire, tout en marquant le désastre comme tel. Une manière détournée de l'intégrer ? De ce fait le réel, cette chose irréductible (pour une communauté survivante), se mue en un vaste palimpseste. Être ici tout en étant plutôt là-bas. Chercher un lieu pour s'enraciner et tout en recherchant ce qui fut, atterrir nulle part. Le Nouveau devient pareil à l'Ancien. Le passé est toujours à venir, etc. Le palimpseste fonctionne aussi bien dans l'espace que dans le temps. Il a l'avantage de suspendre le temps comme écoulement, c'est-à-dire comme « chute » dans l'insignifiant. Quand le récit emprunte la voie du palimpseste il n'avance plus, il se suspend, se bloque même, puisque passé et présent, ici et ailleurs se chevauchent, s'intervertissent. Le narrateur ne s'est plus où il est, s'il est vraiment. Comment rendre par la linéarité de la langue cette multiplication des lieux et des temps ? Voilà la grande affaire.

L'IMAGE – L'ŒIL ET L'ESPRIT

C. C. : Dans *L'Image*, le narrateur est initié à la photographie par l'oncle Seto, mais l'un de ses adages qui ponctuent le livre est : « Se fier à son œil, c'est se mettre dans la merde ». Donc, celui qui fait des images, celui qui fait vivre les êtres mortels dans le temps, ne doit pas se fier à son œil. Le jeune narrateur, déçu par les photos de lui, n'arrive pas à comprendre que « l'image appartenait non au domaine de la réalité mais à celui de l'imaginaire » (p. 44), et la mère étouffe la révolte de l'enfant en disant : « c'est une image, enfin ! c'est toujours comme ça ». Une image n'est rien qu'une image, mais c'est toujours comme ça. Le sujet du livre c'est « qu'est-ce qu'une image ? », mais ce n'est un sujet qu'au regard de ce qui vit dans le temps.

Dans un livre que vous avez consacré à un des poètes arméniens qui ont compté le plus pour vous, Daniel Varoujan, *Le Cercle de feu*, vous écrivez : « le temps de l'image est révolu[5] ». Cette phrase tirait son sens du livre que Varoujan avait consacré aux « cendres de la Cilicie ». Marc Nichanian l'a commentée ainsi dans *Le Deuil de la philologie* : « Le temps de l'image est révolu parce que le feu de la destruction a tout brûlé et que nous vivons aujourd'hui sur les cendres de ce qui fut. Il est révolu parce qu'il supposait encore une croyance intacte en la capacité de cadrer, d'imaginer, de communiquer, de représenter. Il est révolu, enfin, parce que l'image dans l'art suppose une présence, que l'art est censé présenter à nouveau, par ses propres moyens. Or la Catastrophe est tout sauf une présence, qui pourrait s'offrir au regard, qui pourrait s'inscrire dans une intuition sensible ». Et il ajoute que même le cinéma d'Egoyan dit que le temps de l'image est révolu.

Or *L'Image* semble explorer tous les registres possibles de l'image, du plus concret au plus abstrait ou mental. Tout le spectre de ce qu'est ou peut être une image y est parcouru : elle est dans les arts visuels auxquels s'essaie le narrateur : dessin, calligraphie, peinture, aquarelle, photo. Le cinéma est là aussi, dans des salles de théâtre – lui-même très présent

---

5 *Krake Shrjanakë*, [Le Cercle de feu], Antélias (Catholicossat arménien), 1988, p. 136. Le commentaire que Marc Nichanian fait de cette phrase se trouve dans *Le Deuil de la philologie*, MétisPresse, Genève, p 191.

dans toute la série, au moins métaphoriquement. L'image est partout, elle n'est pas représentation mais travail de l'imagination, cadrage et recadrage, dessin en perspective qui fait réfléchir sur la perspective – et sur l'écriture : « Que veut dire perspective ? Que veut dire écrire ? », lit-on à la fin du 2e chapitre de *Le Coup* (p 82), à propos d'un tableau mobile dans un décor de théâtre. La perspective est déjà dans la rue, avec l'enfilade des balcons sur fond de mer. Partout le regard semble chercher une « ligne » y compris dans la couleur. L'image est initiation à l'écriture. Et plus : c'est de l'écriture qu'elle est l'image.

Vous m'avez dit un jour, mais c'était à propos cette fois d'Aram Andonian et de ses « tableaux » dans *En ces sombres jours*, que, dans *L'Image*, l'image apparaissait comme la « métaphore de l'écriture ». Vous m'expliquiez qu'en arménien il y avait deux termes pour « image » : *Badguer*, employé dans la tradition savante pour l'icône, qui renvoie à l''image mentale, produite par l'imagination, (l'homme est l'image de Dieu) ; et « *negar* » qui renvoie à l'image produite, formée, la figuration visible. De là, disiez-vous, viennent « *lousanegar* » (« photographie », image-lumière), « *negartchutyun* » (peinture) et « *negarel* » (peindre). Je vous cite : « Un peintre produit des "*negar*" qui relèvent évidemment de l'image en tant que figuration visible. Mais toute image ne se réduit pas à un "*negar*". On pourrait dire que "*badguer*" est ce qui rend possible le "*negar*". Toutefois, dans le langage ordinaire, voire chez beaucoup d'écrivains les deux mots parfois sont employés comme s'ils étaient des synonymes. En gros c'est une opposition entre abstrait/concret dans le champ du visible. »

Derrière le « *Badguer* » du titre *L'Image*, il y a donc tout ce que rend possible le « *negar* ». N'est-ce pas ce que dit Seto avec un autre de ses adages : « L'œil est la fenêtre, l'esprit la marmite » ? (p 17) Cette dialectique de l'œil et de l'esprit hérite d'une tradition métaphysique ancienne. La « ligne » dont parle souvent le narrateur, celle de l'imagination à l'œuvre dans l'écriture, lui fait traverser le seuil du concret et l'abstrait, et du visible et de l'invisible. Mais ce n'est pas la voix ni l'image de Dieu qu'il s'agit d'entendre ou de voir : plutôt l'insaisissable « point de fuite » qui apparaît à la fin des récits ? N'y a-t-il pas, au cœur de votre poétique, un lieu utopique où la « voix-source » devient « point de fuite » ?

K. B. : Vous parlez d'utopie, le mot est juste, tout à fait. Ce que je vise, que j'essaie de creuser c'est certes la voix, mais, au-delà, c'est le son qui me fascine, ce point ni focal, ni représentable où quelque chose devient une voix, quelque chose se mue en image, ce lieu non-lieu (utopique) où ce qu'on appelle pensée se forme, se fend, se creuse, avant de prendre corps dans les sons, dans les images, dans les sensations. C'est ce moment où tout risque de basculer dans un sens ou dans un non-sens. Quelque chose qui est antérieur à toute perception, mais qui lui est tout à fait « contemporain ». L'origine de la voix ? Est-ce que j'arrive à dire cela avec ces phrases plus ou moins abstraites ? Les seules dont je dispose, après tout.

En ce qui concerne l'image, l'ouvrage en déploie la question à propos du photographe Seto (diminutif de Setrak, nom biblique) qui en est le personnage central. Les photos, le narrateur pouvait en avoir parlé dans les volumes précédents. Là c'est le sujet qui apparaît, les plaquettes de verre qu'il a laissées après sa mort ainsi que quelques notes. Vous en citez quelques-unes. Dois-je spécifier que le point de vue du photographe n'est pas celui du narrateur, à plus forte raison celle de l'auteur. Effectivement, le photographe oppose l'œil à l'esprit. Il est loin d'être un philosophe. C'est un homme de métier, un photographe ambulant, dont le lieu est justement la Place des Canons de Beyrouth. Un lieu quelconque qui ne lui appartient pas. C'est un point important. Il ne dispose pas d'un studio comme le jeune Vahé. Il n'empêche qu'il pense la photographie et exige du photographe de voir dans la photo autre chose qu'une simple reproduction, une vision optique. La photographie implique un penser. Elle pense. La métaphore de la marmite en dit long sur le travail de réflexion qu'une simple prise de vue implique. Seto ne se prononce pas sur l'image en elle-même, même si visiblement à la fin de sa vie il a déchanté et s'est mis à écrire. Il est passé de l'image à l'écrit. En fait, il sait et le narrateur insiste longuement là-dessus, que la photographie a son propre statut, celui d'être justement une image-pensée et non pas l'image d'une pensée. À ce titre, elle est irremplaçable. Un bémol à cela : l'image sans verbe, sans langue, est muette. C'est bien ce qui finit par désespérer le narrateur invité à emporter les archives photographiques. L'image sans parole est la perte de l'image. C'est bien là que réside sa fin. La fin de l'image ne signifie pas du tout qu'il n'y aura plus d'image. La fin de l'image c'est l'écrit, disons plutôt le récit de la pensée qui articule les images mais ne s'y épuise pas.

IMAGE/NARRATION

C. C. Le rôle moteur presque « énergétique » donné à l'image, dans votre écriture, me semble lié à une certaine résistance au récit : pas seulement au témoignage en tant que document, qui est explicitement un repoussoir, même s'il est d'abord vécu comme une tentation, mais à la *narration*. Comme si le travail de l'imagination, en réclamant ses droits empêchait que le récit se déroule et n'advienne, du moins en tant que résumé linéaire, qui aplatirait le vivant, perdrait les voix plurielles dans l'unité de ton et de timbre.

K. B. : On est d'accord : pas de document. Parfois des archives certes mais pour y retrouver des voix, des images, des bribes de récit. Longtemps j'ai nourri une grande méfiance envers le récit. Mais ceci jusqu'au jour où j'ai compris que le récit était une manière de penser : il permettait « d'exprimer » des pensées, mais surtout de les découvrir. C'est probablement ce que j'ai retiré de « l'enseignement de Seto ». Étant un cheminement, un voyage, une aventure, un passage avec saut d'obstacles, le récit est un trajet qui permet de traverser les mondes parallèles que suggère le palimpseste, de les convoquer, non pas nécessairement pour les unir, mais pour provoquer des concaténations, disons des condensations, analogues à la cristallisation chère à Stendhal. Le narrateur prend toujours un risque quand il raconte puisqu'il transforme les êtres en chair et en os, les corps et les esprits, pour faire marcher la machine du discours.

IMAGE/LANGUE

C. C. : Dans *L'Image* on retrouve en partie l'alternance entre la voix et l'image qu'installait *Seuils*. Mais il s'agit plutôt cette fois d'une alternance entre la *langue* et *l'image*, car le livre est aussi une méditation sur le legs de la langue hybride, marqué au sceau de l'évidence familiale et frappé d'interdit. Il est même écrit comme un diptyque ou un livre à deux volets : d'un côté la langue turco-arménienne, à la fois musique du mélange et blessure inguérissable ; d'un autre côté l'image comme monde des figures, des couleurs et des formes que le narrateur doit littéralement *apprendre* pour pouvoir reparler, écrire, vivre. Comme si le legs de la langue coupée ne pouvait être surmonté qu'en apprenant à voir le monde, ses formes et perspectives d'aujourd'hui, afin de pouvoir faire résonner les voix de jadis dans la vie présente.

K. B. : Vous définissez là la place du narrateur : le seuil. Il n'est ni dedans, ni dehors. Se tenant à distance de tous les drames, de tous les malheurs des figures de la survivance qu'il ne veut pas assumer, il est « appelé » (la voix) à leur donner une place dans la langue, à leur restituer la langue qui leur a manqué. Son indifférence qui peut être assimilée à du déni est une ruse pour pouvoir mieux entendre ce qui est dit. Le moment où les choses prennent sens c'est le présent. Les malheurs du passé se conjuguent au présent. La distance du présent amortit le choc, introduit l'œil critique. D'où un récit sans complaisance, voire sans compassion, du moins au premier degré.

LE JEU

C. C. : Vous utilisez beaucoup de métaphores pour parler de la création : la magie, le rituel, la broderie, l'image, la perspective, le théâtre. Et le jeu traverse tout cela mais se situe ailleurs encore : dans la vie. Le jeu joue un rôle important dans vos narrations. Il y a le jeu comme tare et comme vice, qui transforme certains hommes en maudits, le jeu comme divertissement masculin et forme sociale, et le jeu de hasard qui devient métaphore de la vie. On voit apparaître plusieurs fois le tric-trac, qui devient un symbole dans *Le Coup* (p 86) : à propos des « circonvolutions cocasses de l'histoire » et du cycle des saisons qui font alterner chance et malchance on lit : « La parole, les paroles jetées en l'air, allant vite, se cognant au mur et revenant étaient les dés que ceux qui s'essayaient au tric-trac [...] lançaient... ». À l'image antique du temps comme jeu s'ajoute celle d'une parole de hasard, jetée en l'air, à l'essai, à quoi s'opposerait la lenteur du rituel poétique et son envoûtement ?

K. B. : Le jeu chez les hommes c'est pour passer le temps. Ils s'ennuient et ne savent que faire d'autre. Le monde qui les entoure n'est ni la France industrielle et agricole, ni l'Amérique des usines. Ils n'ont pas de travail ou très peu. Ils vivent au présent mais sont en fait absents, comme la paternité en général chez les survivants. Les femmes triment, à commencer par la mère du narrateur. Génitrices, elles donnent naissance aux récits. Elles n'ont pas le temps de jouer. Pas de temps pour soi. Mais il y a des figures émancipées : l'institutrice Marie joue dans ce théâtre d'amateurs. Cependant une telle liberté est considérée comme une transgression. D'ailleurs Marie n'est pas une femme mariée !

Le jeu est ce qui permet de souffler, de respirer, de rendre supportable le présent accablant.

C'est une sorte de déplacement dans l'espace, une représentation, sans utilité, car sur la Colline tout sert l'utilité, la survie. Le narrateur joue à sa manière. Il voit dans les jeux des gens de la Colline une des sources de sa propre écriture. Il faut savoir que sur la Colline, autant l'écriture est appréciée, autant elle est considérée comme une activité d'oisif, donc écrire relève d'un luxe qu'on estime mais qu'on n'aime pas. De toute manière, aucune mère ne veut que les études, si coûteuses par ailleurs, aboutissent à une carrière fumeuse !

Effectivement, le narrateur voit dans les jeux des hommes des « métaphores » pour ce qu'il fait. Vous avez remarqué certaines de ces métaphores. La scène d'essayage de la robe de Mlle Voski vue à travers le miroir dans *Signe* est l'une de ces épiphanies sensuelles qui se succèdent dans l'ouvrage. Or cette scène raconte à sa manière le faire-poétique : une série de pièces découpées, fragmentées, assemblées par de fines sutures, ajustées, cachant et exposant le corps de la jeune fille, devant le regard médusé du narrateur-enfant. Je rappelle que Mlle Voski est dotée d'une très belle voix et qu'elle chante, le Vendredi saint, à l'office de nuit, un chant, analogue à celui du « Stabat mater » dans les églises catholiques. S'il y a envoûtement, c'est en tout cas dans le réel le plus banal. Le profane, la nudité, le chant, le sacré, tout ensemble, sans que le savoir s'y mêle.

« POST-CATASTROPHIQUE » / « POSTMÉMORIEL »

C. C. : Je voudrais qu'on revienne pour finir sur la manière dont s'écrit votre rapport à la Catastrophe dans cette série narrative. Votre écriture ne se pose pas la question du témoignage, me semble-t-il, mais plutôt de la trace et de la disparition sans trace, et de ce que la mémoire peut reconstruire à partir de l'irréalité du souvenir transmis par l'aïeul ou le parent. Je ne sais pas si vous vous reconnaissez dans la notion de « post-mémoire » que Marianne Hirsch a mise en place aux USA à propos de la Shoah, en accordant d'ailleurs une attention particulière au rôle des photographies et traces visuelles. Mais partons plutôt de ce que vous avez montré de la singularité arménienne dans *Cinquante ans de littérature arménienne* : l'expérience de l'étranger qu'engendre l'exil produit des scénarios symboliques qui recouvrent la Catastrophe. Le chapitre VI, « Sur les traces de la catastrophe », parle de « textes post-catastrophiques », « formés de plis apparents et cachés que sont les thèmes », et énumère les principaux thèmes repérés : orphelinage, étrangéité, hostilité au monde étranger, dispersion familiale, violence dans le groupe, menace sur le groupe, crainte d'une possible désintégration, stérilité, absence de descendance, perte de la langue, etc.[6]. Ces thèmes, dites-vous, « constituent de vrais plis, derrières lesquels disparaît l'expérience de la catastrophe » (sauf chez Sarafian et Sanassar), et ces plis thématiques ont pour fonction de « révéler l'expérience catastrophique en la cachant ». La Catastrophe est ainsi vécue comme « passé lointain », voilée par une « mince couche temporelle dépourvue de consistance réelle ». Bien que certains de ces « thèmes » soient présents dans vos récits, vous faites évidemment tout autre chose que les auteurs dont il est question ici – Chahnour, Vorpouni, Sarafian, Chouchanian... Pour vous, me semble-t-il, il n'y a pas à « voiler » ni « révéler » ce qui n'existe qu'à l'état de bribes et d'ombres, mais à relier ces bribes et réanimer ces vies par la voix. Car ce passé est pour l'enfant plus « lointain » encore mais pour des raisons historiques : il est né trente ans après la Catastrophe. Et plutôt que des « thèmes » enfouis

6 Krikor Beledian, *Cinquante ans de littérature arménienne en France. Du même à l'autre*, CNRS Éditions, 2001, p 212.

dans les « plis » de drames symboliques, il y a des figures qui se déploient au cours de ce dépliage mémoriel et verbal auquel s'essaie la conscience pour sortir du mutisme. Tout le récit est intensément subjectif. Mais cette subjectivité se saisit à partir du processus de dispersion, et comme dispersion elle-même : l'expérience de la dispersion se ressaisit dans les intonations des voix et les gestes de ces femmes, les aïeules, et c'est en voulant faire entendre une nouvelle voix dans la langue arménienne, que votre écriture me semble post-catastrophique.

K. B. : Entre les travaux que j'ai consacrés à la littérature arménienne de la Catastrophe et mes propres écrits il y a bien sûr convergence. Mais l'entreprise narrative n'illustre pas les données du travail critique. C'est plutôt la première qui motive la seconde. C'est parce que la « chose » m'interpellait que je me suis lancé (et je n'ai toujours pas fini) dans des lectures, analyses et réflexions dont l'unique objet est ce que nous appelons « Aghet » ou « Grand crime » ou Génocide (*tseghasbanoutyoun*, depuis que Chavarch Missakian a trouvé ce mot, d'après Raphaël Lemkin). Quand le projet narratif est né il n'a jamais été question d'aborder l'Événement par le biais de la représentation à l'instar de nombre d'écrivains : Werfel et Hilsenrath en allemand par exemple, d'autres en italien, en anglais, et j'en passe. J'estimais que je n'avais pas accès à la Catastrophe. Je ne l'ai pas vécue ou éprouvée, je ne l'ai pas traversée, je ne suis ni un écrivain survivant ni rescapé. Yervant Odian, par exemple, en était un, et il a fait ce travail. Hagop Ochagan était un rescapé, mais sa tentative romanesque est restée dans les limbes, j'ai en vue le troisième volet de *Ceux qui restent.* Ses pièces de théâtre (*Combat de coqs, Le parrain, Par les chemins du ciel*) sont certainement plus intéressantes, mais restent problématiques, comme tout ce qu'on appelle « le théâtre de la Catastrophe ». Moi, je ne suis qu'un enfant de survivants. J'ai hérité de la survivance et à travers les survivants, c'est-à-dire d'une manière médiatisée, de l'événement de l'anéantissement programmé. Il était évident pour moi que mon sujet ne pouvait être que ce dont j'avais une expérience. Je sais que le concept d'expérience est galvaudé et s'emploie maintenant pour tout et pour rien. Pour moi l'expérience de la survivance est liée directement au contact avec les rescapés, avec leur mutisme et leur discours. D'emblée elle est liée au langage. Cette expérience refuse la fiction romanesque, comme son pendant, si je puis dire, le témoignage (les extrêmes se touchent).

Il faut être clair. Je ne puis *témoigner que des rescapés* qui n'ont jamais eu droit à la parole. Je ne puis me considérer que comme *un témoin de témoins*. Sur ce point je ne partage pas la sorte d'interdit qu'on a établi en l'absolutisant, depuis Paul Celan, sur le témoignage concernant les témoins. Les témoins avaient besoin de témoins à qui transmettre ce qu'ils ont éprouvé. *Retour de nuit* c'est cela, le retour de ceux qui étaient enfouis, niés, méprisés, humiliés, condamnés au silence. Je ne préjuge pas de la « valeur documentaire » ou de « la vérité » des épreuves relatées ou rapportées. Aucun « Mal de vérité », pour reprendre le titre d'un de vos ouvrages[7]. Le récit ne peut, ni ne veut rien prouver. Il ne cesse de réfléchir sur les risques qu'il encourt, sur ses manques, ses défauts, ses possibles erreurs. Le récit veut exister. Le récit peut errer. Je n'accorde à la forme-récit aucune historicité particulière quant à ses tentatives pour aborder des êtres que l'Histoire a ignorés. Il s'avère que l'Histoire, la discipline, les a cavalièrement rejetés. Elle tente maintenant de se racheter, à sa façon, par la microhistoire, par la biographie, recourant aux archives des témoignages pour en dégager de l'historique. Le récit a hérité de la survivance, il donne aux « absents de tout bouquet » lieu et parole. Je voudrais préciser que pour n'importe quel détail relaté-reçu, aussi bien ceux ayant trait aux événements de 1915 que ceux des années 20 ou 30, j'ai procédé à un vrai travail de vérification. Derrière les volumes de *Retour de nuit* il y a un travail de recherche : le travail critique. Photographies, articles, témoignages directs ou indirects, toutes sortes de documents. Même la transcription des dialectes a nécessité une recherche appropriée. L'exactitude, la précision sont mes fétiches. Le « littéraire » a ses exigences, comme l'imagination ses droits. Mais, que faut-il ajouter encore ? Aussitôt qu'on se met à écrire, c'est-à-dire à agencer des éléments de discours, à noter des détails, à les déplacer ici ou là, à identifier des lieux, à les rendre visibles, la mémoire se trouve alliée à l'imagination.

7 Catherine Coquio, *Le Mal de vérité ou l'Utopie de la mémoire*, Paris, Colin, 2015.

AUJOURD'HUI, « ORIENT » ET « OCCIDENT »

C. C. : La Syrie est là, partout dans ces récits, de loin en loin, comme un des espaces où ces vies familiales ont été vécues, à travers des noms – Alep, Deir es Zor… – qui ne sont pas seulement ceux de la Catastrophe arménienne. Alep est aussi un de ces lieux de vie familiale commune avec les Arabes, laquelle s'est rejouée pour l'enfant et l'adolescent au Liban. C'est étrangement dans cette ville d'Alep qu'a paru la version originale de *Seuils*. Pouvez-vous dire de quoi est fait votre attachement pour cette ville, ou votre rapport à elle, et plus largement à ces lieux ? Que représente ce « Proche Orient », et comment ressentez-vous ce qui se passe dans ces deux pays aujourd'hui, la Syrie, le Liban ?

K. B. : La destruction continue à grande échelle. On a parfois l'impression que ce qui a commencé en avril 1915 se poursuit d'une manière irrésistible et avec des moyens techniques de plus en plus perfectionnés. Dans mon imaginaire d'enfant, la Syrie était un au-delà d'où venaient mes parents, c'était leur lieu de survie. Le désert. Là où, enfant, mon père a été adopté par un Bédouin et islamisé. Adulte, je suis allé deux fois à Alep, chez des amis, pas nécessairement pour faire du tourisme. Je n'ai jamais pu faire du tourisme dans de tels lieux (chez moi en quelque sorte) qui avaient gardé leurs noms d'antan. L'onomastique syrienne n'obéissait pas à l'onomastique destructrice de la Turquie. Elle n'avait rien effacé. Derrière les noms dont nous avons déjà parlé, il y avait ce quelque chose d'indéfinissable qu'évoquait Alep, ses antiques marchés, ses artisans, ses couleurs, ses parfums. Et puis les quartiers, et puis les amis, et puis la tombe de Hagop Ochagan. Ce n'est pas l'histoire qui est effacée mais la géographie dans ce qu'elle a de vécu, de pensé, d'habité, de créé. Le Même revient et sa force d'annihilation est décuplée. Il n'est plus le Même. Il ne sert à rien de dire qu'on se sent saccagé devant les images qu'on daigne nous montrer à la télé ou sur les réseaux. L'unique phrase que les amis ont pu envoyer relève de l'euphémisme : « Nous ne sommes pas bien ». Non, nous ne sommes pas bien. Je crois avoir entendu cette phrase depuis toujours.

RÉSUMÉS

Dans les quatre premiers volumes de *Retour de nuit*, le récit se déroule au cœur du quartier « Hayachen » (construit par les Arméniens), sur une colline de Beyrouth, entre les années 1945-1965.

Dans ce microcosme s'entassent depuis une quinzaine d'années des rescapés du génocide arménien échoués là, qui, après avoir connu les bidonvilles, commencent à accéder à des logements en dur. Néanmoins, la promiscuité, bien que moindre est encore réelle. S'y côtoient des strates d'individus qui se mêlent et parfois s'affrontent pour des raisons politiques ou générationnelles.

Ces quatre récits – *Seuils, Le Coup, Signe, L'Image* – sont conduits par un narrateur qui évoque les nombreux personnages humbles, tragiques ou cocasses de son entourage – famille, proches, voisins –. Au cours de chacun de ces récits, certains d'entre eux sont mis en lumière, d'autres deviennent des personnages secondaires, d'autres restent à l'état de silhouettes. Car pour dignifier ces « rebuts de l'Histoire », l'auteur/narrateur convoque les formes « nobles », le théâtre, la tragédie, la mythologie. Pour autant, il ne les prive pas de leur spécificité, à commencer par leur langue, mélange d'arménien dialectal pimenté de mots arabes et turcs.

SEUILS

Dans ce récit « préhistorique », situé en grande partie avant la naissance du narrateur, la focale est mise sur trois femmes de la génération des rescapés. La grand-mère, Vergine, et sa sœur Elmone, dont le narrateur va parcourir la vie cahoteuse (ou chaotique ?) à travers des photos et sous la conduite d'une voix, celle de sa mère. La troisième figure, Antika, grand-mère de substitution, l'introduit dans l'émerveillement de la langue et fera le pont avec les générations précédentes et la Catastrophe. Elle est le prototype de ces vieilles femmes veuves qui ponctuent les rues et les récits comme autant de bornes.

LE COUP

Un fait divers, un parricide, vient jeter le trouble parmi les habitants. Le narrateur, encore enfant lors des faits, tente de comprendre sa propre émotion et l'enchaînement des épisodes, à la fois par la rencontre de témoins et la fiction.

La trame narrative apparenterait presque l'ouvrage à un roman policier avec meurtre et démarche d'élucidation. Une sorte de tentative d'épuisement d'un événement par une multitude d'entrées : témoignages, fiction, identification. On pourrait également y voir un récit mythologique appréhendé de plusieurs points de vue. Krikor Beledian semble tester ici les différentes possibilités d'accès au réel.

SIGNE

Le narrateur s'initie au monde des adultes à travers une forêt de signes ambigus. Tous ses sens en émoi, bouleversé par ses propres sensations, il accède à un univers de sentiments souvent incompréhensibles dont il portera la trace à jamais.

En arrière-plan, on découvre une communauté fracturée par des dissensions politiques et religieuses et vivant dans le mythe d'un passé glorieux.

Ses initiatrices sont encore une fois des femmes – Arevik, Zevart et Voski – mais de la génération suivante, guère plus âgées que lui, parfois séduisantes, parfois bienveillantes, toujours énigmatiques.

L'IMAGE

Que reste-t-il d'un homme sans image ou sans sépulture ? Le narrateur, enfant puis adolescent, témoin et dépositaire malgré lui d'un monde qui disparait, s'affronte à cette question des rapports de l'image et de la mémoire.

Il s'agit aussi d'un adieu à l'enfance et à son monde, avec la perspective de l'entrée au collège, qui sera la première rupture. C'est également l'abandon progressif des illusions, lorsque le narrateur, malgré sa fascination pour le monde des images comprend qu'il n'en franchira pas le seuil.

En abordant toutes les formes d'images – photo, dessin, peinture, cinéma – le narrateur recherche une photo inscrite dans sa mémoire et, chemin faisant, recrée les portraits et les mœurs de sa communauté. Il recompose, en particulier, la figure d'un homme, Seto, photographe ambulant qui, par sa truculence et son rôle d'observateur de cette population, fut une de ses figures tutélaires.

PERSONNAGES

Compte tenu de la profusion des personnages et de l'habitude d'utiliser de nombreux diminutifs, un petit vade-mecum peut s'avérer utile pour aborder cette fresque foisonnante.

Abraham (Apo) Khatchadourian : frère d'Arevik
Antika : veuve, voisine du narrateur
Arakel : frère de Pilibos
Aramaïs : frère de Vergine et d'Elmone, grand-oncle du narrateur,
Arevik Khatchadourian : fille de Khatchadour et Marie Khatchadourian
Aroussiak : sœur de Marie Khatchadourian
Avedis (Avo) : fils de Seto
Bénon : célibataire, fêtard
Deborrah : épouse de Mikael Hampartsoumian
Djannik : frère d'Arevik
Dobri : célibataire, fêtard
Elmone : sœur de Vergine, grande tante du narrateur
Flora : fille de Mariam
Ganantch : fils de Seto
Hagop le Blond (Agop, Agopik) : père du narrateur
Haïgaz : célibataire, fêtard
Hampartsoum Hampartsoumian (Hamparts, Hampo) : boulanger (tué par son fils Hovhannès *cf. Le Coup*)
Hapet : fils de Seto
Hélène : fille de Seto et Trvandah, partie en Amérique
Hovhannès (Ohannès, Hovhan, Ohan, Onnig) : fils d'Hampartsoum Hampartsoumian
Hripsimé (diminutifs Horip, Herip, Hrip) : mère du narrateur
Husnik Doudou : vieille femme, veuve
Jeannot : frère d'Arevik

Kevork : frère de Vergine et d'Elmone, grand-oncle du narrateur
Khatchadour (Khatchen, Khatchig, Khatcho) : père d'Arevik
Ludwig : frère de Vergine et d'Elmone, grand-oncle du narrateur
Maïreni : épouse d'Hampartsoum Hampartsoumian
Mariam : fille d'Elmone
Marie : mère d'Arevik
Maritsa : épouse de Pilibos
Martha : sœur de Hagop le Blond, tante du narrateur
Meghak Haïgouhie : amie de Hripsimé, épouse de Nechan le plombier
Mickael (Mkho) : fils d'Hampartsoum Hampartsoumian
Nano : vieille femme, veuve
Nechan (Necho, Nechik) : fils d'Aroussiak
Nevart : épouse de Ludwig
Pilibos : épicier
Samson : célibataire, fêtard
Seto Emmi : photographe
Setrak : frère de Hagop le Blond, oncle du narrateur, mort au cours des derniers combats contre les Turcs, avec la Légion de Volontaires
Tatheos : fils de Martha
Trvandah (Trfand, Tourfand) : épouse de Seto
Ughaper : épouse de Kevork
Varso : vieille femme, veuve
Vartouhie : sœur de Hripsimé
Vergine : grand-mère maternelle morte avant la naissance du narrateur
Voski : fille d'Arménak et de Noémie
Zevart : fille de Pilibos et de Maritsa

GLOSSAIRE

achough : équivalent arménien de l'aède grec

boulghour : blé cassé dont on fait du pilaf ou des farces

chalvar : pantalon bouffant
charki, makam, kanto : formes de chants turcs
chawarma : viande d'agneau grillée à la broche

djinn : mauvais esprit (arabe)
douva : prière turque

falafels, foul, hoummous : hors d'œuvre et plats libanais

ghavourma : viande d'agneau revenue, souvent utilisée en conserve

hamal : porteur, portefaix
hammam : bains collectifs

kamantché : instrument de musique à cordes
kanon : instrument de musique à cordes, proche de la cithare

keufté : sorte de boulette de viande épicée
khan : caravansérail
khanem : madame

madagh : sacrifice d'animaux (moutons/agneaux) fait lors des fêtes religieuses, par extension viande bénie distribuée aux fidèles
mantis : sorte de raviolis à la viande
mezzés : hors d'œuvre variés
mastika : résine naturelle provenant du lentisque.

oud : instrument de musique à cordes

pilaf : riz ou boulghour préparé au beurre ou à l'huile

santour : instrument de musique à cordes frappées, d'origine iranienne
service : taxi collectif

tarkhana : soupe au yaourt lyophilisé.
tchellik :jeu d'enfant
tesbé : chapelet souvent en ambre, égrené par les hommes
tonir : four enterré où l'on cuisait le pain
tourchis : légumes en saumure

TABLE DES MATIÈRES

IMPRIM'VERT®

Achevé d'imprimer par Corlet Numéric,
Z.A. Charles Tellier, Condé-en-Normandie (Calvados), en octobre 2020
N° d'impression : 168846 - dépôt légal : octobre 2020
Imprimé en France